致力于实现隧道工业化、现代化

隧道制造技术概论

Introduction to Tunnel Manufacturing Technology

（下册）

李建斌 等 著

科学出版社

北京

内 容 简 介

本书从机械制造的角度提出了隧道制造,即"中国法",并介绍与研究了"中国技术""中国方案""中国装备"。全书分上下册,共12章。上册包含第1至第4章,分别介绍或论述了隧道发展史和隧道工业化、隧道破岩新理念、隧道加工新装备、隧道破岩新刀具。下册包含第5至第12章,分别介绍或论述了特殊隧道制造新方法、隧道支护和衬砌、隧道辅助作业、掘进装备智能化减振控制技术、隧道绿色制造与再制造、隧道制造中的信息技术、岩体状态智能识别技术、掘进机智能控制技术。

本书适合隧道工程、土木工程、机械工程及相关领域科研工作者、工程技术人员参考阅读,也可作为相关专业教师、研究生、本科生参考用书。

图书在版编目(CIP)数据

隧道制造技术概论.下册/李建斌等著. —北京:科学出版社,2022.6
ISBN 978-7-03-072389-5

Ⅰ.①隧… Ⅱ.①李… Ⅲ.①隧道工程–工程技术 Ⅳ.①U45

中国版本图书馆CIP数据核字(2022)第090035号

责任编辑:牛宇锋 / 责任校对:任苗苗
责任印制:师艳茹 / 封面设计:蓝正设计

科 学 出 版 社 出版
北京东黄城根北街 16 号
邮政编码:100717
http://www.sciencep.com

北京九天鸿程印刷有限责任公司 印刷
科学出版社发行 各地新华书店经销

*

2022年6月第 一 版 开本:720×1000 1/16
2022年6月第一次印刷 印张:18
字数:335 000
定价:168.00元
(如有印装质量问题,我社负责调换)

出版说明

隧道施工技术经持续改进已日趋成熟，但今天隧道施工仍面临着工期紧张、成本控制粗放、生产事故频发、作业人员多、设备配套不合理、不良地质环境处置困难等难题。已有的施工技术及相应管理手段已到了非变革不可的时刻，这是我们撰写《隧道制造技术概论》这本书的初衷。

本书从制造业的角度讨论隧道工程技术，可能存在诸多谬误，需要在实践中不断修正。主要观点是：土木工程的一些问题可以尝试采用机械加工的方式解决，如机械加工中的振动时效处理、激光时效处理、加热时效处理等应力消除工艺，是不是可以用于释放岩石应力？如何加工异形断面隧道？这些都值得我们去探讨。

隧道工业化是隧道技术发展的必经之路，也是隧道建设智能化的基础。复合破岩、信息技术、智能控制等都是工业化、智能化建造隧道的手段，推动隧道技术随着科技进步不断变革和发展，是我们工程技术人员应该不断探索和追求的目的之一。本书探讨研究"隧道制造技术"这一"中国法"就是想实现隧道技术的创新与变革，为以工业化和智能化手段建设隧道提供理论和实践的支撑。至于"隧道工业化"和"中国法"的提法是否准确？概念能否成立？还需要实践的检验，也有待业界专家的关注和探讨，将来或许还要由国家权威机构做出明确的定义和划分。现在就留给大家"百家争鸣"吧。任何新生事物都是在争论中成长和进步的。

本书初步自定义了"非对称破岩""立体破岩""复合破岩"等概念，仅是个人之言。欢迎读者对本书提出的一些新概念、新观点、新方法、新技术、新装备进行批评指正。

本书撰写人员如下：

前　言　李建斌

第1章　李建斌　庞子瑞　苏叶茂

第2章　李建斌　齐志冲　范　磊　朱　英　庄元顺　姜礼杰　张家年
　　　　肖　威　杨兴亚　庞子瑞　李　翔

第3章　李建斌　贾连辉　卓兴建　贺　飞　王杜娟　贺开伟　范　磊
　　　　肖　威　庄元顺　齐志冲　朱　英　姜礼杰　姜　桥　袁文征

	张　啸	张家年	李　翔	文勇亮	李超毅	秦鹏翔	任彦芳
	刘琬璐	闫沁太	赵振威	郑永光	赵彦磊	肖艳秋	鲁义强
	牛向军	李　楠	张　凯	曹宸旭	张建楠	年俊杰	尤卫星
	王　锴	邢　泊					
第4章	尚　勇	于庆增	李建斌	闫沁太	蒲晓波	章龙管	韩梦泽
	庞子瑞	段文军	李　翔				
第5章	李建斌	刘　斌	于少辉	牟　松	王全胜	高　毅	李　洋
第6章	李建斌	于少辉	闫沁太	王全胜	朱　英	李　洋	李　翔
	董天荣	刘　炜					
第7章	王全胜	闫沁太	胡鹏飞	刘　炜	李艳征		
第8章	牟　松						
第9章	霍军周	郭志凯					
第10章	荆留杰	段文军	于太彰	郑霄峰	张　娜		
第11章	荆留杰	霍军周	李建斌	李鹏宇	郑赢豪	杨　晨	简　鹏
第12章	李建斌	荆留杰	霍军周	李鹏宇	郑赢豪	徐受天	徐剑安

本书由闫沁太博士整理，由陈馈教授级高级工程师审稿，谨在此一并对所有参与编写的人员表示感谢。

前　言

隧道施工随着科技发展和市场需求的发展不断进步。第一代的开凿工具是钢钎和榔头，并用火加热岩石进行辅助破岩。发明火药后，人类将它用于开凿山洞和爆破岩石。手风钻的出现大大提升了人类开挖隧道的距离和效率，并以木料为支撑，形成了坑道（巷道）开挖的"矿山法"。

1963 年，奥地利人在传统矿山法的基础上发明了"新奥法"。新奥法是以隧道工程经验和岩体力学理论为基础，将锚杆和喷射混凝土组合在一起，作为主要支护手段的一种施工方法。之后意大利人发明的"新意法"侧重于对隧道掌子面前方土体进行勘察与加固，控制围岩变形，实现全断面施工。挪威人发明的"挪威法"则是侧重于对岩石隧道围岩做出评价、制定支护参数、选择高性能支护材料。这三种现在常用的隧道施工方法都立足于隧道地质特性研究。围岩状态特性是这些工法的核心，可以充分利用围岩特性，确保围岩变形在合理范围内不发生破坏。新奥法、新意法对此已进行了充分研究，但这两种方法也有局限性，就是预测岩石力学参数和岩体结构参数的速度滞后于隧道开挖的进度，采用掘进机法时这种滞后现象尤其严重。

传统隧道施工的瓶颈是未能完全及时和准确地做出超前地质预报，未能及时按照地质条件变化选择和调整最适合的经济破岩方法，未能及时结合破岩方法和应用新材料选择和调整支护，未能通过智能化充分考虑效率、有效利用资源和合理的工序实现最优化性价比的隧道建设。

我们迫切需要找到一种新方法，能够及时预测围岩变化，并针对不同岩石采取不同的挖掘方法，而不仅仅是钻爆法或圆形掘进机法，在这两种隧道开挖方式之外应该还有若干种新方法。找到新工法要靠基础理论的突破，以及生产工艺的突破，从而推动隧道施工技术的进步。结合现在研究进展来看，在短时间内可能还没有突破新奥法的新理念出现，因此最好的途径就是在新奥法的基础上首先实现隧道施工工艺方面的突破。

本书阐述的隧道制造就是要根据实际围岩状态和岩石种类选择不同破岩方法，其核心是"精准识岩、分类破岩、装配护岩、智能制造"。相对于新奥法、新意法、挪威法，隧道制造更考虑聚焦于研究智能识岩、复合破岩、最适宜的装配护岩和智能制造，把隧道施工过程中的工地"行为"转化为可预见、有序化和最经济的工厂隧道制造"行为"。隧道制造，我们可考虑称之为"中国法"(China tunneling method，CTM)，它需要百家争鸣，需要实践检验。

我从机械制造的角度做出上述隧道制造，即"中国法"的定义，供大家讨论批评，然后不断否定和完善。当然，不论什么方法都需要有一套系统理论来支撑，"中国法"同样如此。一种方法的提出，需要长时间实践的检验，在实践与实验中完善和认可。"中国法"的形成过程也是先研究"中国技术""中国方案""中国装备"，经过实践检验，而后形成具有理论研究和机理创新的"中国法"。当然，今后也许有其他人提出"中国法"新定义，这是完全可能的事情。

隧道施工从矿山法到新奥法、新意法，都是围绕岩石的应力应变进行研究，最大限度利用围岩和保护围岩，着重于控制隧道的位移，形成了一套完整的理论体系。"中国法"即隧道制造，应该继承这些工法的科学理念。我们还可以改进和革新这些方法，譬如，我们完全可以使用马蹄形盾构机代替新意法施工的异形断面软岩隧道，这样隧道建设速度会更快、质量会更好。例如，意大利罗马环形高速公路上的阿皮亚安蒂卡 (Appia Antica) 隧道，跨度大于 20m，断面达 190m²，而地层则为土层，埋深仅 4m。这样的大断面隧道通过采用玻璃纤维对开挖面前方的核心土进行超前加固，把不良地层改良为稳定地层后进行全断面机械化施工，如果采用多刀盘马蹄形盾构机，可以实现在浅覆土地层下安全掘进。

对于隧道制造，应该实现机械化，减少单工序作业，尽可能全断面作业，实现少人化……。以下从四个方面对隧道制造（"中国法"）进行阐述。

精准识岩——"智能识岩"才能"精准识岩"。在以围岩为核心的新理论体系中，要延伸识别岩石的内涵，要识别岩石的抗压强度、岩石种类、石英含量等力学参数，更要识别质量指数、节理等岩体的结构参数，全方位掌握岩体状况，为破岩、护岩提供理论基础。在这本书中，将详细介绍智能识别岩石、围岩状态的多种智能算法，以及在近 10 年的研究和几十个项目的实践基础上，智能识岩取得的理论突破。

在排渣过程中通过各种方法"还原"掌子面原貌，全断面隧道掘进机 (tunnel boring machine，TBM)、土压平衡盾构机、泥水平衡盾构机需要研究各自的掌子面还原技术。当我们掌握了掌子面的真实状况，就可以有的放矢地提供最佳破岩方案，破岩方法应紧随岩石变化而变化，相应地更换破岩装置，装置应该与岩石最佳匹配，达到掘进速度快、成本低、安全度高的最理想状态。

分类破岩——根据地层结构特点和力学性质，选取最合理的破岩方式，达到"破岩效能"最佳，破岩订制化，因岩制宜。可从单一破岩、复合破岩、非对称破岩等多种破岩方式中选择最合理的破岩方式。尤其是要发展复合破岩、立体破岩技术，破解当前机械破岩方式单一、耗能过大的难题。复合破岩、立体破岩会出现两种及以上的破岩装置同时破岩、错时破岩，也会出现同一种装置以不同的方式破岩、同时破岩、错时破岩等。分类破岩就是根据岩石硬度与状态，给出最合理的破岩方案，形成一个组合的多刀多向联合破岩机制，而评判破岩效果好坏的指标就是"破岩效能"(rock breaking efficiency and energy)。岩石在完全破坏时，所受到的"挫折"越小，能耗越低，就相当于破岩效能越高。现在的 TBM 破岩虽然效率高，但耗能更高，主要是这种破岩方式针对岩石的抗压强度而设计，方便 TBM 设计与制造，但却未能避免不必要的"啃硬骨头"，而岩石的抗拉强度远远低于抗压强度，这样的破岩方式应用很少。通过几年的研究和试验，我们取得了重大突破，可以预测，以针对岩石抗拉强度为破岩目的的复合破岩技术在未来几年可以实现工程应用；还可以预测，以岩石抗扭强度为破岩对象的掘进机也可能出现，如同我们用手"拔萝卜"，先用力转动萝卜然后拔起一样的道理，只是用机械"转动"或"拔"岩石都比较困难。

装配护岩——"预制装配为主，其他支护协同"，以及 3D 打印、钻注一体、锚杆锚固等，更需要快速解决软岩大变形、破碎带、岩爆等不良地质的快速支护、防护等难题。初期支护装配式结构是今后山岭隧道制造的重大变革，没有装配式预制结构很难实现工业化、现代化，盾构法就是最好的例子。为了验证初期支护能不能使用"薄管片"，我们也进行了 1∶1 的实验室破坏性试验，其结果超出我们的预期，至于能不能工程应用还需要多专业协同研究，从理论上解决工程设计要求，满足设计规范或打破规范。

智能制造——通盘考虑制造效率，最有效地使用资源，最合理地布置工序流程，达到隧道制造最优的性价比。我们对比一下机械制造，工件制造手段已经非常成熟，对象有金属和非金属之分，包括"车、刨、铣、拉、滚、焊、剪、割、插、铆、磨、凿"若干种，现在发展到联合制造中心、智能制造流水线等，可以根据工件工艺要求选择合理的制造方法。借鉴机械制造的理念，根据岩石状况、隧道断面形状、隧道长度而选择合理的破岩装备和支护方法等。显然，与机械制造对比，现在隧道施工手段极其有限，而且发展缓慢，需要加快技术创新，改变隧道技术现状成为今后的重大任务。我们今天使用的盾构机和 TBM，相当于机械制造上的半机械化，因为设备用人太多，只有操作少人化或无人化，隧道才是真正意义上实现了制造化。

摆在我们面前的主要问题是：岩石参数判别滞后、刀具不正常损坏、出渣不畅、破岩效率低、在不良地质中掘进困难等。五花八门的隧道，千篇一律的问题，如 TBM 卡机、盾构机结泥饼，我们希望快速消除隧道地应力的影响，更希望能够降低围岩应变带来的大变形或岩爆，加快掘进速度。这些既是常见的问题，又是最难的问题。我们现在的工法与装备应用到了发展的"瓶颈"。未来的掘进机要具备以下四个特点：第一能够破岩，第二能够维护围岩的稳定，第三要消除特殊围岩(如岩爆、软岩大变形)对掘进机的不利影响，第四智能化、绿色化、安全化。由此需要不断创新，逐步形成完善的新型隧道"制造"体系与理念。

我们建立了一个"中国法"的模型，说明"中国法"核心内容的相关性，如下图所示。

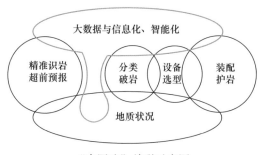

"中国法"关联示意图

为了实现隧道制造（"中国法"），我们需要掌握未来隧道多个关键技术和理论。

(1) 精准识岩：包括超前地质预报和掌子面岩体快速还原技术、隧道岩体声音传感技术、隧道岩石固定频率测定技术。

(2) 分类破岩：复合破岩、立体破岩理论和技术，包括 TBM 智能减振技术、耐高温竖井掘进机关键部件、刀具状态实时感知技术、高耐磨 / 耐高温 / 耐高水压刀具、第四代半 / 第五代掘进机的非刀具破岩技术、异形全断面硬岩破岩技术等。

(3) 装配护岩：包括通过激振 / 预裂释放岩体应力技术、3D 打印混凝土隧道技术、挤压成洞技术、软岩大变形预测与"随变"支护技术、隧道初期支护装配式可变形薄管片、隧道智能衬砌一体机、隧道隔热与局部降温技术、耐腐蚀新型海底管片材料。

(4) 智能制造：包括隧道弃渣混凝土现场利用技术、高效低成本运输系统、统筹协调资源预测和算法。

我们需要研究未来隧道领域的发展趋势，建立新基础理论、新隧道设计理念，促进隧道制造技术、设备前沿技术、关键技术的进步与发展。隧道制造显然要通过"隧道工业化"来实现的。本书提出的破岩方法是关于破岩"原理"的研究，发明破岩装备是关于"加工设备"的研究，发明破岩技术是关于隧道制造"工艺"的研究。这与我们机械设计与制造方法类似，机械设计的主要内容包括：所设计的机械功能 (目的)、制造材料选择 (刚度、强度)、加工工艺、加工工序、机械寿命计算等等。

隧道制造（"中国法"）可以涵盖多种单项工法，如钻爆与机械滚刀组合的"修边工法"；半敞口半刀盘的"半马工法"；自由断面的滚刀斜切"悬臂工法"和"异形硬岩工法";释放应力的"预裂工法"和"激振工法";特种"链锯工法"、"三圆 TBM 工法"和"机械施工与 CC 工法"等。可以简单描述为:除钻爆法外,硬岩隧道(包括破碎带)有三种以上制造策略,一是全断面,二是自由断面(一个循环过程内不进行支护),三是分区断面。软岩隧道只有一种制造策略,就是全断面(包括微斜面)。但根据隧道围岩状况、水文条件则有多种制造设备与之相适应。无论如何只有经过实践检验的安全、高效工法才是好工法,才有推广价值。

实现"中国法"最关键的是研发多种隧道专用装备,如"半马盾构机"、"并联机器人掘进机"、TBM 与钻爆法同时作业的"掘爆机"、超前导洞子母 TBM 等。隧道制造从"通用型"转向"个性化"、从"单一破岩"转向"复合破岩"、从"平面破岩"转向"立体破岩"、从"对称破岩"转向"非对称破岩"、从"传统型"转向"智能型",一种围岩一种工法,多个机型多种选择。可以选择工期优先模式、成本优先模式等。希望隧道制造过程困难程度大大降低,"该隧道地质复杂,施工难度大"等字眼出现的频率越来越少,让新型设备在一定范围内具有独特的"设备竞争力",满足不同隧道工况要求并持续改进。

未来隧道制造可能更简单更容易,可以实现"一刀成型、一挤成洞"。

未来隧道支护更快捷,"就地取材、原料回用",强化原来地质材料成为隧道衬砌支护方法,洞外衬砌混凝土材料可能不再进入隧道。也许不再使用混凝土衬砌,而使用"新型材料"快速安装支护。

隧道通风、温控、照明、防火、安全管理更智能化、更节约化。

畅想未来在隧道装备领域出现新型"地球钻""飞碟 TBM""外星 TBM""焊石机""烧壁机",在理论方面出现"隧道加工学""隧道工程科学""隧道工程哲学""隧道工程伦理学"等。

我们不仅要研究隧道之"术",更要研究隧道之"道",没有隧道发展之道的突破,便没有隧道科技之术的变革,隧道之道就是隧道工业化,隧道之术就是隧道技术创新、材料创新、装备创新。

隧道制造技术未来已来,一切皆有可能。

李建斌

2022 年 3 月 9 日

目 录

第6章　隧道支护和衬砌 ························· 327

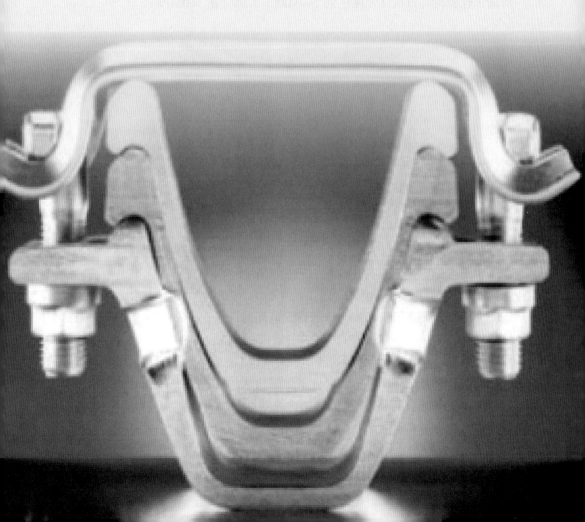

第5章

特殊隧道制造新方法

5.1　极硬岩隧道

5.1.1　极硬岩隧道工程特点

在工程实践中，常用岩石的饱和单轴抗压强度 (R_c) 来界定岩石的坚硬程度。一般认为，R_c 大于 60MPa 的岩石为坚硬岩。随着隧道埋深的不断增长，时常遇到超高硬度的围岩，如西康铁路秦岭隧道和云南那邦水电站引水隧洞岩石坚硬，为花岗岩和片麻岩，平均抗压强度约 150MPa，最高超过 325MPa，见图 5.1。在钻探工程中，用岩石坚固性系数 f 来评价极硬岩 (岩石坚固性系数 f 是指岩石抵抗破碎的相对值，一般为岩石的 R_c 值的十分之一)，有学者将 f 值大于 12 的岩石称为极硬岩。在我国，极硬岩隧道多出现在引水隧洞、深埋水电站洞室等工程中，如云南那邦水电站引水隧洞围岩平均抗压强度达 150MPa，陕西引汉济渭工程最高岩石抗压强度达到 240MPa，大部分在 160MPa 以上。

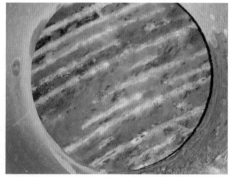

图 5.1　抗压强度 325MPa 花岗岩

极硬岩隧道不同于一般硬岩隧道，围岩整体完整性好，岩石异常坚硬，作业最大难度是掘进困难，作业效率极低。在国内外作业中，坚硬甚至极硬的岩石隧道掘进都是一个难题，常用工法主要为光面爆破工法和 TBM 工法。光面爆破工法作业存在凿岩困难，炸药雷管消耗高，爆渣破碎不均的问题。TBM 工法较适用于 R_c 在 30~120MPa 的围岩，当围岩 R_c 超过 180MPa 时，易出现 TBM 刀盘开裂、磨损严重，设备掘进振动大、TBM 主轴承及关键部件寿命大幅度缩减的情况。极硬岩 TBM 掘进岩渣多为细粉状，耗能很大。掘进效率降低和掘进成本提高限制了 TBM 工法的应用。若围岩 R_c 大于 250MPa 时，TBM 将难以掘进。

5.1.2 极硬岩隧道 TBM 制造工艺

极硬岩隧道作业的关键是破岩 (开挖)。岩石的极限抗拉强度一般远小于极限抗压强度，平均为抗压强度的 3%~5%。岩石的极限抗弯强度一般也远小于极限抗压强度，但大于极限抗拉强度，平均为抗压强度的 7%~12%。岩石的极限抗剪强度一般也远小于极限抗压强度，等于或略小于极限抗弯强度。隧道 TBM 作业要充分利用岩石的力学特性，合理设计刀间距，或创造岩石临空面，以剪切或拉裂的形式破岩。

为此，可采用双切削 TBM(见图 5.2) 实现正切与斜切破岩或者采用机械切割和高能流体切割岩层，制造岩体临空面，辅助机械破岩。

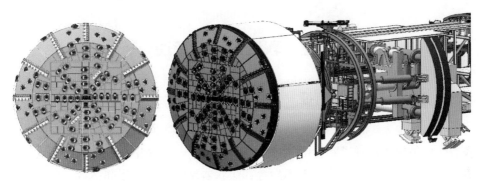

图 5.2 双切削 TBM

5.1.3 异形极硬岩隧道非钻爆法工艺

有些岩石隧道在作业时不允许采用爆破手段，因此除了使用 TBM 外，还要研究其他方式。例如，比较短的异形岩石隧道，可以通过组合破岩解决隧道掘进难题。隧道加工工序，见图 5.3：

(1) 使用悬臂掘进机对隧道掌子面进行预开槽或挖孔，产生第二个临空面，或使用钻孔设备进行钻孔开槽产生临空面；

(2) 使用各种劈裂装置依次围绕临空面由近及远进行破岩，并且出渣；

(3) 整理洞壁凹凸不平部分。

5.1.4 其他极硬岩破岩方式

我们在上册第 2 章、第 3 章中介绍了多种破岩方式、各种组合破岩设备，可根据隧道围岩状况、隧道断面大小、隧道长度选择最合理的方案。

图 5.3 岩石抗压强度超过 100MPa 的花岗岩隧道

5.2 软岩大变形隧道

5.2.1 软岩大变形隧道特征

软岩指 $R_c \leqslant 30$MPa 的岩石。软岩隧道对应于隧道围岩分级 Ⅲ 级中的较软岩 (R_c=15~30MPa) 隧道和 Ⅳ 级中的软质岩石 (R_c=5~30MPa) 隧道。Ⅲ 级软岩隧道受地质构造影响轻微，节理不发育；层状岩层为厚层，层间结合一般，围岩岩体呈大块砌体结构。围岩开挖后拱部无支护时可产生局部小坍塌，侧壁基本稳定，爆破震动过大易塌落。Ⅳ 级软岩隧道受地质构造影响较重或严重，节理较发育或发育。围岩岩体呈块 (石)、碎 (石) 状镶嵌结构。围岩开挖后拱部无支护时可能产生较大坍塌，侧壁有时失去稳定。典型的软岩隧道见图 5.4。

大变形是软岩隧道最明显的特征，当隧道周边围岩受压大于软化临界荷载时，围岩会产生明显的塑性大变形、大地压和难支护现象，见图 5.5。大变形概念是相对隧道开挖断面而言的，同时与围岩强度应力比相关，一般认为变形大于隧道断面 1.5%~5% 时，即为大变形现象。

针对大变形形成机制的不同，可以分为挤压大变形和卸荷大变形，相应的处理措施也不同。挤压大变形隧道通常表现为变形持续时间长、变形有蠕变和流变特征，容易引起初期支护结构变形、扭曲，甚至失效，导致隧道塌方、关门，安全风险极高，部分 (极) 高地应力隧道的永久衬砌也会因围岩荷载而产生裂缝、漏水、掉块。发生挤压大变形时，高地应力引起的作用力一般以水平方向为主，防治措施主要是适当扩大开挖断面，预留出变形空间，同时适时增加支护结构强度，保证变形后的隧道不失稳，且断面满足设计需求。

图 5.4　软岩隧道　　　　　　　　图 5.5　大变形隧道

卸荷大变形隧道荷载传导快、变形迅速，容易因围岩重力滑移引起掌子面失稳、坍塌、变形。周边岩体松弛解体引起的卸荷大变形主要是松散围岩的重力作用，需提前处理松弛岩体，提升其自身稳定性。另外，地下水会进一步加剧变形发展，隧道作业中应充分考虑地下水影响，采取导水或堵水措施，控制或消除地下水的影响。

5.2.2　软岩大变形隧道制造技术

岩体隧道通常采用钻爆法作业。Ⅲ级软岩隧道通常采用微台阶工法，具备应用凿岩台车的条件，但由于围岩受爆破震动后易坍塌的特点，对钻爆参数的设定及作业工艺要求很高，且工效受限。Ⅳ级软岩隧道，钻爆法只能在台阶法模式下作业，空间所限，大型机械配置困难，机械化程度低，安全风险高。

为实现软岩隧道的快速安全制造，必然要采取"控变形、防坍塌"的相关作业措施。软岩隧道在开挖前期，掌子面具备一定的稳定能力，可应用敞开式盾构进行作业。作业前，尽可能地探明隧道穿越岩体的真实情况，根据隧道截面形状选择盾构机、铣挖机或铣岩机设备。

实践表明，多数大变形隧道的变形持续时间久，变形破坏有强烈的各向异性，这会在支护结构中产生巨大的弯矩，十分不利于结构稳定。为此，在隧道支护结构设计上进行了摸索和尝试，形成了屈服性支护的概念。屈服性支护是支护结构达到屈服荷载后具备边变形边承载的能力，呈现出高承载、大变形的现象。随着材料技术的发展，形成了 U 型变形钢拱架、大变形混凝土、纤维混凝土、屈服器、弹性垫层等多种多样的支护结构或构造，见图 5.6，转移、降低了地应力，增大了支护结构的可靠度。

图 5.6 可变形的屈服性支护结构

为应对隧道大变形，在作业实践中形成了多种多样的作业方法，目前已逐步发展成为多种多次的联合支护措施。较为成熟的支护技术主要有：金属支架＋锚网喷支护、高强度弧板、注浆加固技术、预应力锚索支护等。根据技术作用目标可以大致分为增强围岩抵抗能力和改善围岩受力等两个方面，实践中多综合应用两种技术，以实现更好的控制效果。

某隧道最大变形达到 1.2m，这在隧道作业中很罕见。在作业中，通过认真优化断面，不断调整支护参数，实施长锚杆、锚索、双层拱架及树脂锚杆主动支护等补强措施，同时设置缓冲层及应力释放窗口等控制措施，形成一套大变形分级控制方案及一系列辅助措施，变形控制取得一定成效，保障了作业正常，见图 5.7。

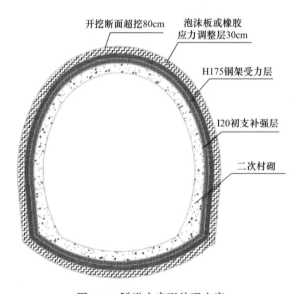

图 5.7 隧道大变形处理方案

　　大型专用的隧道掘进设备具有机械化程度高、作业高效、安全防护等特点，执行了大变形隧道"先柔后刚、先让后抗、柔让适度、稳定支护"的应对理念，设计一种能够外置支护结构的马蹄形盾构机（即外马盾构机）实现机械化开挖，初期支护结构紧跟掌子面作业，理论上能够实现大变形隧道的快速、安全、高质量的制造。外马盾构机根据围岩情况搭载不同的开挖设备，并按一定变形量扩挖掌子面，支护结构可为钢拱架类现制支护，也可是管片类的预拼支护，支护结构在盾壳外面，紧跟掌子面闭合，并根据需求及时施作锚索或锚杆，其作业效果示意图见图 5.8。

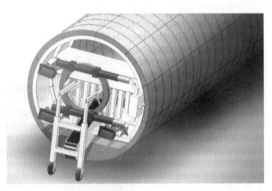

图 5.8　外马盾构机作业效果示意图

　　不管是常用的超前支护、喷锚钢架支护、二次衬砌、多层支护等成熟技术，还是尚在完善的钢管混凝土、长锚索、充填弹性构造等新型支护技术，都是针对开挖洞室周边围岩进行作用，作用范围相对有限。而岩石钻孔技术成熟，作用深度可控，一般应用于深部岩土体的改良。可将螺旋钻探技术应用到隧道作业，通过水平螺旋钻机在隧道掌子面钻设一定数量预定深度的水平孔，卸除一部分隧道前方围岩压力，减小隧道开挖后支护结构的承担荷载，有效调节隧道围岩应力和支护结构内力。当围岩硬度相对较高、地应力较大时，在水平钻孔或导洞中放置激振器，通过激振器施加高频率的振动，实现地应力的重分布和消减，降低隧道作业难度。

　　如果采用 TBM 法掘进，需要对隧道进行一定程度的扩挖，这样先释放一部分高地应力，减轻初期支护的负荷。扩挖的方式有至少两种。一种方式是接长刀梁的刀盘，见图 5.9，刀盘的刀梁端部设计有可拆卸的部分，当遇到变形量较大的地层时，可拆下刀梁端部这个部分，换上能使刀盘直径更大的接长块，起到扩挖的作用。另一种方式是更换刀盘边块，见图 5.10，刀盘设计为中间不变的正方形部分和四周的可更换边块部分，通过更换不同尺寸的边块，可以实现不同要求的扩挖。

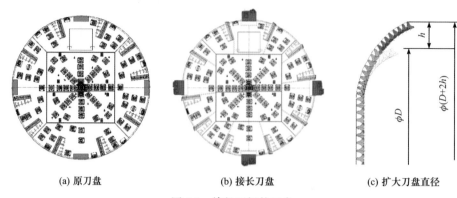

(a) 原刀盘   (b) 接长刀盘   (c) 扩大刀盘直径

图 5.9   接长刀梁的刀盘

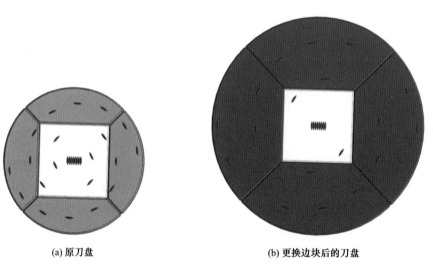

(a) 原刀盘   (b) 更换边块后的刀盘

图 5.10   更换刀盘边块示意图

我们需要重点考虑两个问题，一是因为刀盘直径加大，需要把 TBM 主机及后配套拖车加大尺寸，以便适应挖孔空间；二是最好使用"薄管片"进行初期支护，加快通过软岩大变形区间。

5.3 大跨度软岩隧道

5.3.1 大跨度软岩隧道工程特征

《铁路隧道设计规范》(TB 10003—2016) 规定，通常把开挖跨度 12~14m

的隧道称为大跨度隧道，把开挖跨度在 14m 以上的称为特大跨度隧道。京张高速铁路八达岭长城站两端渡线段单洞开挖跨度达 32.7m，是目前国内单拱跨度最大的暗挖铁路隧道。

　　大跨度隧道在交通之外的领域也有很多应用。修建于公元 532 年的土耳其伊斯坦布尔的某大教堂地下蓄水池，洞室宽度达 70m。挪威耶维克 (Gjovik) 滑冰场，洞室拱顶跨度 61m，岩石覆盖层厚度小于跨度，为 25~50m。

　　开挖跨度对隧道的稳定性存在较大影响，围岩级别越低，坑道跨度越大，最大塑性区厚度越大，隧道洞室的稳定性越差。为降低和解决大跨度隧道的受力和变形问题，在设计上对结构断面进行优化，采用接近圆形或马蹄形等结构受力较好的断面，避免出现应力集中。在作业中，常将大跨度的超大断面隧道进行拆解，分部开挖，增设临时支撑结构，最后完成大跨度地下空间的制造，见图 5.11 。在支护结构方面，相比于一般跨度隧道，其结构厚重，结构自重荷载必须要考虑，超高性能混凝土 (ultra-high performance concrete，UHPC)、空腔混凝土结构也逐渐被应用。为进一步提升结构的承载能力，预应力技术、空间钢构技术也不断被尝试使用。

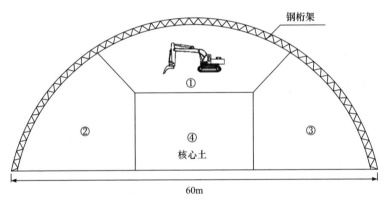

图 5.11　大跨隧道钢桁架支护及分部开挖示意图 (图中数字表示分部开挖顺序，以下同)

5.3.2　大跨度软岩隧道制造关键技术

　　浅埋大跨度软岩隧道可采用明挖法，或交叉中隔墙 (CRD) 工法、"洞、桩、墙"暗挖逆作 (PBA) 工法等矿山法，或超大断面盾构工法、结构分割与转换 (CC) 工法等机械化程度高的现代工法。对于深埋大跨隧道通常采用分层分部钻爆工法作业。大跨度隧道开挖断面大，作业工序多，作业期间受到多次爆破的影响，对围岩的扰动大，围岩及临时支撑结构稳定性差，极易发生围岩及临时支撑结构失稳、变形过大、隧道塌方、地表沉降过大和隧道衬砌开裂与破坏等问题。

随着 TBM 技术的发展，应用或借助 TBM 制造深埋大跨隧道已成为可能。

为减小爆破对围岩承载力的不利影响，可在隧道开挖范围内，采用小直径 TBM(见图 5.12) 密集成孔，然后利用弱爆或机械破岩清除孔洞间残留岩体，最终形成所需的大跨空间。该工法实施过程中，小直径 TBM 所成密集孔洞形似蜂巢，可称之为"蜂巢工法"。典型作业工序见图 5.13，蜂窝孔的参数、作业顺序需根据围岩稳定情况进行设计。

图 5.12　小直径 TBM 主机

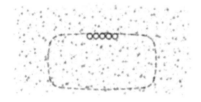

(a) 根据工程地质及隧道工程因素设计蜂窝孔
参数，施作隧道拱部蜂窝孔

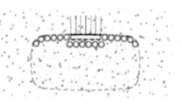

(b) 破除隧道顶板部分蜂窝孔间岩体，施作隧道
支护系统；同时，继续蜂窝孔作业

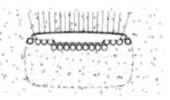

(c) 破除拱部蜂窝孔间残留岩体，施作隧道
支护系统；同时，继续蜂窝孔作业

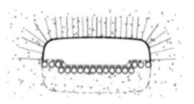

(d) 破除隧道边墙蜂窝孔间残留岩体，施作隧道
支护系统；同时，继续蜂窝孔作业

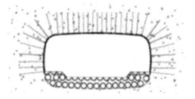

(e) 按照作业工艺分层、分区或分段设计，
持续上一步内容

(f) 破除隧道底板蜂窝孔间岩体，施作底板处隧道
支护系统，完成隧道开挖

图 5.13　蜂巢工法典型工序图

5.4　非爆破硬岩超大断面空间

目前最大的 TBM 直径在 15m 左右，对于更大截面积的地下空间，尤其是非圆形界面的大断面地下空间，通常采用钻爆法进行作业。对于不适合采用钻爆法作业的地层，可尝试采用小直径 TBM 按照蜂巢工法进行作业，见图 5.14，作业顺序为：

(1) 从最上层进行掘进，依次完成水平方向的所有"蜂窝"，然后再掘进下一层，直至完成所有设计的"蜂窝"；

(2) TBM 设计成无拖车、短结构形式，方便反复拆装使用；

(3) TBM 始发与到达的暗井需要预先完成，且自上而下逐层与 TBM 作业同样高程；

(4) TBM 撑靴水平设计，那么上下相邻两层"蜂窝"的间距可以设计得尽量小；

(5) 剩余的岩体采用其他非爆破方式开挖，并同时进行支护。

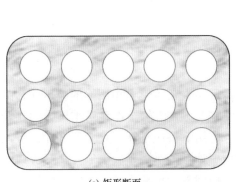 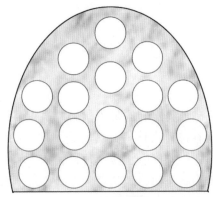

(a) 矩形断面　　　　　　　　　　　　　(b) 马蹄形断面

图 5.14　超大断面 TBM 蜂窝状掘进

在蜂巢工法中，确定相邻洞室之间净距离的大小非常关键。假设 TBM 的开挖外径为 3500mm，撑靴分部范围为两腰 72°，撑靴水平投影尺寸为 2095mm × 1075mm，见图 5.15，设计的最大接地比压为 4.0MPa。

根据水平投影面积确定撑靴的最大水平推力 N 为

$$N = PA = 4000 \times 1075 \times 2095 \times 10^{-6} = 9008.5 (\text{kN}) \qquad (5.1)$$

式中，P 为接地比压，kPa；A 为撑靴面积。

在 TBM 掘进过程中，假设相邻洞室之间的净距为 b，在撑靴力 N 的作用下，阴影范围的围岩提供相应的抵抗力，其示意图见图 5.16。

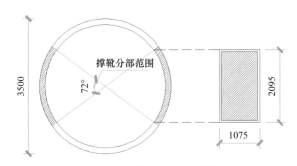

图 5.15　TBM 撑靴示意图 (单位：mm)

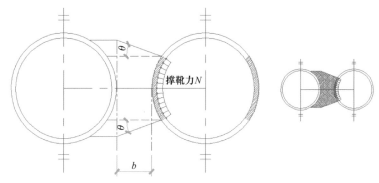

图 5.16　围岩抗力与撑靴主力示意图

计算围岩的最大抗力，最重要的是确定围岩在撑靴力作用下的破裂面，围岩在撑靴力作用下其实是一种被动土压力破坏。θ 值的合理性对结果影响比较大，借鉴库仑土压力理论，挡土墙在外力作用下挤压土体，且土体处在极限承载力状态时，破裂角为 $45° + \varphi/2$。如果借鉴地基的极限承载力原理，其破坏时也是地基压力作用在土体上，土体在外力作用下发生挤出剪切破坏，如图 5.17 所示。

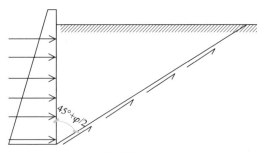

图 5.17　岩体被动破坏示意图

采用 GTS 软件对破裂角进行分析，建立岩层模型模拟实际工况，在相邻洞室内施加撑靴力，研究应力的分部情况，见图 5.18，模拟结果与假设相符。

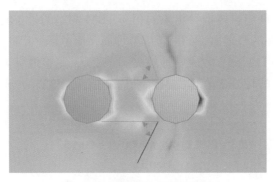

图 5.18　围岩应力分布示意图

根据以上分析，确定相邻洞室之间在撑靴力作用下，岩体的破坏角 θ 为

$$\theta = 45° + \varphi/2 \tag{5.2}$$

式中，φ 为岩体的综合内摩擦角。

从空间上来说，提供抗力的围岩理想状态是一个破裂体，其周边的面积 A 为

$$A = b\pi\sqrt{1 + \tan^2\theta}\,(2b\tan\theta + d) \tag{5.3}$$

式中，d 为换算的当量直径。

根据莫尔 - 库仑定律，岩体的抗剪强度与摩擦角的关系为

$$\tau = \sigma\tan\varphi + c \tag{5.4}$$

在地层中，很难确定岩体任意一点的应力，因此可利用岩体的抗压强度与抗剪强度的关系，即

$$\tau = f/n \tag{5.5}$$

式中，n 为系数。

岩体提供的总的抵抗力为

$$R = fA/n \tag{5.6}$$

式 (5.1) 与式 (5.6) 联合求解，可得

$$fA/n = 9008.5 \tag{5.7}$$

提取变量 b 得

$$b = \frac{-d \pm \sqrt{d^2 + 11400n / f\sqrt{1 + \tan^2 \theta}}}{4\tan\theta} \qquad (5.8)$$

式 (5.8) 为由理想岩体推导出来的相邻 TBM 洞室的最小间距，推导过程未考虑岩体自身存在的节理面，如果考虑节理面，应考虑一定的安全系数 (K)。针对较破碎地层 K 可取 2.5，较完整地层 K 可取 2.0，完整地层 K 可取 1.5。

对于 40MPa 的较破碎岩体，其综合内摩擦角为 32°，$n=10$。根据撑靴面积换算的当量直径为 2m，则

$$b \geqslant \frac{-2 \pm \sqrt{2^2 + 1140 / 40000\sqrt{1 + \tan^2 32}}}{4\tan 32} = 0.5(\text{m}) \qquad (5.9)$$

对于较破碎的岩体考虑节理面的影响，K 取值为 2.5，则最小间距 b 等于 1.25m。

5.5 砾岩隧道

砾岩是指粒径大于 2mm 的圆状和次圆状的砾石占岩石总量 30% 以上的碎屑岩，见图 5.19。砾岩中碎屑组分主要是岩屑，只有少量矿物碎屑，裂隙填充物为砂、粉砂、黏土物质和化学沉淀物质。对砾岩隧道而言，隧道稳定性的影响因素主要是砾石颗粒间胶结作用。根据作用类型不同，胶结作用一般可分为两种：一种是颗粒间简单的连接，这种类型颗粒间的连接是由颗粒间胶结物的物理化学变化造成的，颗粒在其中不产生变化；另一种是颗粒间复杂的连接，除了胶结物在成岩作用中的变化，沉积物颗粒本身在胶结作用中也产生了物理化学变化。常见的胶结物多为硅质、钙质、铁质、黏土质等。

图 5.19　典型砾岩

当砾岩颗粒间胶结紧密、成岩状态稳定时，砾岩的岩体强度取决于大颗粒成岩物和胶结体。一般来说，岩体整体完整性好、强度较高，成岩大颗粒砾石的硬度和磨圆度会对隧道开挖带来一定影响。在隧道作业中，大粒径的砾石往往带来超挖，需采用针对性措施将与开挖轮廓线干涉的砾石进行处理。

一般来说，破碎带、第三系未成岩带等砾岩的胶结性、成岩性较差，结构脆弱，组成物质又复杂多样。此类砾岩在隧道工程表现为开挖面呈一定形状，但受扰动后松散易碎，表现为堆积砾石的形态，开挖面极易失稳。弱胶结砾岩在地下水作用时，岩体软化，强度急剧降低，表现为富水土石混合体形态。

砾岩隧道作业的关键问题是成岩砾石和胶结物力学性质的差异，尤其是采用 TBM 作业时，由于开挖面的不连续性导致 TBM 刀具、刀盘持续承受较大的冲击荷载，严重影响作业工效及设备使用寿命。隧道开挖可采取以破坏砾石和胶结物的粘连为主，尽量减小对砾石的直接破碎。适用的制造工艺为：采用悬臂掘进机开挖，配置环形铣岩刀盘，见图 5.20，正面以盘形滚刀压剪破岩，刀盘进入岩体后横向移动，应用刀盘周边重型撕裂刀冲击破岩。

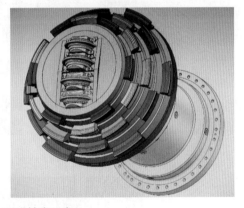

图 5.20　环形铣岩刀盘

5.6　黄土隧道

5.6.1　黄土隧道工程特征

黄土是最新的地质时期（距今约 200 万年的第四系）形成的土状堆积物，有显著的垂直节理，土质疏松，在干燥时较坚硬，一旦遇水浸泡，通常容易剥落、侵蚀和湿陷。根据黄土形成年代的不同，又细分为早更新世 Q_1、中更新世 Q_2、晚更新世 Q_3 和全新世 Q_4，其年代越久相对稳定性越好。在我国的西北地区和黄河中下游地区的黄土地貌中修建的隧道，均可以称为黄土隧道，在欧洲、北美洲也有类似的黄土隧道。

黄土具有与其他岩土体不同的特有性质，在修建黄土隧道时所面临的问题也有很大不同。自 1904 年的石太线修建以来，这 100 多年间，我国修建了大量的黄土隧道，也积累了成套的黄土隧道制造技术。老黄土 (Q_1、Q_2) 地层对应隧道 Ⅳ 级围岩，拱部无支护时可产生较大坍塌，侧壁有时可能失稳；新黄土 (Q_3、Q_4) 地层一般对应隧道 Ⅴ 级围岩，围岩易坍塌，处理不当会出现大坍塌，侧壁经常出现小坍塌；严重湿陷的黄土，对应隧道 Ⅵ 级围岩，围岩极易坍塌。

黄土隧道，尤其是大断面和特大断面的黄土隧道，通常采用分部开挖的作业方法，如台阶法 (图 5.21)、中隔壁 (CD) 工法、交叉中隔壁 (CRD) 工法 (图 5.22)、双侧壁导坑工法 (图 5.23) 等。把大工作面划分为小空间作业，作业效率极低，同时作业工序多，作业速度缓慢。由于多个分部开挖作业，支护结构长时间不能闭合成环，隧道沉降变形大，安全风险极高。

图 5.21　台阶法作业

图 5.22　交叉中隔壁 (CRD) 工法

图 5.23　双侧壁导坑工法

5.6.2 黄土隧道制造关键技术

黄土具有不同方向的原生和构造节理，尤其是垂直节理发育，多孔隙、结构疏松，围岩结构极不稳定或自承载能力较弱，遇水易崩解、剥落。隧道开挖时，破坏了岩体原有的应力平衡，围岩土体极易沿节理面张开或剪断，破坏区域大，出现坍塌、冒顶等事故，并且围岩变形释放快，具有突然性，给隧道安全造成很大影响。

黄土隧道传统作业工法大多以新奥法为理论基础，采用锚杆和喷射混凝土为主要支护手段，及时进行支护，控制围岩的变形和松弛。但传统工法作业过程复杂，导致工序时间过长、围岩长期暴露、喷射混凝土剥落掉块、控制变形较难等情形，进一步增加坍塌风险，安全质量不易保障，并影响工期。为此，可采用的制造工艺为：IV级围岩黄土隧道可应用敞开式盾构作业；Q_1、Q_2 老黄土属硬土，宜配置松土器或悬臂掘进机破土开挖；V级围岩黄土隧道可应用半马盾构机作业，隧道掌子面敞开部位配置挖掘机开挖即可；VI级围岩隧道，宜应用圆形或异形土压平衡盾构作业。

1. 半马盾构机隧道制造工艺

半马盾构机整体上采用半敞开式掘进方法，主动提前释放地层的地应力和变形，待掌子面自我调整稳定后，将塌落的岩体石块移除，用其盾体结构支撑断面周围破碎带岩体。为了利用围岩自承载能力，提高衬砌效率和效果，可对隧道断面采取一定的初期衬砌措施，如拱底铺设预制钢筋混凝土管片、拱顶搭设钢拱架+锚杆+喷射混凝土。采用半马盾构机作业，可有效解决岩体稳定性差、强度低、容易变形等问题，可适用于V级围岩黄土隧道。

2. 全马盾构机隧道制造工艺

马蹄形断面隧道是上部圆拱、下部稍扁、左右两翼下侧弧度较小的断面形式，其综合了圆形断面结构受力好和矩形断面空间利用率高的优点，主要用于在建筑空间受限或对空间有特殊要求的隧道项目上。目前，国内大断面的非圆形隧道作业多采用矿山法作业，存在作业速度慢、人员安全度较低等缺点。为此，马蹄形盾构机的研制对改善作业条件、提高作业安全、降低生产成本具有极其重要的意义，可广泛应用于公路、铁路隧道作业，尤其是在软弱围岩地质（VI级围岩）中性能卓越。

马蹄形盾构机已成功应用于蒙华铁路白城隧道，见图 5.24、图 5.25。该隧道位于陕西省榆林市靖边县，全长为3345m，最大埋深81m，断面尺寸宽11.9m、高7.95m；隧道地质多黄土，土质松软；隧道围岩级别为V、VI级，作业风险大。为保证作业安全，经过铁路隧道专家的多次论证后，采用了异形盾构法。

图5.24 马蹄形盾构

图5.25 蒙华铁路马蹄形盾构隧道

5.7 砂卵石隧道

5.7.1 砂卵石隧道工程特征

砂卵石结构松散，颗粒大小分布不均匀，透水性强，具备典型的颗粒离散特性。砂卵石围岩土体颗粒间的黏聚力几近为零，相互间接触为点接触，这与其他地层有着明显的区别。因此，砂卵石地层是一种典型的力学不稳定地层，失去约束后，颗粒间相互稳定或平衡状态极易被打破，失稳具有传导性。

砂卵石地层对震动极其敏感，不论是采用利用围岩承载能力的新奥法，还是采用盾构类的机械法，开挖都会引起不同程度的变形，掌子面出现掉块、塌落，甚至发生隧道坍塌事故。隧道开挖后，由于砂卵石地层孔隙大，地层扰动引起颗粒重新分布，围岩变形持续发展，容易发生地表沉降，甚至浅埋段出现地面塌陷等问题，对周边环境影响较大。无水、贫水时，砂卵石颗粒间无黏聚力，隧道作业将打破原有平衡，砂卵石颗粒喷涌而出，形成石屑流，作业风险极高。富水或地层存在动水径流时，隧道作业风险更高，必须预先对其进行处理。

5.7.2 砂卵石隧道制造关键技术

砂卵石隧道宜采用盾构法进行制造，且已有成功案例。在砂卵石地层中，盾构掘进时，刀盘受力复杂，工作环境恶劣。盾构刀盘的结构设计关系重大，直接影响掘进效率、工期和工程费用，甚至影响到工程的成败。砂卵石隧道的盾构刀盘设计要充分考虑开口率、耐磨设计和刀盘磨损监测。同时，要根据地层情况针对性地选择、设计开挖刀具和出渣方式，加强盾构设备的破石、排渣能力。大块孤石或块石是砂卵石地层掘进过程中的一大难题，不仅可能损坏刀具、刀盘，甚至导致盾构掘进受阻或偏离线路，低扰动刀盘设计 (图 5.26) 和高效破岩排渣是砂卵石隧道掘进的技术难点。砂卵石地层颗粒硬度和耐磨性较高，盾构掘进过程中，刀具磨蚀、损坏是不可避免的。而刀具更换作业风险高，抽插式刀具底座设计和机器人换刀技术能够有效保障作业安全和效率。

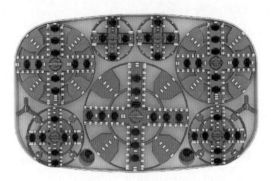

图 5.26　低扰动刀盘

　　砂卵石地层力学稳定性差，且失稳具有传导性，此时良好的渣土改良 (图 5.27) 措施是稳定开挖面、控制地表沉降的关键。性能优越的渣土改良剂、综合性的渣土改良措施能够有效提升刀盘掘进效率，减小地层扰动，从而提升掘进效率。在富水砂卵石地层中，渣土改良能够有效控制地下水流失，防止喷涌，降低作业安全风险。

图 5.27　砂卵石渣土改良

5.8 富水软泥隧道

5.8.1 富水软泥隧道工程特征

富水软泥所指为软塑状黏性土、饱和的粉土和砂类土等，以及风积砂、严重湿陷性的黄土等土体在富水下所呈状态。该类土体中，黏性土呈易蠕动的松软结构，砂性土呈潮湿松散结构。隧道围岩开挖后，极易坍塌，有水时土、砂经常与水一齐涌出，浅埋时易塌至地面。

成岩情况较差的第三系弱胶结砂泥岩,围岩基本分级可定Ⅳ级或接近Ⅳ级。围岩开挖后，在富水状态下，围岩工程条件极度劣化，呈富水软泥状态，其分级应定为Ⅵ级，给隧道建设者带来很大困扰。这种岩土体成岩结构特殊，岩体强度低，胶结性较差，导致其自承载能力低，对开挖扰动较为敏感，洞室开挖后自稳能力差、自稳时间短；并且大多埋深较大，常处于地下水位线以下，开挖后遇水软化泥化，发生涌突、溜坍，支护结构难以施作。因其工程性质和水文地质特征的特殊性，工程界又将这一类地层岩土体称为第三系未成岩。现阶段，在工程中遇到的第三系未成岩地层，主要有泥岩、砂质泥岩、泥质砾岩、砂质砾岩、砂岩、砾岩等,既具有软岩的典型特征，又有区别于软岩的独特性质，见图5.28。

图 5.28 厦门海底（富水软泥）隧道作业现场

在作业中常采用，并被证明有效的技术措施主要有：

（1）降水。对于砂岩、砾岩等渗透系数较大的第三系未成岩地层，掌子面超前真空降水、洞外（内）深井降水均能取得明显的效果，能有效减少开挖后围岩软化现象。但当围岩渗透系数较小，地下水赋存分布不规律时，降水作业目标性差，开挖后围岩局部失稳依然会影响整个隧道作业。

(2) 帷幕注浆加固。浆液固化后能有效提升围岩的自稳性和强度。但是对于部分颗粒粒径小的粉细砂地层，浆液的可注性差，难以形成浆脉，很难达到预期的整体加固效果，往往出现加固时间比开挖时间长，加固 10m 只能开挖 2m 的现象，经济性极差。

(3) 水平旋喷桩。超高压的水平旋喷桩能有效加固改良地层，固结后的桩体还能够控制掌子面的挤出变形，在能够成桩的地层中，基本取得了良好的处理效果。但高压旋喷桩需要大型的专用设备，浆液耗费量也大，旋喷桩作业时间与开挖时间基本相近，进度效果不明显。

(4) 临时横撑法。将大断面软弱围岩隧道划分为小断面进行开挖，增加临时横撑能够有效控制变形，保证开挖安全，见图 5.29。但是多个小断面的临时横撑法，不论是 CD 法、CRD 法，还是双侧壁导坑法，工序均繁杂，且不能应用作业机械，多以人工作业为主，效率极低，安全风险高。在已作业第三系粉细砂未成岩隧道应用过程中，该工法月进度不足 10m，造价高昂，不能满足工程需求。

综上可见，目前亟待探求能够有效解决第三系未成岩地层隧道作业问题的技术措施。在技术不成熟的条件下，综合性的选线和精准的勘察可有效降低工程制造难度和制造成本。在设计和作业时，要针对围岩工程性质制定针对性设计和作业方案，提出合理的建设理念，合理组织，提升隧道的综合制造速度，降低整体工程造价。

图 5.29　在隧道变形段需要增加临时支护

5.8.2 富水软泥隧道制造关键技术

富水软泥隧道宜应用土压平衡盾构作业，针对隧道的断面形状，采用多刀盘异形盾构或单刀盘圆形盾构。隧道支护体系可采用单层管片结构或预制初期支护＋模筑二衬复合式结构。对于设备始发接收空间有限的隧道工程，可使用小空间分体组装盾构刀盘，见图5.30。

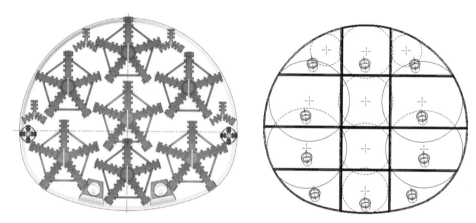

图5.30　可分体组装马蹄形盾构刀盘

5.9　岩爆隧道

5.9.1 岩爆隧道工程特征

岩爆是指在构造应力很高的硬脆性岩石地层中开挖洞室时，在临空岩体中发生突发式破坏的现象。针对岩爆宏观特征和力学成因，通常认为岩爆是高地应力条件下伴随隧道开挖过程硬脆性围岩应力重分布和集中现象，导致围岩弹性应变能积聚后突然释放，造成洞室表层围岩块体动力失稳并伴随轰鸣声响的地质灾害。

岩爆作为一种复杂的高地应力现场，其发生的影响因素及条件非常复杂，具有很强的突发性、随机性和破坏性，时间和地点很难确定，多发生在强度较高、质地坚硬且干燥无水的坚硬岩石或巨厚坚硬岩层中。

岩爆以其突发性和巨大的破坏性，对隧道作业影响巨大，见图5.31。岩爆的发生具有很大的偶然性，在岩爆发生前，并无明显的征兆，即使在一般认为不会掉落石块的地方，也可能突然发生岩爆，造成作业人员无法及时躲避。冲击地压造成大量岩石崩落、弹射，并产生巨大声响和气浪冲击，不但会造成开挖工作面的严重破坏，还会造成设备损坏和人员伤亡。

图 5.31　隧道岩爆

在隧道岩爆发生的危险区段，需根据预测的烈度情况，采用"以防为主，防治结合，综合治理"的思想，从隧道设计、作业两方面选取合适的防治措施，以避免和减少岩爆的发生及危害。

在设计阶段，隧道选线过程中，隧道轴线应尽量与最大主应力方向平行，以降低洞周切向应力，尽量避开极高地应力区、特殊地质构造 (褶皱核部、谷底等应力集中区域)；优化隧道断面形状，尽量减弱岩爆危害；针对不同程度的岩爆，选取普通喷射喷混凝土或钢纤维喷射混凝土、锚杆、钢拱架和注浆等一种或多重措施进行支护。

在作业阶段，对前方地层进行探测，准确预判岩爆发生的可能，并针对性地采取应对措施；软化围岩，降低洞周及掌子面表层或深部岩体的强度、弹性模量及脆性，增加岩体的微裂隙，从而抑制岩爆发生或降低岩爆烈度等级；释放围岩地应力，在隧道掌子面和周边打设孔洞，释放地应力，降低岩爆发生的可能性；加强人员设备的被动防护，根据岩爆烈度等级，作业人员需要配备安全帽、防弹衣和防砸鞋等，并对大型机械配备防护钢板等以减小岩爆对人员及设备的危害。

5.9.2 岩爆隧道制造关键技术

岩爆是一个综合性的工程问题，强大的地应力和非均匀性的岩石构造是岩爆产生的根源。有效释放地应力、监测预报岩爆发生征兆是解决、防控岩爆危害的主要思路。以往隧道作业中，为减小地应力危害，常常施作超前导洞，有目的地任其变形，释放主洞前方的地应力，降低主洞开挖面的岩爆风险。也有应用实践表明，采用拱顶直墙式的隧道断面能够利用边墙变形实现降低岩爆烈度的效果。这些被动式地释放应力思路和措施均取得了一定的效果，为高地应力隧道建设做出了贡献。

采用螺旋式 TBM(图 5.32) 应对岩爆类隧道，借用了超前导洞法的应力释放思路。在高地应力段，通过高效破岩的小断面螺旋 TBM 做超前导洞，充分释放主洞前方地应力，降低主洞作业风险。

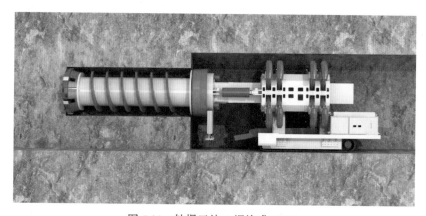

图 5.32　钻爆工法 + 螺旋式 TBM

当主洞采用 TBM 法时，螺旋式 TBM 与主洞 TBM 可进行整合设计，形成双刀盘 TBM，超前导洞与主洞的同步掘进，实现边超前释放应力边开挖掘进的效果。在常规地段，螺旋式的导洞 TBM 可后退收缩与主洞 TBM 刀盘平齐。

研究表明，一定区域范围内设置局部深孔爆破，周边地应力会二次重分布，新平衡状态下的地应力会有大幅降低，同时，爆炸的作用力会造成炮孔周边围岩破碎或产生裂隙，从而增强地应力的吸收能力。超前爆破释放地应力的同时，结合防爆管片支护，能够实现"超前降爆、以爆制爆、激震减爆、管片防爆"的作业效果，从而实现岩爆隧道的安全、高效作业。

5.10　破碎带隧道

5.10.1　破碎带隧道工程特征

断层破碎带地质条件比较复杂，地质构造活动比较强烈，岩体完整性相比相邻岩体差，部分甚至处于松散状态，见图 5.33。当基岩为硬质岩时，破碎带充填岩体通常为硬质破碎岩块，单块岩粒磨圆度差、强度高，但岩粒间胶结弱，甚至无胶结。受外界挤压力或自身重力作用被动聚为一体，当平衡被打破时，易发生坍塌、滑坡、突涌等现象。软岩破碎带具有围岩地质条件差、围岩软弱破碎、自稳性差等特点，在隧道穿越破碎带时，不可避免地会遇到突水、突泥、大变形、塌方等各类地质问题。

图 5.33　岩层破碎带

在建隧道穿越硬岩破碎带时，由于岩质较硬，隧道开挖轮廓易出现参差不齐、超挖或欠挖控制难等问题。隧道穿越的破碎带较大时，无黏结的散体颗粒随开挖面发生溜坍，当地应力较大时，甚至形成碎屑流。断层破碎带常常积聚地下水、细颗粒物等其他外源性物质，水和细颗粒增大了破碎带的流动潜力和外动力，突发的混合水屑流往往会冲击、破坏隧道支护结构，甚至掩埋已建隧道，严重影响作业进度，造成巨大的经济损失，甚至危害作业人员的安全。隧道穿越断层破碎带后，散体结构的破碎带类似松散岩土体，也将给支护结构带来巨大的荷载，隧道结构需考虑长期安全性。

当隧道作业穿越软岩破碎带时，围岩的自稳能力非常差，为了保证隧道作业的安全进行，需要人为提升围岩自稳能力，创造安全的作业条件。由于地层性质及其稳定程度不同，随之形成了在作业工艺、支护机理上各不相同的多种超前加固技术。在结构已发生破坏的软岩及软土中常采用超前锚杆支护、超前小导管、超前管棚等；在带孔和裂隙的软岩地层以及充填砾石、卵石地层中常采用注浆法，结合孔隙、裂隙设计注浆加固方案；当软弱破碎带中富含地下水或有水力补给时，常辅助排导水和堵水措施，减少地下水的影响。为控制地层沉降和初支结构变形，根据隧道断面大小一般选取 CD 工法、CRD 工法、双侧壁导坑法等作业方法。当对前方围岩进行预处理，稳定性相对较好时，也可采用台阶法。

5.10.2　破碎带隧道制造关键技术

破碎带围岩胶结性差，开挖面受重力作用明显，极易出现顶部围岩掉块、塌落，掌子面坍塌等情况。爆破钻孔时容易卡钻、塌孔，爆破成形效果差，开挖轮廓难以控制，作业中经常出现大的超挖。

为此，可采用半马盾构机或敞马盾构机。半马盾构机上半断面敞开、下半断面布置刀盘（见图 5.34），敞马盾构机上下断面均敞开（见图 5.35），破岩工具可选择小刀盘、破碎锤和铣挖机等。破碎锤、铣挖机等机械破岩设备作业扰动性小，成形易控，能够适用多种断面形状，灵活度高。壳体前方设置防护挡板，实现机械化高效开挖、随挖随挡的作业效果，保障破碎带隧道的开挖安全，提升开挖速度，具备良好的经济效益。

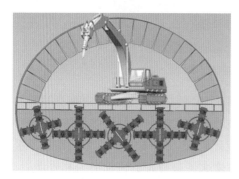 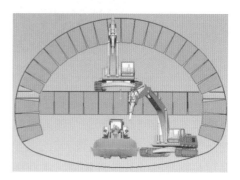

图 5.34　半马盾构机　　　　　　　　图 5.35　敞马盾构机

该作业技术融合了新奥法和盾构法隧道技术的特点，两种模式快速转换，开挖方法高度灵活，支护结构可采用传统的喷锚支护结构，也可采用拼装式的预制初期支护结构，具备开挖、支护、出渣、推进、衬砌等工序的机械一体化作业能力，降低了破碎带地质构造下的作业风险，应用该技术能够有效提升隧道制造过程的标准化、机械化和自动化。

5.11　裂隙水发育隧道

5.11.1　裂隙水发育隧道工程特征

裂隙水是隧道作业中普遍存在的不良地质因素。裂隙水对软弱结构面、软弱围岩、破碎带等有浸泡软化作用，引起围岩强度降低甚至泥化、解体，极易引起工程事故，对隧道后期运营管理构成严重威胁。

在隧道作业中，裂隙水引起的风险和隐患主要表现在涌水、突泥、坍塌、大变形等问题。大体量的埋藏、分布不均匀的基岩裂隙水，其赋存和运动规律复杂，隧道开挖贯通削弱其渗流通道，强大的静水压力击穿岩层，瞬间冲刷、淹没在建隧道，带来极大的人员和经济损失。此类事故影响巨大，多为突发性，且事发前无明显征兆。当裂隙水与松散充填物结合时，通常表现为突泥事故，狭小、固定的隧道通道使其破坏力强过于地面泥石流，甚至破坏、淹没已建成隧道，突泥贯通了裂隙水通道，往往突泥爆发后引起地表水土流失。裂隙水的缓慢作用往往会引起建成隧道发生大变形，其原因可能是渗流通道贯通后表现出的静水压力，也可能是裂隙水软化围岩带来巨大的水土压力，支护结构大变形没有被及时发现或没有被有效处理时，往往带来建成隧道结构开裂，甚至坍塌等事故。

为应对复杂多变、危害性极大的基岩裂隙水，隧道作业中采用排导泄水、全封堵、堵排结合等不同治理理念的处理措施。各种措施特点有：

(1) 早期隧道作业多采用排导泄水的模式，任由裂隙水排放，带水作业，作业难度极大，安全风险也高。对于高储水量、裂隙宽大的情况，此种方式难以实施，甚至会带来安全事故。同时，无限制地泄水会进一步贯通、扩展裂隙水网络，打破原有水循环平衡状态，引起地表水源干涸。另外，裂隙水排泄时携带大量泥沙，侵蚀山体，造成水土流失，甚至引起地表塌坑。

(2) 之后的隧道作业中引进、发展了注浆封堵技术，形成了全封堵处理模式。全封堵能够有效解决隧道作业和运营问题，但作业技术难度大、周期长、耗费大，特别是高水压的裂隙水隧道处理往往不能取得理想的效果。

(3) 进入21世纪，随着人们对于生态环境的重视，以及封堵技术的不断发展，"堵排结合"的治理理念越来越多地被应用到实际工程中，既应用了封堵技术的特点，为隧道作业和运营营造一个无水、少水的工作环境，又利用了导排的理念，有限的排水降低了封堵的技术难度，也减少了隧道作业对水文环境的影响。

5.11.2 裂隙水发育隧道制造关键技术

山体巨大的地下水蕴含量，为裂隙水提供了近乎无穷无尽的补给，为钻孔、装药带来了极大的困难，即便是高度机械化的 TBM，在大流量涌水时装渣作业也极其困难。为实现裂隙水发育隧道的安全、快速、机械化作业，需实现在涌水条件下硬岩高效破岩的同时快速出渣。

为此，可采用 TBM 法和钻爆法相结合的作业方法：

(1) 在掌子面中心位置钻先行导孔。采用针对性设计的小直径 TBM(见图 5.36) 钻先行导洞，先行导洞一方面探明前方围岩和地下水的准确信息，为主洞堵水方案提供技术支撑，另一方面限量导排掌子面前方周边围岩富含的裂隙水，降低紧跟开挖的主洞的水量和水压，创造良好的作业条件。同时，先行导洞为主洞开挖创造了中心临空面，能够大大提升爆破效力，提升主洞掘进速度。

(2) 主洞采用钻爆法作业。钻爆法作业技术成熟，灵活度高，见图 5.37，具有很好的经济性。综合技术能够实现裂隙水的限量导排，主洞快速开挖后采取堵水措施，充分践行了"堵排结合"的技术理念，既营造了无水、少水的工作环境，也保护了水文环境。

该方案存在的问题是裂隙水发育隧道易出现涌水、突泥、坍塌、大变形等问题，小直径 TBM 可能会被埋在里面。

图 5.36 小直径 TBM

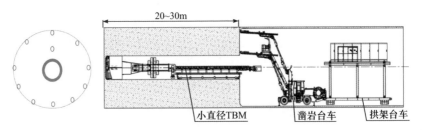

图 5.37 裂隙水处理方案示意图

5.12 海底隧道

5.12.1 海底隧道工程特征

为克服大江、大河、海湾、海洋等自然障碍，采用海底（水下）隧道方式解决江河、海峡两岸的交通问题越来越得到各方的认可。国外著名的跨海隧道有：日本青函海峡隧道、英法英吉利海峡隧道、日本东京湾海底隧道、丹麦斯特贝尔海峡隧道和挪威的莱尔多隧道等。我国海底隧道修建技术发展较晚，但发展速度很快。我国在黄浦江、长江、珠江、钱塘江、湘江、黄河等水域采用各种修建方法建成的各种用途、各种直径的海底隧道有 70 余条，代表性的有：厦门翔安海底隧道、胶州湾海底隧道、狮子洋海底隧道、南昌红谷沉管隧道和香港海底隧道等。

海底隧道是一项高风险的地下工程，作业不确定性高，一旦发生事故后果严重，主要难点有：深水海洋地质勘察的难度高，勘探精度难以保证；岩体强度软化，安全性低，作业开挖易引起突涌水；隧道难以分段作业，独头单口掘进长度大，作业困难，工期长，投入不可控；超长距离通风、消防实施难度大。

目前，长大海底隧道常用的作业方法主要有：

(1) 钻爆法。钻爆法主要应用于围岩相对较好，开挖埋深大的海底隧道。钻爆法在国外海底隧道作业中的应用很多，早期的海底隧道多是采用该方法修建。挪威已建成的总长约 100km 的多条海底隧道均采用钻爆法作业，最长一条隧道约 4.70km，最大水深达 180m。我国厦门的东通道翔安海底隧道、青岛－黄岛海底隧道、胶州湾海底隧道和杭州湾海底隧道等也采用钻爆法作业。钻爆法作业风险相对较高，如遇软弱风化带将采取辅助围岩加固措施，隧道通风需特殊设计。

(2) 盾构机法是修建海底隧道的一种重要作业工法，尤其是在软土地层中。盾构机法采用现代化的生产手段，速度快、效率高，工作人员作业环境较好，安全保证程度高。目前用盾构机法制造海底隧道的案例很多，如武汉长江第一隧道、狮子洋海底隧道、南京长江公路隧道等。

(3) 沉管法是在海岸边的干坞里或在大型船台上将隧道管节预制好，再浮拖至设计位置沉放对接而后沟通成隧道。沉管法埋深浅、断面适用性好、防水性高，但在基槽开挖、管片浮运、管片沉放和对接阶段都将对航道产生影响，甚至需要采取封航措施才能保证作业。

5.12.2　海底隧道制造关键技术

TBM 工法高度机械化，掘进作业安全、快速，独头掘进能力突出，但传统设备设计针对性强，应对地质情况较为单一，对于海底极端复杂的地质情况，实现超长距离的掘进作业难度极大。为满足上述技术需求，探索开发了多模式 TBM，见图 5.38，该 TBM 具有闭式 TBM、土压平衡、泥水平衡三种掘进模式，在护盾式掘进机的基础上融合了平衡式盾构的作业理念，兼具护盾式 TBM 和平衡式盾构机的优点，双模式共存，主控室内自由切换。

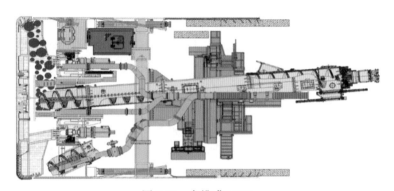

图 5.38　多模式 TBM

根据单护盾 TBM 模式的主设计理念，盾体短且可伸缩，滚刀破岩、中心螺旋运输机出渣、闭式开挖，保证长距离高效掘进，能够应对隧道大变形，大大改善了 TBM 作业环境；土压平衡模式具备常规土压平衡盾构机的所有功能，地层不稳定时，调整土舱压力，稳定掌子面，底部螺旋运输机控制出渣速度，连续掘进；泥水平衡模式则具备泥水平衡盾构机的所有功能，在高水压地层，调整气垫舱压力，控制泥水舱压力，稳定开挖面，底部螺旋运输机协同泥水循环出渣，连续掘进。三种模式能够快速、无缝切换，全程无需人员进舱、无需拆换任何部件，灵活应对各种地质风险。

多模式 TBM 也可以根据地层灵活选择支护结构，断层破碎带等低稳定性段可采用特殊设计的管片衬砌进行支护，高地应力岩爆段可采用防御性钢管片支护结构，一般地层可应用低成本的喷锚支护。多模式 TBM 具有综合性的设备功能，灵活性的模式切换，在复杂地质长大隧道、海底隧道掘进作业时，既能应对各种潜在地质风险，又能实现安全高效掘进。

5.13　高地温隧道

5.13.1　高地温隧道工程特征

当隧道埋深过大，或受到岩浆活动、温泉等地下热水的影响时，高温围岩和地下水使隧道作业时的洞内空气温度超过 28℃，影响作业安全和人员健康，这类隧道通常称为高地温隧道。高地温包括高岩温和高水温两种，实际工程中可能仅仅是高岩温，也可能是高岩温和高水温并存。高地温的主要危害有：

(1) 隧道作业面狭窄，线状形体导致其通风不畅，作业环境相对恶劣。高地温将进一步恶化作业环境，使作业人员感到明显不适，甚至影响身体健康。突然喷出的热水、热气甚至会造成人员的伤亡。

(2) 地热的存在会增加基岩的节理或者加宽节理宽度，造成岩石的再次分解变形，从而影响隧道围岩的稳定性。

(3) 腐蚀性的地热流气体会严重损害结构材料，降低其性能，传统的支护结构形式和作业措施难以满足高地温环境的需求，需要进行针对性设计。

(4) 高地温在运营过程中长期存在，会对隧道的装修材料、机电设备及养护人员均造成不利影响。

在结构设计上，为减小或阻断高温对衬砌的影响，常在支护体系中加入隔热材料，形成新型的耐高温的隧道支护结构体系。为确保热害段衬砌结构的耐久性，地温异常段的隧道结构均需采用具有耐热性能的建筑材料。在隧道作业时，为确保作业安全，通常采用洞内降温措施，增加人员防护。当地温一般时，加强通风即可满足作业需求，高地温时，需采取综合降温措施。

高地温带来的作业影响巨大，即便采取多种多样的应对措施，常规的人工掘进方式仍难以实现隧道的安全、快速作业。这促使高地温隧道机械化作业技术的发展，但高温环境对设备的作业效率也有影响，还将降低设备的使用寿命。研究新型制冷设备和遥控操作设备是将来发展的方向，实现无人化掘进目标。

5.13.2　高地温隧道制造关键技术

高地温考验、威胁着作业设备、作业人员、成品结构，也给隧道运营带来了安全隐患。为应对高地温这种特殊的地质灾害，降温技术一直是研究的重点。早期发展了以通风为主的非制冷式的降温措施，能够解决小纵深、较高地温的隧道作业问题。对于局部热害严重地段，采用人为降温、制冷措施，降低地热影响与危害。随着隧道掘进埋深越来越大，独头掘进纵深越来越大，高地温往往会影响到整条隧道，非制冷降温措施和局部单点降温措施已不能有效解决问题。

为实现高地温隧道的安全、快速制造，研究和发展大型专用隧道制冷装备将是一项迫切任务。新型制冷装备具备高效的制冷降温系统，控制系统和监测系统协同工作，自动化调节隧道内温度，具备可视化、远程控制功能，形成综合性的隧道制冷降温系统。系统为隧道内作业人员配备整套的个体防护设备，防护服能够有效隔绝高温环境，通过降温，系统吸收人体代谢和劳动废热，动态调节人体四周的微气候，始终维持人体热平衡。

高效、节能、耐高温、能够远程操控的掘进设备也是应对高地温的一个技术发展方向。随着通信传输、云计算和大数据技术的快速发展，隧道掘进设备具备了远程操控、智能化作业功能。通过有线为主、无线为辅的稳定信息传输，实现作业设备众多部件、传感器、控制系统的远距离多方联动、协同工作，减少洞内作业人员，能有效降低高地温危害。掘进机可收集、筛选、分析海量的设备作业数据，进一步实现作业流程优化和决策，动态调整设备掘进参数，使设备高效、节能作业，减少洞内设备废热。

5.14　浅覆土隧道

5.14.1　浅覆土隧道工程特征

在隧道工程中，根据围岩初始应力状态、围岩变形破坏方式，将隧道划分为浅埋隧道、深埋隧道和超深隧道三大类。其中，浅埋隧道主要指覆土小于隧道直径的隧道，此类隧道的形状特点主要是埋深浅、跨度大以及扁平率大等。由于隧道断面较大且覆土浅，在开挖过程中扰动的土体范围会较大，往往会造成较大的地表沉降，影响周边环境及构筑物安全，作业时风险极大，极易造成坍塌等安全隐患。

随着各大城市隧道建设的迅速发展，浅覆土隧道也越来越常见，其特点及危害主要有：隧道主要位于城市道路下方，需穿越大量市政管线，如控制措施不当，容易产生地面隆起和沉降，对城市道路交通和市政管线造成严重影响；隧道穿越的建筑物如为低层建筑物，且无桩基基础，如作业控制措施不当，容易使建筑物基础产生不均匀沉降或地面隆起，致使建筑物产生裂缝、倾斜，甚至倒塌。

浅覆土大断面隧道传统作业工法主要有多台阶法、CRD 法、双侧壁导洞法等多种作业方法，见图 5.39。此类暗挖工法对地质条件要求比较高、作业速度慢、劳动强度大、机械化程度不高、安全风险高、管理难度大。为克服浅埋暗挖工法的缺点，机械化隧道开挖工法应运而生，该工法作业工艺简单，机械化、自动化程度高，作业速度快，能够很好地控制地表沉降，安全度高。

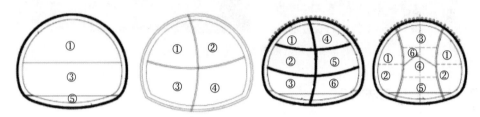

图 5.39　大断面隧道传统工法

浅覆土大断面隧道可应用两种典型的机械化非开挖作业工法：一是大断面盾构或顶管工法，可实现隧道空间一次成型；二是 CC 工法，即将大断面转化为若干小断面，分部开挖小断面，最后通过结构受力转换形成大型断面结构。

5.14.2　一次开挖成型工法

一次开挖成型工法是预制与隧道同尺寸的管节，采用略大于隧道轮廓线的机械设备，沿着隧道轴线开挖掘进，顶推管节，实现隧道空间一次成型的作业方法。此类作业工法的难点在于设备制造困难、结构设计复杂、掘进过程中轴线控制难等。由于断面尺寸较大，为有效改善结构受力，一般采取在管节顶板起微拱，达到优化结构厚度、降低管节自重、方便作业吊装拼接、利于顶管的掘进效果。

目前，该工法已成功应用于嘉兴市南湖大道矩形顶管隧道工程 (14.8m × 9.426m)、郑州市红专路下穿中州大道隧道工程 (10.1m × 7.3m)、上海地铁静安寺站多洞顶管工程 (9.9m × 8.7m)、深圳地铁 10 号线华为通道工程 (7.2m × 6.6m)、天津黑牛城道地下通道 (7.42m × 7.55m) 等隧道工程。

嘉兴市南湖大道矩形顶管隧道工程 (见图 5.40) 为双向双线六车道，双线隧道均长 100.5m、宽 14.8m、高 9.426m，覆土 5.68~6.54m，单线顶进距离 100.1m，开挖面积达 123m²。工程穿越地质为素填土、粉质黏土、淤泥质粉质黏土，潜水位埋深在 0~1.8m，地下管线众多，错综复杂，所处地段交通繁忙。作业面临超大断面 (最大跨度 14.8m)、超小间距 (隧道间距 1.2m)、超浅覆土等诸多挑战。

图 5.40   嘉兴市南湖大道矩形顶管隧道工程

5.14.3 CC 工法简介

传统明挖工法与暗挖工法在地下工程领域各有优势，尤其是 CRD 工法、口琴 (harmonica) 工法等均用到了"小结构到大结构"的思想。科研团队集成两类工法中的机械化作业、隧道群密贴作业、分部暗挖、结构受力体系转换等优势，规避传统 CRD 工法风险高、作业环境差的缺陷，同时又避免口琴工法的材料浪费，最终提出机械暗挖 CC 工法。

1. 工艺原理

CC 工法将地下空间的整体结构分割为小型单元，采用机械设备分部实施各小型单元，通过结构体系的转换，最终完成地下空间整体结构。其核心思想包含两个方面，一是对地下工程结构的定义和分割，二是结构体系的转换。

1) 地下工程结构的定义和分割

将地下工程主体结构最外侧直接与围岩接触，承受外部围岩荷载的结构构件定义为外周结构，将内部的梁、柱或墙板定义为内部结构，见图 5.41。

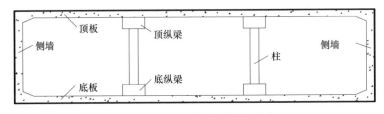

图 5.41   地下工程整体结构示意

取单位长度的主体结构，首先将外周结构与内部结构进行分割，单独取出外周结构，然后对外周结构进行二次分割，见图 5.42，并将经过分割的外周结构进行预制，与临时结构组合成封闭的单元结构，以满足盾构或顶管机械化作业的需求。分部单元构件的形成如图 5.43 所示。

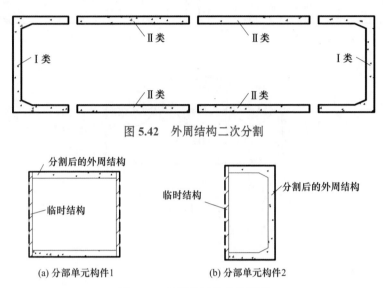

图 5.42　外周结构二次分割

图 5.43　分部单元构件的形成

2) 分部作业与结构体系转换

依次利用成套工程装备，以极近间距完成各分部单元作业，形成由外周结构和临时结构组成的中间结构体系，如图 5.44 和图 5.45 所示。

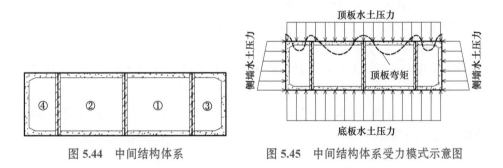

图 5.44　中间结构体系　　　　　图 5.45　中间结构体系受力模式示意图

如图 5.46 所示，在中间结构体系的空间中完成内部结构施作。最后，依次拆除临时结构，将外周结构传递的围岩荷载由临时结构转换到内部结构上，同时进行外周结构的接头处理，完成结构体系转换，形成最终的主体结构，如图 5.47 和图 5.48 所示。

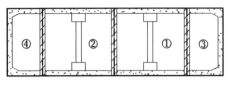 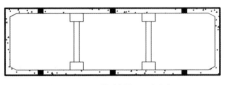

图 5.46　内部结构施作　　　　　　图 5.47　最终结构示意图

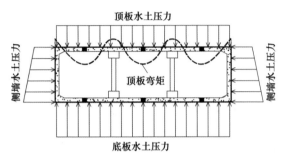

图 5.48　最终结构受力模式示意图

2. 工法特点

(1) 以机械化、工厂化、智能化为导向，通过将地下结构整体分割为可机械化和工厂化作业的小单元，采用智能化工程机械装备和装配式结构，分部完成各小型单元，最终通过结构转换，形成地下空间整体结构。

(2) 采用机械取代人工，可以实现地下工程机械化、智能化、无人化作业，提高地下工程作业效率和作业安全性。

(3) 采用预制装配式结构，可以实现结构构件的工厂化、标准化作业，提高地下工程结构的质量和可靠性。

(4) 采用结构的分割转换方法，将大型地下空间结构分割为多个小型单元，作业组织灵活，作业速度快。

(5) 以地下结构的外周永久结构作为作业期间的支护结构，同时采用可循环使用的标准内部临时支撑构件，减少临时结构的使用量和废弃量，较传统暗挖方法具有良好的经济性。

(6) 作业仅需在地下工程结构的局部设置工作井，占用地面空间少，且作业过程中无粉尘、低噪声，极大降低了地下工程作业对周边环境的影响。

3. 适用范围

(1) 适用于有地下水或无地下水的各种软土地层、砂卵石地层和岩石地层。

(2) 在上述地层条件下，可用于浅埋、超浅埋的大断面地下空间工程。

(3) 可应用于大断面地下空间，如地铁车站、地下停车场、地下商业综合体、地下通道、大跨度隧道等。

(4) 为降低作业对环境的影响，常规断面地下工程也可以采用本工法进行作业。

5.14.4　CC 工法用于双层空间作业

CC 工法可为大型地铁车站等工程提供一套完整的解决方案，见图 5.49，该类工程的主要特点是空间狭长、埋深大、断面标准，且目前明挖法弊端日益显现。

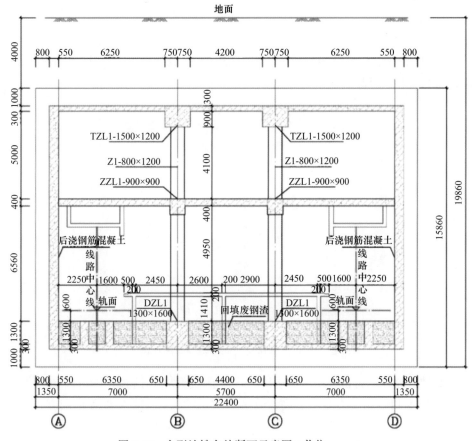

图 5.49　大型地铁车站断面示意图 (单位：mm)

根据地铁车站的设计断面，其结构分割方案可以选择二分法或四分法，如图 5.50 所示。

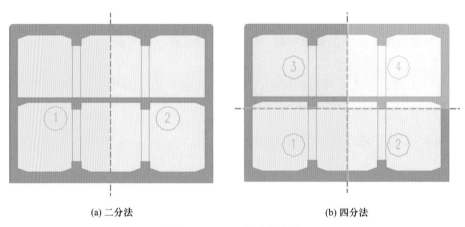

(a) 二分法　　　　　　　　　　　　(b) 四分法

图 5.50　CC 工法分割比选

1) 二分法

二分法的优点是，结构分块少、顶进次数少、接缝处理少、节点防水容易保证，见图 5.51 和图 5.52。

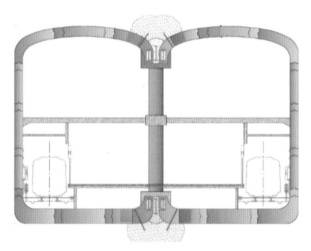

图 5.51　二分法盾构制造地铁车站断面

其缺点是，顶管机规格大，造价高且作业难度大；对场地吊装的要求更高，对始发防水和后靠反力要求更高；管节分块难度较大，需要设置横向支撑，体系复杂；此外，管节较大，造成管节重量增大，吊装难度大。

2) 四分法

四分法优点是，结构分部尺寸较小、盾构断面较为常规、设备造价较低、管节分块较小、管节分块重量小、拼装简单、内部临时支撑体系比较简单、易于作业，见图 5.53 和图 5.54。

图 5.52 二分法盾构 / 顶管拟合地铁车站断面图

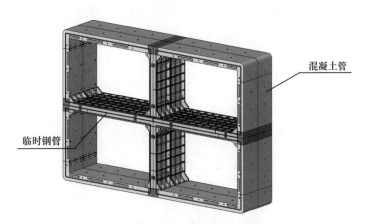

图 5.53 四分法管节总装图

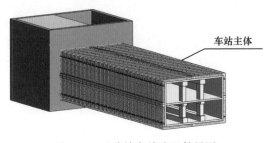

图 5.54 四分法车站建设效果图

　　其缺点是，结构分部间接缝较多，防水及接缝处理次数较多；盾构的推进的次数多，对周围环境造成多次扰动，但每单元推进相对容易控制。

　　以四分法的分割方案为例，分割后的管节设计图如图 5.55 所示。管节环、纵防水设计以及管节环、纵连接设计分别如图 5.56 和图 5.57 所示。

　　作业双层地铁车站的盾构机可以采用普通矩形顶管机或组合式矩形顶管机，根据地铁车站的设计断面、工程地质和水文地质条件等具体情况进行针对性设计。作业方案见图 5.58，主要环节有：

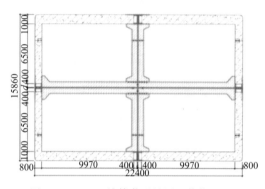

图 5.55　CC 工法管节设计图（单位：mm）

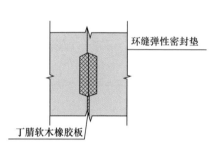

图 5.56　管节环、纵防水示意图

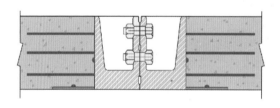

(a) 环向连接

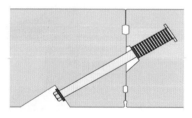

(b) 纵向连接

图 5.57　管节环、纵连接示意图

　　(1) 1# 分部单元隧道掘进；

　　(2) 施作底部接缝防水，同时施作底板垫层、底纵梁及结构侧墙；

　　(3) 设置移动支架，掘进上层 3# 分部单元隧道；

　　(4) 将移动支架转移至 2# 隧道，掘进上层 4# 单元隧道，完成后施作其余接缝防水；

　　(5) 移除移动支架，施作中板纵梁及结构中板，完成后，继续施工上层立柱及顶纵梁；

(6) 分部单元隧道内设置临时斜撑；

(7) 管节间隔拆除钢侧壁 (如先拆除奇数环)，并加设临时横撑，然后施作四周接缝后浇带；

(8) 拆除偶数环管节钢侧壁，架设临时横撑，然后施作该部分四周接缝后浇带；

(9) 拆除临时斜撑及横撑，施工底部剩余垫层及上层结构侧墙、顶板。

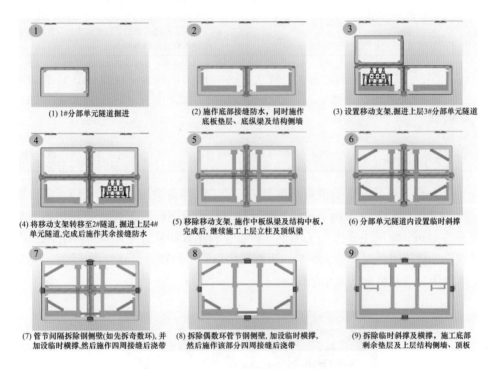

图 **5.58**　双层地铁隧道作业工序

5.14.5　CC 工法应用案例

CC 工法首先将地下空间结构的整体大断面分割为若干分部小断面，采用机械设备开挖作业分部单元结构，形成由多个平行并列的线性结构组合而成的中间结构体系，然后通过结构转换，将中间结构体系转换为整体地下空间永久结构体系。其核心是结构分割及受力体系转换。该工法既简化了作业工序，又确保了作业安全，是一种值得推荐的作业技术。采用 CC 工法作业的项目见表 5.1。

表 5.1　典型顶管法作业案例

序号	工程名称	规格 /m × m	覆土厚 /m	顶进长度 /m	地表隆沉 /mm	隧间距 /m	建设时间	高程、水平偏差 /mm
1	郑州红专路下穿中州大道隧道	10.1 × 7.3	3.2~4.0	105	−28, 0	1	2014	+15, +26
2	郑州中铁装备地下停车场	5.7 × 5.0	2.2~3.0	62		0.05	2016	−15
3	新加坡 T221 矩形顶管	7.62 × 5.6	5.4~7.2	156	穿越管道障碍物，排出数百块铁块（最大尺寸超过 400mm × 300mm × 20mm）及旋挖钻钻头等异物，创造了辐条式软土刀盘成功破除铸铁管道的典型案例			
4	天津市黑牛城道下穿隧道工程	10.4 × 7.55	9.1	96	顶管隧道上方管线众多，共有 22 条，有压管道为 DN1000mm 的给水管，无压管道为 φ1650 雨水管等			
5	陆翔路—祁连山路贯通工程	9.9 × 8.15	浅覆土	445			2020	
6	浙江嘉兴"南湖号"三车道矩形顶管	14.8 × 9.4	5.7~6.5	100.5		1.2	2020	−45, −50

中铁装备地下停车场项目是典型的 CC 工法作业案例，见图 5.59，项目规模为 34.2m × 85.8m，为地下单层 6 跨结构，总建筑面积约 3288m²。场地地下水埋深约 18m，地层主要由人工填土、粉砂、粉土和粉质黏土组成。作业范围内仅埋设少量管线，对作业无影响。工程选用顶管进行作业，顶管覆土埋深 3m，主体结构为预制装配式框架结构。

图 5.59　中铁装备地下停车场项目

5.15　复合地层异形断面隧道

5.15.1　复合地层异形断面隧道工程特征

在单一的软土、软岩等地层采用盾构法作业隧道较为容易，但在软硬不均且岩石性质变化频繁的复合地层中采用盾构法则要面临许多难题，见图 5.60，具体表现为以下四点：

(1) 上软下硬复合地层是修建隧道时常见的地质情况，其上部软岩 (土) 层具有不稳定性，而下部硬岩层又具有很高的强度。在盾构推进的过程中，土舱压力及出渣量不易控制，通常会发生掌子面涌水现象，容易造成地面较大沉降甚至塌陷。

(2) 硬岩地层强度大，盾构刀盘上用于切削地层的刀具由土层过渡到岩层的过程中，刀具易偏磨、刀盘受力不均易损坏。

(3) 在上软下硬地层中掘进时盾构姿态不易控制，盾构机易抬头，机体卡死。同时，千斤顶受力不均，易造成管片破碎。

(4) 复合地层常存在球状风化体 (孤石)、石英脉及基岩凸起等地质，给盾构作业带来很大风险。

图 5.60   复合地层掘进

复合地层盾构作业需要解决的关键技术是盾构选型对于区间不利地质的适应性。因此在盾构的选型阶段，有必要结合盾构的详细配置参数、刀盘刀具形式以及配备的辅助工法等因素，针对区间隧道穿越的困难地层，进行复合地层复杂地质针对性设计。主要措施有以下四点：

(1) 针对硬质基岩、孤石等硬岩，可在地面或隧道内对其进行预处理或考虑一些辅助工法，为盾构掘进提供有利条件。

(2) 根据地质条件，选择合适的刀盘形式。刀盘要有一定的开口率，防止在软土地层结泥饼，同时可选择可更换刀具，在盾构掘进过程有条件根据地质条件更换刀具。

(3) 进行试验段的试掘进，积累掘进经验，确定合理的掘进速度、刀盘转速、顶推力、土舱压力等参数。

(4) 作业控制措施。复合地层作业易造成地面不均匀沉降，作业过程中应及时进行同步注浆及补强注浆，加大测量频率，勤纠偏，保证盾构掘进姿态。

在复合地层中制造异形断面隧道，除了要应对上述圆形盾构在此类地层中作业存在的问题外，还要考虑设备刀盘切削盲区的问题，可谓是难上加难。异形断面隧道掘进机采用多刀盘组合进行开挖时不可避免会产生开挖盲区，而且该盲区难以通过改变多刀盘的组合形式，如增加刀盘开挖的重叠区域来解决，或者说在通过现有技术中的方式来解决时会使得成本大幅增加。

5.15.2　复合地层异形断面隧道制造关键技术

1. 行星齿轮刀盘

基于勒洛 (Reuleaux) 三角形原理，行星齿轮式掘进设备通过行星齿轮驱动，采用三角形偏心刀盘设计 (见图 5.61)，有效克服了现有矩形断面掘进设备存在开挖盲区、渣土搅拌不均的缺点，在全方位搅拌的同时实现正方形全断面切削掘进。刀盘配置刮刀破岩，适用于软土和软岩地层。

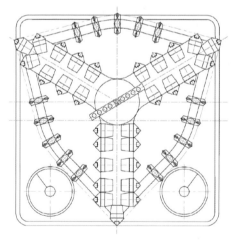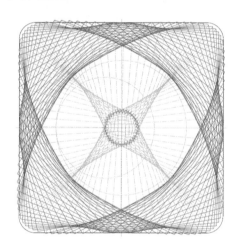

图 5.61　行星齿轮式掘进刀盘布置及刀具轨迹

2. 摆动式刀盘

采用摆动式刀盘进行硬岩破岩，可改变刀盘的结构，从而可以开挖多种断面形状，如类矩形、上下带拱形等 (见图 5.62)。另外，还可根据工程需要，将多台设备组合分块开挖，有效解决上软下硬等地质分布不均的难题。设备结构简单、灵活方便，适用于小断面、短距离、围岩稳定的硬岩矩形断面作业。刀盘配置盘形滚刀破岩适用于各类岩层。

图 5.62　摆动式刀盘及破岩效果

3. 组合刀盘盲区破岩技术

对于多刀盘开挖装置未能覆盖到的盲区位置，可安装纵轴铣挖机或横轴铣挖机，见图 5.63。纵轴铣挖机可在一定范围内摆动，工作范围覆盖盲区。横轴铣挖机固定，工作范围与组合刀盘些许叠合并覆盖盲区。针对组合式多刀盘开挖未能覆盖的开挖盲区，通过作为辅助开挖装置铣挖机进行开挖，增大了整个非圆隧道掘进机的断面开挖率，减小了掘进机前进的阻力，拓展了异形全断面隧道掘进机的适用范围。

图 5.63　配置铣挖机的无盲区异形断面掘进机

4. 隧道轮廓破岩技术

异形盾构或顶管机在岩体中掘进时很难形成平顺的隧道轮廓。为此设计了一种隧道作业锯剪复合破岩的异形硬岩掘进机，见图 5.64，通过在盾体沿隧道轮廓设置的链锯机构与组合式刀盘相结合的开挖方式，先刀盘开挖再链锯修整开挖，提高开挖效率和开挖精度。通过采用不同形式的组合式刀盘能开挖矩形隧道或圆形、类圆形隧道，与现有掘进机配合，扩大适用工况范围，是异形断面隧道开挖的一大创新，具有较高的推广价值。

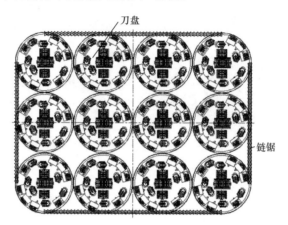

图 5.64　锯剪复合破岩的异形硬岩掘进机

5.15.3　复合地层破岩滚刀的选用

针对上软下硬冲击剧烈地层，宜选用高韧性滚刀刀圈，可采用梯度硬度滚刀刀圈或刀圈刀毂一体式结构，见图 5.65 和图 5.66，防止滚刀刀圈崩刃。针对软硬交变地层，滚刀刀座既可以安装滚刀，也可以通过转换座，实现安装可更换撕裂刀，见图 5.67，防止滚刀在软弱地层不转产生偏磨。

图 5.65　梯度硬度高韧性滚刀刀圈

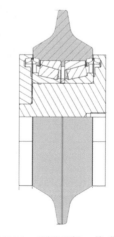

图 5.66　刀圈刀毂一体式结构

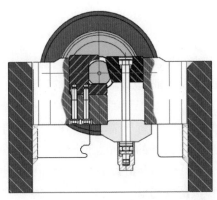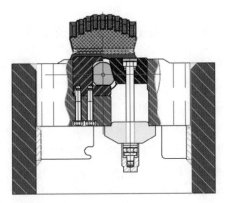

图 5.67　滚刀刀箱安装滚刀或撕裂刀 (两种不同刀具互换)

5.16　城门形隧道

5.16.1　城门形隧道工程特征

城门形隧道整合了圆形隧道和矩形隧道的断面，顶部的拱形传递荷载，具有较好的承载能力，直立的边墙有效提升了开挖空间的利用率。另外，在水工建筑上，无压输水隧洞按照明渠计算水流，常采用城门形隧道。可见，城门形隧道作为常见的隧道形式之一，具有开挖面积小、拱效应发挥充分的特点，在铁路、公路、水利等行业均被广泛应用。

在大埋深工况下，隧道岩土开挖难度大，具备良好空间利用率的城门形隧道被普遍采用，如锦屏输排水隧洞、试验洞室等。另有研究表明，在高地应力岩爆隧道中，直墙拱形隧洞更有利于降低边墙岩爆等级或使岩爆转变成静力板裂破坏，相比于圆形隧道的动力破坏特征，可降低岩爆的剧烈程度。这也是大埋深硬岩隧道采用城门形隧道的一个原因。

城门形隧道更有利于一次开挖成型，出渣运输通道顺畅，作业效率更高，造价也较低。在浅埋段，直立侧墙的变形是作业控制重点，随着开挖跨度的增加，局部会因应力集中而导致围岩失稳破坏。当埋深大、围岩硬质时，城门形隧道有利于应对岩爆，其边墙因应力作用产生板裂破坏，需根据时机进行加固处理，防止边墙破坏程度和范围持续发展至深部。深部围岩硬度高，开挖困难，对爆破技术要求高，现阶段，尚无高效率的综合设备能够完成深部硬岩隧道的掘进。

5.16.2 城门形隧道制造关键技术

深埋硬岩隧道开挖困难，即便是高效率的钻爆法也存在耗药量急剧增大、爆破岩渣大小不一的情况，增加了二次处理工序，同时也破坏了岩石的完整性，降低了经济价值。钻爆工法的作业质量和安全管控对工程师工作经验、技术能力和管理能力要求都很高，合格从业人员的学习、训练所需时间会很长。对于断面较小城门形隧道，空间所限，钻爆工法机械设备的配置也很困难。常规全断面开挖的 TBM 法，开挖断面单一，多为圆形，围岩强度超过 120MPa，掘进效率明显降低，刀具消耗量增加，适用性和经济性趋低。链锯式隧道掘进机的研制和应用为城门形隧道作业提供了另外一种可行的选择。

洞采岩石 (见图 5.68) 多采用分块切割、胀裂，然后逐块取出的方法。吸收这种分割式的硬岩破岩理念，开发出的链锯式隧道掘进机，能够将掌子面岩体分割，分块取材，既实现了异形断面 (城门形) 的安全、高效全断面开挖，又可充分利用石材的经济价值。

图 5.68　洞内链锯采石

链锯式隧道掘进机通过前端切割链锯切割掌子面围岩，利用岩石较低的抗拉强度，使岩体分块断裂，完成全断面开挖。规则的岩石分块利于运输，局部线状切割，粉尘少、能耗低、噪声小，作业现场环境好。设备全机械化设计，智能化控制，移动、切割灵活，可实现一次定位，全断面自动作业，实现掌子面无人化作业。

作业过程中，根据工程断面设计切割路线，将掌子面分割成几大块，然后再进行分切成块，形成网格切割，见图 5.69，将大块搬除，实现城门形、圆形、马蹄形、三角形等不同断面形状的全断面开挖，也可根据需求分层逐层开挖，通过多个小断面开挖完成大断面隧道建造。利用多台设备平行作业，可一次完成大体量洞室的建造。

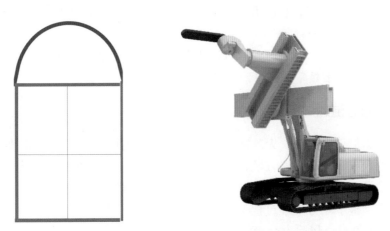

图 5.69　链锯式隧道掘进机及隧道切割分块示意图

隧道悬臂链锯机由于作业时仅需切割分块，不需要将整个开挖断面的岩石破碎，更加节能，且大尺寸岩块可回收再用，是隧道开挖的又一大创新，在未来的深埋基岩隧道、储油库、储气库、输水洞等相关洞室工程中可广泛推广，是一种全新的、智能的、绿色环保的隧道作业理念和技术。

5.17　塌方隧道

5.17.1　塌方隧道工程特征

隧道塌方是指开挖掌子面，或已支护段因地质、结构等原因引起不可控变形，导致隧道结构失效，周边岩土塌落，掩埋隧洞的一种现象。根据塌方发生位置的不同，又可以分为掌子面塌方和支护段塌方，支护段塌方又称为"关门"。根据塌方岩土体延伸度的不同，塌方分为一般塌方和贯通式塌方，贯通式塌方又称为"冒顶"。在目前国内在建和已建隧道工程中，均有不同程度的塌方现象出现，给建设和运营带来极大的危害。

塌方的表现形式单一，但引起塌方的原因有多种：

(1) 洞身工程地质条件差，围岩自稳能力低，支护时机与开挖进度不匹配。

(2) 隧道地质具有复杂性和不可预见性，给设计和作业带来较大困难，设计、作业判读不准，采取措施不能稳定围岩，导致开挖后围岩力学不平衡。

(3) 作业过程中对围岩、支护结构形态监测不及时，解读信息不准确等原因，也会延误必要加强措施的实施，最终变形持续发展、恶化。

为避免隧道塌方事故的发生，需要在地质勘探、解读方面努力，做到详细、准确了解隧道前方围岩和应力情况，针对性设计，标准化作业，动态化调整，保证支护能够匹配围岩变形。

当塌方发生后，应对塌方隧道和地表进行观测，待观测现象和数据显示塌方已基本稳定，不具备危害时，方能制定处理方案。

5.17.2　塌方隧道制造关键技术

塌方类似于未固结、无黏结力的软弱松散堆积体，稳定性很差，处理风险很高。处理方案一般将塌方堆积体进行预加固，提升其整体性和稳定性，避免处理阶段发生二次塌方事故。必要时，可增设大管棚等辅助措施，为处理提供安全通道。整个塌方处理过程安全风险高，进度低，且多为人工作业，发生二次坍塌的概率高，风险大。

抢险救援掘进机整合"随掘随运、随掘随护、掘支护运于一体"的作业理念，各工序有机结合，快速作业，能够安全、快速抢险，减少次生风险，完成塌方不良地质段的作业。抢险救援掘进机根据工作模式可分为盾构式抢险救援掘进机 (见图 5.70) 和掘支一体抢险救援机 (见图 5.71)。

图 5.70　盾构式抢险救援掘进机

盾构式抢险救援掘进机前端设计有护盾和封堵挡板，抢险工作在护盾保护下完成。设备整体为敞口式设计，前部有可伸缩的支挡结构，分块设计，能够在洞内完成拼装。穿越支挡结构完成超前支护和塌方体加固，根据地层不同配置多种开挖装置，开挖装置能够快速拆换，出渣采用刮板输送机，物料适用性强。支护系统采用管片拼装机构，及时支护，快速封闭。设备可远程遥控操作，减少危险区域的作业人员，提升作业安全性。

图 5.71　掘支一体抢险救援机

掘支一体抢险救援机借鉴传统隧道非爆法的隧道作业理念，将机械开挖、喷锚支护、同步出渣、全机械化操作等设计集于一体，将传统工法和新设备相结合，实现快速、安全、高效的隧道救援作业。掘支一体抢险救援机搭载有超前支护机械、机械开挖装置、出渣装置、锚喷作业平台、仰拱栈桥和自行走机构等。根据现场情况，可单工序作业，也可多工序平行作业，灵活度高。搭载超前支护设备可稳固塌方体，为处理工作创造安全作业条件。悬臂掘进机或挖掘机械手能够完成隧道全断面开挖、清渣工作，扰动小。机械化的喷浆、钻锚作业平台，实现初期支护结构紧跟掌子面，保障开挖安全。仰拱浇筑可平行作业，杜绝次生风险。整机无超限件，运输、拆装简单便捷，设备配置自行走机构，移动快速。掘支一体抢险救援机可设计为分台阶作业和全断面作业等多种作业模式，所有作业工序均有壳体防护，采用机械化作业，现场作业人员少，能够实现安全高效地处理塌方体。

5.18　竖　　井

5.18.1　竖井工程特征

竖井原指洞壁直立的井状管道，在工程中，竖井井筒是指在岩、土中垂直地面向下挖掘出的具有一定尺寸和形状的地下工程结构。地下空间的开发和利用能够有效补充城市生活空间和功能，逐渐受到城市规划者和管理者的重视，地下工程的型式和功能愈加丰富，越来越多的竖井在地下空间开发利用过程中发挥不可替代的作用。竖井在地下工程中，用来作为提升物料、设备、输送人员等运输通道以及通风、引排水或作业工作井，广泛应用于采矿生产、水利水电及抽水蓄能电站、隧道工程、管道工程等地下空间开发。

　　竖井的形状多为圆形，根据功能需求，亦有矩形、方形等其他形状的竖井。不同断面尺寸、深度的竖井根据所处的作业环境、地质特性等条件，考虑建筑空间功能、结构体系、作业设备、作业技术水平、工期要求等影响，应选择合理的作业工法。竖井作业与隧道开挖不同，隧道多为水平向穿越山体，而竖井是由地表向地下深部掘进，其工程环境、作业方法、面临的问题均有明显不同。

　　20 世纪 50 年代初期，我国竖井深度浅、井径小，竖井服务年限也短，为方便木框支护作业，竖井断面多为矩形。60 年代后，随着采矿业的发展，竖井深度和井径均在增加，支护材料也在发展，作业方法也由原来的人工掘进发展为手持机械开挖。随着掘进深度的增加，作业面临的问题也在增多，促进发展了新的掘进方法、出渣模式、支护方法和围岩加固技术。80 年代后，随着机械设备的发展，竖井掘进机得到了发展，综合机械掘井法逐渐取代了传统人工掘井法，掘井安全性得到了保障，作业速度也不断增加。现在适用于盲竖井全断面作业，实现竖井开挖、出渣、支护平行作业的大型综合作业设备，仍处于起步阶段。

　　对于大埋深的地下空间工程（地下厂房、地下洞室）开发，可以使用钻爆法或掘进机法。在出渣方面，竖井出渣的效率较低，斜井出渣是比较好的选择。如果地下空间工程的内部空间超过一定高度，比如 10m 以上，就要增加渣土转载过程，如果高度超过 30m，转载过程难度增加许多，也会出现效率低下问题。现在提出一种在洞内开挖竖井作为弃渣转载过程，可以完成开挖地下空间快速出渣的任务。

　　该方案，即地下空间开发设备与物料运输系统（见图 5.72），是在地面按照一定坡度向下开挖斜井，这个坡度是以地下空间的最低面为终点，在斜井的标高与地下空间的最高面平齐时"分叉"开挖一个短距离通道（上通道）到达最高面，所有工程机械、物料等到可以到达这个作业面，这个短距离通道可以选择在地下空间长度方向的中间位置，如果地下空间比较长，则分别通向地下空间的两端。在最高面的中间位置或两端开挖竖井到达最低面，并与下面的斜井连通，这个竖井起到上部开挖弃渣、下部接渣运输的作用，下部可以实现接渣、装渣、破碎转运、汽车运输、皮带机出渣等方式。这个竖井随着开挖逐渐变短直到开挖结束，这样的设计解决了大高度空间开挖出渣难题。

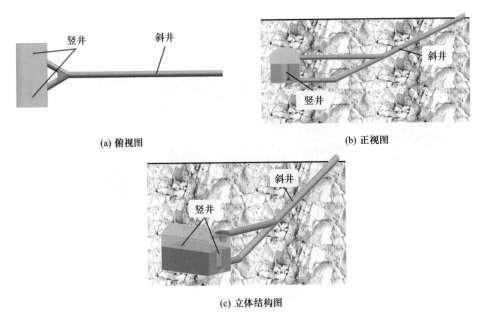

(a) 俯视图　　　　　　　　　　　　　　　(b) 正视图

(c) 立体结构图

图 5.72　地下空间开发设备与物料运输系统示意图

5.18.2　竖井制造关键技术

传统竖井作业往往采用钻爆法作业，所用设备较少，组织管理较简单，但需要大量人工井下作业。井下作业空间小、劳动强度大、作业工期长、作业安全风险极高。钻井法主要利用竖井钻机等设备钻凿竖井，采用机械破岩的方式，钻进深度和直径满足要求的井筒，在内部进行永久支护形成竖井。钻井法作业工序包括井圈锁口作业、设备安装、钻进作业、循环排渣、泥浆护壁、预制井壁、井壁安装、壁后填充等，工艺循环形成竖井。钻井作业等操作均在地面进行，井下无人作业，实现"打井不下井"的目标。

钻井法采用机械破岩，原理上能适应任何地质条件，但由于受掘进设备及工艺的限制，较多用在富含水的软弱地层的工程中。随着科学技术的不断进步，能适用于不同地质条件的全断面开挖的竖井掘进技术不断被研发利用。

　1. 竖井掘进机工法

竖井掘进机 (SBM) 工法是将全断面硬岩隧道掘进机 (TBM) 设计理论引入竖井作业，见图 5.73，能够一次完成竖井隧洞开挖、支护、出渣等功能的大型竖井作业装备，可实现竖井的机械化、集成化作业，保障作业安全。竖井掘进机工法机械化作业效率高，最高作业速度 300m/月。其适用于地质条件好、围岩稳定或经过改良后的稳定岩石地层，如矿山或隧道通风井、水电调压井、国防竖井等工程。

图 5.73　竖井掘进机及破岩效果

2. 沉井掘进机工法

沉井掘进机 (CTM) 工法是依靠井壁自身重力克服井壁摩阻力后下沉到设计标高的一种沉井工法，见图 5.74。该工法采用多组铣挖头进行全断面开挖，根据地质情况可采用抓斗出渣或泥水出渣的形式，具有较高的地质适应性。该工法对场地的要求低，开挖时对地层及地面环境的扰动小，适合在拥挤的市中心或工厂内作业；竖井断面尺寸和形状可变；远程控制和操作，打井不下井，保证人员安全；井壁可采用预制管片或现浇管片，作业效率高；模块化设计，可根据实际工况需求进行灵活选配和定制；适合硬岩以下大部分地质，环境适应性强。该工法主要应用于铁路和桥梁工程基础，逐渐发展至市政工程的给 / 排水工程、雨污水泵站、高层建筑的地基、地下停车场、仓库、矿用竖井等各项工程中。

图 5.74　沉井掘进机及破岩效果

3. 气举反循环竖井工法

气举反循环竖井工法是使用钻机钻孔，以空气作为动力介质，通过泥浆循环进行排渣，其工作原理是将压缩空气沿双壁钻具输气管道送入井内一定深度，经混合器注入管内与循环液体混合，由于混合液的密度小于冲洗液的密度，在井筒内与排渣管间产生压差，并在井筒液柱压力作用下使排浆管内混合的气液以较高的速度向上流动，从而将孔底的岩芯或岩屑连续不断地排至地表。带上来的气、液、固三相流经反循环振动筛，排入沉淀池。沉淀后的泥浆再流回孔内，补充循环液的空间，如此不断循环形成连续钻进的过程。气举反循环钻进方法具有排岩屑能力强、设备磨损小、钻头寿命长、钻进效率高、成孔质量好等优点，实现打井不下井，作业安全，现已成为国内外钻进水井、地热井、瓦斯排放井、煤层气井、桥梁桩基础以及大口径超深孔径或硬岩等复杂地层作业的主要技术方法，其应用越来越广泛。

4. 竖井钻机工法

竖井钻机 (shaft drill mechine，SDM) 在常规气举反循环钻机的基础上，融合了全断面岩石隧道掘进机的设计理念，钻机刀盘采用滚刀破岩，在井内随着刀盘向下掘进。竖井钻机工法克服了常规钻井设计减压钻进、重力导向的缺点，具有更强的破岩能力，适用软土、硬岩、富水等多种地层的作业，主要进行通风竖井、金属矿山竖井、大型桩基工程、核试验竖井、水电竖井等工程作业。井里有泥浆，形成泥膜，防止井壁坍塌。

5. 反井钻井工法

反井钻井工法是近些年发展起来的，适用于作业存在下部巷道或隧道的竖井凿井工艺。反井钻井工法是利用反井钻机作为主要设备，通过导井钻进，从下向上扩孔钻进及井壁支护等工艺形成的作业工法。这种工法除了需要大型反井钻机外，还需要控制地层的稳定，以确保钻进精度，主要应用于采矿风井、隧道通风竖井、电站压力管道等工程中。

钻井法作业可以充分利用地质资料和地质超前预报新技术，对影响作业进度的断层、节理密集带、破碎带、涌水等不良地质地段提前进行预测。作业中遇到软弱、破碎的地层，可打锚杆、初喷混凝土进行支护，遇到涌水地层可用排水泵进行排水处理，遇到地层突发涌水会造成排渣系统排渣效果下降甚至无法工作，针对不良地质可提前采用冻结或超前注浆等方法堵水。

随着科技水平的不断进步，竖井应用地下空间开发的场景更加广泛。为了提高掘进速度和劳动效率，引用现代化技术，改进掘进工艺，研发适应于不同应用场景的机械化、智能化建造技术，用以保证竖井高效、安全、文明作业，将是竖井作业技术的发展方向。

5.19 矩 形 隧 道

矩形盾构隧道作业工法基本原理和圆形盾构相同。以土压平衡矩形盾构作业为例，同样是利用土压平衡控制原理实现掌子面的稳定，通过刀盘的几何运动实现土体切削，采用螺旋输送机出土，后部同步进行支护结构的衬砌，同时注入浆液填充加固。作业工序同样包括前期地质勘察等准备工作、工作井施作、端头加固、盾构机组装调试、始发掘进、土体开挖、注浆管理、衬砌支护、渣土运输、到达接收等环节。但盾构法矩形隧道在作业中却面临着地层环境更加复杂、隧道结构受力条件差、推进控制要求高、矩形管片拼装难度大等问题。下面主要就矩形盾构隧道作业技术中与单圆盾构隧道作业不同的地方和要注意的问题进行简述。

5.19.1 地质勘察

与矩形顶管机项目类似，矩形盾构项目在地质勘察时要重点注意以下问题：

(1) 由于矩形结构的顶板受力条件较差，一般适用于浅覆土工程，勘察时要特别注意各类错综复杂的市政管线、建筑物桩基、回填层不明障碍物等。

(2) 适用于上软下硬复合地层、硬岩地层的矩形断面开挖技术仍未完全突破，存在较大的作业难度与风险，因此，地层分布的勘察要精确。

5.19.2 支护结构衬砌技术

矩形盾构机支护结构衬砌方式目前常用的有机械式拼装管片支护和挤压混凝土支护。

机械式拼装管片支护方式中，由于矩形管片设计分块的差异性很大，分块的形式较多，且矩形没有圆形的中心对称优势，每片外形尺寸、自重、过渡圆角不尽相同，管片环向和轴向均有凹凸榫，拼装精度要求高，需进行细微控制。另外，拼装机结构功能特殊、拼装区域空间小，总体上比圆形盾构管片拼装复杂很多。

5.19.3　姿态控制技术

在掘进过程中，矩形盾构机因受到司机操作经验、地质情况突变、正面土体分布不均、顶部荷载变化、设备制造误差、推进阻力分布不均、刀盘运转的反作用力、同步注浆压力的不均衡等因素的影响，会发生掘进方向、轴线方位及旋转角度控制的超标。如果不及时采取措施纠偏，将对作业和隧道质量产生严重影响。

1. 滚转的控制

对于矩形盾构机作业，滚转（旋转角度）的控制最为关键，圆形盾构机当然也会有滚转，但因为是圆形，滚转后基本对拼装及线形无大影响。但是矩形，特别是大断面的矩形盾构机，发生滚转后，一方面，盾构机各侧面在进洞时与洞门密封装置的间隙发生变化，有的位置间隙会过大，导致洞口止水密封的止水效果较差，给进洞带来较大风险；另一方面，将直接影响管片拼装，同时会造成隧道底平面的倾斜，完成后的隧道底面呈曲面，从而影响正常使用功能。为此，在矩形盾构作业过程中需要不断地对滚转进行纠正，但过大的纠滚也会使周围地层扰动变形而引起额外的地表沉降。所以，滚转控制也就成为矩形盾构作业过程中的技术重点和难点。

在掘进过程中，要时刻留意偏差发展的趋势，以勤测、勤纠为原则，采用高精度测量仪器进行测量，矩形盾构机每前进一段，进行一次左右两侧的高程对比，根据测量结果进行小幅度纠偏和预见性纠偏，使偏差值在小幅度范围内波动，避免大角度纠偏。纠正滚转的主要方法有：刀盘转向组合纠滚、千斤顶纠滚、打泥纠滚、单侧压重。

(1) 刀盘转向组合纠滚法。刀盘旋转在开挖过程中与掌子面之间会形成反力矩，将所有刀盘的转向调整为与滚转方向一致，可起到纠滚的作用。

(2) 千斤顶纠滚法。通过不同模式组合的千斤顶，配合加垫楔形块来调整千斤顶传力的方向，从而产生扭转分力，使盾构机侧转，但侧向力有时会对管片造成局部偏心受力，造成管片外边局部碎裂。

(3) 打泥纠滚法。打泥纠滚技术的原理是在矩形盾构机滚转时，将高压泥流压入矩形盾构机顶面或底面的注入口，形成稳定在一定值的泥压构成的泥垫，为矩形盾构机提供一个纠偏力，进而形成一个纠滚力矩，实现纠滚目标。同时还可实现轴线纠偏的效果，如向底面的注入口输送高压泥流，连续一段时间，可以使盾构机逐渐抬头。实际应用中，打泥纠滚效果较千斤顶楔形块明显，而且操作简便，同时对推进中的地层损失也可以起到一定的补偿作用，可以有效地控制地面沉降，一举两得。

（4）单侧压重法。单侧压重法是采用在盾构机头部放置铅制压重块，使用重力迫使盾构机纠滚的一种方法。因为该方法效果不是很好，而且占用原本就非常狭小的空间，所以一般只是辅助使用。

　　2. 方向与轴线的控制

矩形盾构机作业轴线控制的总原则：要按照设计要求的轴线、坡度进行推进，作业过程中要注意勤测、勤纠，小角度纠偏，不能大起大落。

（1）矩形盾构机若采用主动铰接结构，则轴线纠偏主要是靠铰接油缸系统，通过上下左右分组油缸的行程差调整姿态。

（2）类似铰接油缸调向，也可采用分区操作盾构机推进油缸，控制盾构掘进的方向。推进油缸按上下左右分成四个组，每组油缸都有一个带行程测量和推力计算的推进油缸，根据需要调节各组油缸的推进力和行程，控制掘进方向。在上坡段掘进时，适当加大盾构机下部油缸的推力；在下坡段掘进时，则适当加大上部油缸的推力。在左转弯曲线段掘进时，适当加大右侧油缸推力；在右转弯曲线掘进时，则适当加大左侧油缸的推力。在直线平坡段掘进时，所有油缸的推力与盾构前方土压力保持平衡。但就纠偏效果而言，推进系统比主动铰接系统要差。

（3）每次纠偏的角度要小，一般控制在 0.5° 以内。

（4）纠偏过程中不能大起大落，如果发现在某处产生了较大的偏差，这时要以适当的曲率半径逐步返回到轴线上来，不能一步到位，否则容易造成相邻两段形成大的夹角。

5.19.4　沉降控制技术

矩形盾构隧道作业过程中的沉降控制与矩形顶管类似，主要与设备选型、土压管理、背土效应控制、注浆管理等方面密切相关，主要区别在于以下几个方面：

（1）考虑到同步注浆的需要，矩形盾构的刀盘开挖超挖量要远大于矩形顶管机，所以对超挖间隙的及时填充非常重要。最有效的措施是向盾壳外同步注入黏稠膨润土，既能填充超挖间隙，还能起到对壳体的润滑作用，降低背土的风险。

（2）在穿越管路等地下构筑物过程中，需要严格控制同步注浆的注浆量、注浆压力、浆液质量，减少作业过程中的土体变形。

(3) 严格控制尾盾变形。由于盾尾密封的结构需要和管片拼装的空间需要，尾盾壳体悬臂较长，同时矩形断面受力条件较差，容易发生变形，进而影响地表沉降。故结构设计上要重点考虑尾盾壳体的强度与刚度，系统设计上要配备盾尾间隙实时监测系统。

5.20　隧道不良地质超前预报技术

基础设施建设逐渐向地下深部和复杂构造区发展，给隧道作业安全带来严峻挑战，也对隧道超前地质预报技术提出了更高要求，精细化、一体化、智能化成为未来发展方向。

5.20.1　隧道不良地质精细化探测方法

利用地震波类、电 (磁) 类隧道超前预报方面提前探明掌子面前方不良地质体，在实际工程中获得了较好应用。然而，随着隧道工程面临的地质条件日益复杂，对超前预报方法的精度要求越来越高。例如，在深埋隧道高地应力、海底隧道海水强补给条件下，小尺度的导水通道致灾性增强，在开挖扰动影响下，易引发突涌水灾害，严重威胁工程安全；再以城市地铁盾构工程隧道为例，小尺度的孤石、溶洞已成为盾构掘进面临的重要灾害源之一，往往导致掘进速度低、刀具磨耗严重，更为严重时可能导致城市地表发生沉降，危害公共安全。一般情况下，小型导水通道、孤石、溶洞的尺度在米级以下，因此需要采用高分辨率超前预报方法来进行探测，这方面的研究根据探测环境不同可以分为孔中精细探测和洞内精细探测，下面分别进行叙述。

1. 孔中精细探测方法

孔中探测方法深入围岩，可有效避开隧道中复杂的背景噪声干扰，同时更接近勘探目标体，勘探深度和深部区域的信号强度也能够得到有效增强，因此更有利于精细探测。近年来，跨孔电阻率、跨孔地质雷达、跨孔弹性波等跨孔CT 成像探测技术取得了较好进展，今后仍需在改进观测方式和反演方法、提高分辨率等方面进一步提升。考虑到隧道中的探测效率，单孔探测技术更加便捷高效，且具有随钻探测的可能性，近年来得到了越来越多的关注，单孔定向雷达和孔中激发极化被认为是较为适合用于隧道的探测技术。

对于单孔定向雷达探测方法 (见图 5.75)，由于电磁波传播是全方向性的，目前的研究重点大都集中于目标体的方位角定向理论和技术。"反射板结构聚焦屏蔽效应旋转发射定向电磁波，通过阵列并行接收相位差解算方位角"是一种比较好的思路，定向发射天线反射板结构、阵列接收天线耦合效应消除方法是研究的难点。在此基础上，重点研究目标体方位角解算方法和异常体反演成像算法，实现钻孔周围一定范围内异常体的较准确反演和成像。此外，考虑到在城市软土地层和海底隧道饱和环境下，岩土介质中电磁波的衰减严重，为了提高探测距离和探测效果，复杂条件下的衰减规律和能量补偿方法也是今后的研究方向之一。

对于孔中激发极化探测方法（图 5.76），一般是孔中电极供电、在孔中或者在掌子面上进行观测，场源与探测目标距离更近，有利于获得更高的探测精度。一般来说，图 5.76 显示孔中激发极化有效信号能量较弱、时间短暂，因此需要重点研究合理有效的孔 - 隧对穿观测模式，对孔中供电电极深度、掌子面测量电极排列以及供电电流大小等关键参数进行对比优选。在此基础上，重点研究弱信号精确测量和精细反演方法，实现致灾水体的精细成像。

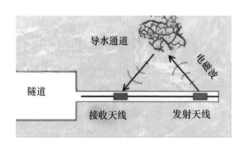
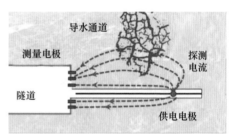

图 5.75　单孔定向雷达探测示意图　　　　图 5.76　孔中激发极化探测示意图

2. 洞内精细探测方法

对于隧道洞内探测，地质雷达是较为常用的精细化探测手段，其利用高频电磁波进行探测，分辨率高，但探测深度受限，特别是在掘进机工程隧道中，受庞大电气系统和金属机械结构产生的强烈电磁干扰的影响，应用效果大打折扣。

声波频率介于传统地震波和电磁波频率之间，在探测分辨率较高的同时仍能达到较远的探测距离，因此，将声波探测引入隧道超前地质预报领域是一种较好的思路，特别是为盾构工程中小型溶洞、孤石等不良地质体的超前探测提供了较为可行的方案。然而，盾构软土地层中声波衰减较为严重，对此，可以借鉴声波测井与相控阵雷达领域的波束聚焦思想，提高声波在软土地层中的穿透深度，见图 5.77，这就需要首先解决如何科学利用声波信号实现全方位、多角度探测这一关键问题。隧道复杂噪声环境下，如何获取高信噪比声波反射信号、如何高分辨率成像也是下一步研究工作的重点。在理论方法研究的基础上，还需要结合实际工程开展技术研发工作，例如，优选适合盾构刀盘的观测方式、研制可靠耐久的声波换能器及其探测系统并实现现场搭载、开发配套采集和处理成像软件，最终形成一套实用有效的盾构声波超前探测系统。

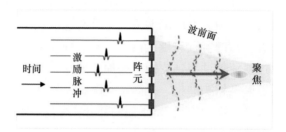

图 5.77　波束聚焦示意图

5.20.2　掘进装备搭载的在线超前预报技术

1. 利用破岩震动为震源的实时探测方法

TBM 工程具有较快的掘进速度，常规主动源地震方法利用 TBM 停机时间探测的工作模式有时难以跟上 TBM 工程的快节奏，难以满足快速地质探测的需求，同时也给探测人员和设备造成了较大的负担。针对 TBM 工程特殊环境和快速工程需求，利用 TBM 掘进破岩震动为震源进行超前探测已经成为近年来的研究热点。该方法探测过程无需打断 TBM 正常掘进工程工序，可随着TBM 一边掘进一边探测，具有较好的应用前景。目前山东大学、中铁科学研究院等单位已经开展了较好的理论研究和现场应用工作，下一步的重点在于如何改善干涉方法以提高有效波场信息的恢复精度，如何消除子波影响以提高探测的分辨率。

对于钻爆法隧道，特别是在艰险山区工程条件下，机械化配套工程已经成为发展趋势。借鉴 TBM 掘进破岩震动超前探测的研究思路，可以将其应用到凿岩台车，利用钻机破岩震动作为震源进行探测，同样具有实时化的优势，为钻爆法隧道实时探测提供了较好的思路。

2. 水射流辅助的超快钻机超前预报技术

超前地质钻探技术适应性强，是一种可以直接揭露岩体地质条件的超前地质预报技术，在实际工程中得到了广泛应用。随着工程环境复杂度的提高，在遭遇大埋深、高围压硬岩条件时，常规钻机的超前钻进能力严重不足，呈现出钻头磨损严重、更换钻头时间占比高等一系列问题，制约了超前钻机的钻进效率。如何实质性地实现钻头高效破岩是当前超前钻探面临的关键性理论和技术难题。在此背景下，基于水射流、激光、微波等新型辅助破岩手段的新一代超快钻机概念被提出来，并成为国际地下工程领域的研究热点。

在众多新型破岩方式中，高压水射流技术具有清洁环保、低能高效、易于实现的特点，并且有丰富的实践基础，被认为是一种非常有潜力的破岩方法。前期试验表明，通过射流辅助与钻头损伤叠加，能够较好地提高贯入度、增加钻进效率，同时能够降低钻头磨损，提高钻进时长。另外，大埋深隧道中水射流对岩体表面切缝卸压，释放预存在掌子面的部分应变能，有效避免岩爆风险。还需要着力解决以下问题：① 揭示高能水射流辅助机械破岩机理及联合破岩增效机制，形成水射流 - 机械联合钻掘方法优势，为高能水射流 - 机械联合高效破岩及其智能控制关键技术、装备研发奠定理论基础；② 优选水射流辅助钻机、掘进机的最优破岩参数组合，形成联合高效破岩及其智能控制核心关键技术。

5.20.3　智能化隧道超前地质预报与岩体信息感知

1. 隧道工程岩体信息智能感知机器人

今后，隧道超前地质预报将面临高海拔、高地温、高地应力、高水压等极端环境和复杂地质条件。在极端环境下，工程人员的耐受程度、工作效率大大下降，发生灾害事故的风险也随之升高，这就要求隧道工程今后向少人化，甚至是无人化方向发展。机器人技术凭借计算机编程或外部控制，可以大幅减少工人体力劳动并代替人工从事高危行业，被广泛应用于工业、医疗、救援等场景中，近年来在隧道工程中也得到了越来越多的应用，以应对今后隧道极端复杂环境下的工程需求。

对于隧道超前地质预报，安装检波器、电极等观测布设过程占据了较长探测时间。对于未搭载超前预报系统的 TBM/盾构机，由于掘进机占据了隧道大部分空间，影响工程人员布设超前预报观测系统，特别在刀盘位置布设时存在危险，因此需发展超前预报机器人，以实现探测设备的自动安装和远程控制。

对于 TBM 工程隧道，需要原位动态感知前方岩体地质信息，为此，研发了岩体信息原位测试机器人系统，在 TBM 掘进过程中采用机械抓手实时抓取渣片，并自动完成渣片点荷载及硬度试验，实现岩体强度在线测试，从而能够为 TBM 优化掘进控制参数提供数据基础，并有效提高 TBM 掘进效率、降低刀具消耗成本。

此外，在隧道工程及预报过程中，需要对工程现场进行检测和监控，今后将会有更多远程检测监控系统，利用虚拟现实 (VR) 技术进行远程巡查与控制，保障隧道工程安全。

　　2. 隧道超前预报结果的智能化解释

隧道超前探测数据的智能化处理与解释同样是今后发展的重点方向。近年来，伴随人工智能技术的爆发式增长，越来越多的领域开始引入人工智能方法解决传统方法中存在的问题。对于隧道超前地质预报而言，当前方法依赖专业人员进行探测数据的处理与解释，流程步骤较为复杂，且依赖人为经验。以深度学习为主的人工智能技术可以充分挖掘工程过程积累得到的大量工程数据，如地表物探结果、洞内超前预报数据、岩体参数信息等，将其用于隧道超前地质预报数据的处理、成像与解释，应用前景广阔。隧道超前地质预报数据中存在复杂干扰噪声，如何有效去除噪声、提取得到有效反射信息一直是我们面临的难题，凭借人工智能方法强大的数据挖掘能力，有望提升数据去噪效果，从而为后续处理和成像提供高信噪比的数据；传统隧道超前探测数据的反演与成像方法面临严重不适定性问题，且计算量巨大，限制了其在实际工程中的应用效果，凭借人工智能方法的强大非线性映射能力，通过引入适当的先验信息，可以较为快速、准确地得到反演与成像结果，根据反演与成像结果，还可以进一步智能识别异常体的位置、形态等信息，进行智能解释；通过整理搜集隧道超前预报专家解释案例库，人工智能技术可以"学习"大量典型工程案例，并"举一反三"，综合当前工程段落的超前预报数据、岩体参数信息、工程段落地质情况等信息，快速提出"专家级"解释，并提供工程建议；同时，隧道的实际开挖揭露情况可以作为前一段智能解释结果的验证，有助于提高智能解释方法的准确性和泛化性，做到"越探越准"。地震波智能反演网络 SeisInvNet 见图 5.78。

5.20.4　隧道地质岩体虚拟仿真可视化平台

利用计算机可视化等手段，将超前地质预报与岩体信息进行虚拟仿真，直观展示异常体的空间位置和形态，将更加有利于指导地质分析。在这方面，需要进一步研究高维度地质模型快速建模技术及多源复杂空间数据的综合处理方法，实现地质数据的并行可视化。同时，可以引入数据孪生技术，以超前地质预报结果为核心，对工程过程中的地质、环境、人员等全要素信息进行有机整合，实现洞内全信息数字化与可视化，用于后续工程段落的地质情况判别与隧道运营期的维护，从而保障隧道全生命周期安全。在实现隧道地质岩体虚拟仿真可视化的基础上，搭建专家决策与融合诊断系统，实现各个项目部预报专业人员的共同研判，特别针对高风险段落中遭遇的"疑难杂症"，可集中专家智力资源，通过远程专家会商实现专家决策。

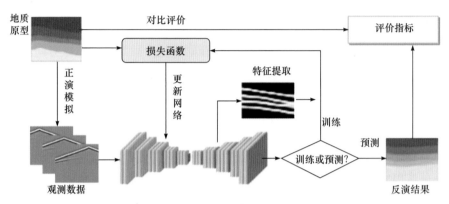

图 5.78　地震波智能反演网络 SeisInvNet

参 考 文 献

邓铭江，刘斌 . 2019. 超特长隧洞 TBM 集群工程超前地质预报的挑战、对策与发展方向 [J].
　　隧道与地下工程防治，1(1)：8-19.

李术才，刘斌，孙怀凤，等 . 2014. 隧道工程超前地质预报研究现状及发展趋势 [J]. 岩石力学
　　与工程学报，33(6)：1090-1113.

Li S C，Liu B，Ren Y X，et al. 2020. Deep-learning inversion of seismic data [J]. IEEE
　　Transactions on Geoscience and Remote Sensing，58(3)：2135-2149.

Li S C，Liu B，Xu X J，et al. 2017. An overview of ahead geological prospecting in tunneling [J].
　　Tunnelling & Underground Space Technology，63：69-94.

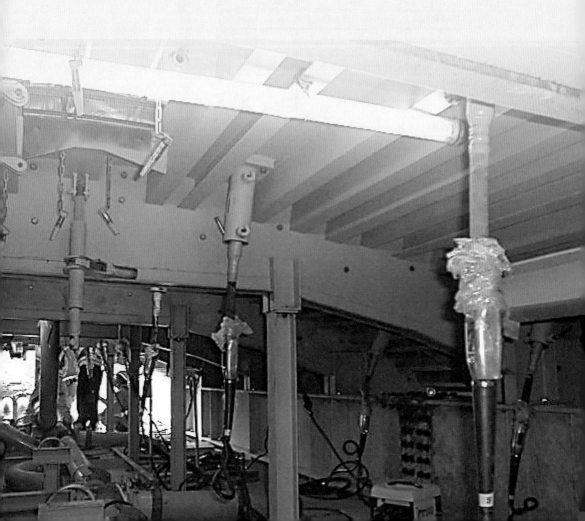

第 6 章

隧道支护和衬砌

6.1 围岩注浆加固装备

6.1.1 技术概述

在隧道工程领域中，注浆技术是对富水、松散、软弱、破碎围岩进行加固和堵水作业的重要辅助措施，常用于隧道拱顶和掌子面的围岩加固，提高围岩开挖后的临时稳定性及自身承载力，最终实现隧道的安全作业及运营。注浆工艺流程如图 6.1 所示。

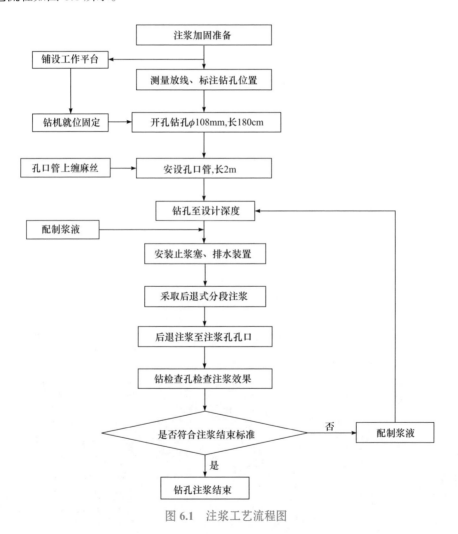

图 6.1　注浆工艺流程图

注浆技术工业化的发展方向主要有：减小钻孔时接拆钻杆作业工人强度、提升钻注作业速度、提高注浆作业浆液参数设置和注浆参数控制能力。无论如何，目前我们无法省略注浆过程，尽管这个工序非常占用循环时间，耽误工期。因此希望在一些破碎带区间使用盾构机掘进，省去注浆时间，然后在管片拼装成环后再进行注浆固结，这样会大大缩短隧道掘进时间，当然也增加了设备成本。

6.1.2　多臂钻注技术

多臂钻注技术通过在一个工作平台上 (门式台架、履带机平台、TBM 等) 搭载两个以上钻臂，形成一个"钻、装、注"自动化或智能化一体机，同时作业，以提高钻孔注浆工作效率。一体机可以根据要求安装不同型号的锚杆，如中空锚杆、预应力锚杆、螺纹钢锚杆等。

门架式凿岩台车可搭载三个以上钻注工作臂并同时作业，见图 6.2，实现隧道拱部及拱腰以上部位掌子面超前注浆加固或堵水，为隧道微台阶或全断面开挖作业创造条件。门架式结构设计，为其他作业设备提供通行空间，便于作业机械成套化配置。

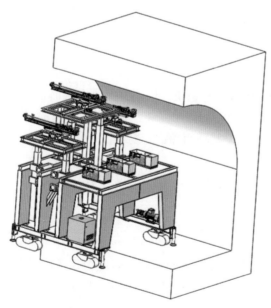

图 6.2　门架式多臂凿岩台车

TBM 搭载超前钻注设备可实现隧道周边及掌子面全范围钻注作业，见图 6.3，提升 TBM 穿越断层破碎带等局部不良地层的能力和效率。

图 6.3　TBM 搭载超前钻注设备

6.1.3　工业化特征

注浆技术是隧道作业中一种常规的地层改良技术，相关工法均可实现相对标准化作业。鉴于地下工程环境的复杂性和不确定性，目前注浆参数设计和作业质量管控还是以经验为主、理论计算为辅，今后要发展方向为自动化、智能化。采用自动化注浆技术有助于实现注浆工艺的工业化。自动化注浆是一种基于自动化注浆台车的作业技术，注浆设备采用集上料、称重、制浆注浆、称重计量、控制系统等于一体，具有自动规划、自动配浆、自动注浆、自动计量、自动清洗、数据交互等六大功能，在作业中具备智能化程度高、注浆效率高、注浆质量好的性能优势。

在 TBM 上通常搭载两种钻机，即锚杆钻机和超前钻机，因为 TBM 机身前区空间所限，这两种钻机不能同时安装，需要分离安装或互换安装，费时较多，需要研制一机多用钻机，兼顾两种钻孔要求。

6.2　隧道初期支护技术

6.2.1　技术概述

初期支护用于在洞室开挖初期控制围岩应力，适度释放并控制围岩变形，为后续作业营造稳定安全的作业空间。隧道初期支护通常采用锚喷支护形式，能够在洞室开挖后及时作业，改善围岩岩体应力条件，并可适应围岩岩体的形变，充分发挥围岩自稳能力。然而，锚喷支护作业存在作业环境恶劣、材料浪费较大、质量不易控制、作用时效性差的问题。采用预制钢筋（或型钢）混凝土管片、波纹钢管片、3D 打印混凝土技术取代喷射混凝土支护，可以有效解决上述问题。

　　预制支护技术属于预制装配技术的一种。预制装配技术最开始用于房屋建筑，取得了极佳的工程效果，由于其具有质量可控、建造速度快、对周边影响小、对作业人员的技术依赖小、受气候温度影响小等优点，国内外工程界又扩大了其应用范围，尝试将其应用于各类地下工程，进而发展形成了预制支护技术。

　　3D 打印混凝土技术是一种增材制造技术，先将混凝土构件 3D 设计模型进行水平分割成一层一层的，并设计出每层的行走路径，将配制好的混凝土拌和物通过挤出装置，按照设定路径由喷嘴挤出，最后得到混凝土构件。相比传统浇筑混凝土技术，3D 打印混凝土技术无需模具，能够形成形状更为复杂的构件，目前已用于小型房屋、桥梁的建造。3D 打印混凝土在隧道建设内的应用也在持续研究中。

6.2.2　核心技术

1. 预制初期支护

　　地下结构位于地层中，其所处的环境特点和承载机理与地面结构有着本质的区别。除了需要承受自重、人群、设备等各种垂直荷载作用外，地下结构更主要的作用是来自周围全方位的水土压力，与此同时，还受到周围地层全方位的约束作用，地层既是荷载，也是承载体的一部分。对于预制装配式地下结构 (见图 6.4)，采用稳定的结构体系、选择合适的接头形式、掌握接头的刚度和承载特性、安排合理的接头位置、剖析结构体系的力学行为应是技术关键。

图 6.4　马蹄形隧道预制管片试验

采用预制装配式支护结构作业，结构拼装是一项关键工序，涉及拼装工艺、密封防水、支护效果等方面。合理高效的拼装作业，能够充分发挥预制支护结构的强度优势，并提升作业效率。根据有效利用拼装空间的不同，常用的支护结构拼装作业可分为以下两种。

(1) 由外向内拼装。

由外向内拼装工艺主要应用于三维开阔空间区域，如明挖段隧道结构；也可应用于断面规则的暗挖区段，此时将预制支护结构在开阔空间拼装成环后，通过推送机构将其整体推送至预定位置。

该种拼装方式主要应用于顶管类隧道、明挖地铁车站等。在日本，将该技术扩展应用于明挖隧道、暗挖隧道，并形成了专用的作业工法。

(2) 由内向外拼装。

对于狭小地下空间，采用预制装配式支护结构时，由于其作业空间受限，常采用由内向外的拼装工艺。该技术对空间定位基准和结构尺寸精度要求高。定位基准的选择和精度直接影响到支护结构的空间位置和成形，对于盾构类作业的暗挖隧道，其设备自带定位基准参考物，技术难度相对较低，对于定位基准参考物不确定的暗挖隧道，其实施难度急剧增大。结构尺寸精度直接影响成环结构强度和防水性能等，同时，结构尺寸精度的提升也对拼装工艺提出了更高的技术要求，高精度的预制结构必然需要匹配高精度的拼装工艺。

另外，针对盾构类的暗挖隧道结构拼装工艺已十分成熟，北京地铁 6 号线暗挖区间项目，借助盾构法拼装技术，解决了钻爆法断面由内向外拼装的技术难题，见图 6.5。

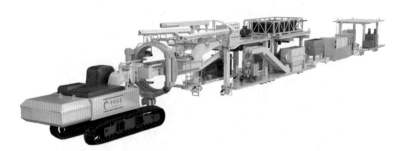

图 6.5　人工暗挖隧道管片拼装工艺

山岭钻爆法隧道完全可以使用"薄管片"代替喷射混凝土方式的初期支护，即管片与锚杆组合方式。围岩的自承能力来源于围岩强度。开挖前岩体处于三向原岩应力稳定状态，隧道开挖后在岩土体中形成新的空间，导致隧道周边岩土体失去原有的支撑，径向应力降低。围岩稳定性是围岩强度与二次应力一对矛盾比较的结果，如果围岩自身强度高于二次应力，围岩是能够稳定的。隧道周围的塑性软化区、强化区和弹性区是相互关联、相互影响、相互作用的整体。塑性强化区和弹性区是承载的主体，但都位于围岩深处，一般对塑性软化区进行支护加固，提高其强度，使整体达到应力平衡，其结构见图 6.6。

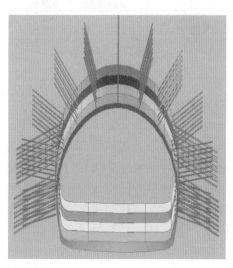

图 6.6　新型预制装配式初期衬砌结构体系

新型初期支护管片化可以使隧道加工标准化、工厂化、信息化、机械化，实现山岭隧道作业安全可控、质量稳定、进度可期、人力减少、环境友好的目标。

欧洲的隧道断面以圆形为主，其盾构法由内向外拼装技术发展成熟。对于非盾构法的拼装技术也有一定研究，解决思路为单体移动式拼装设备完成预制结构的拼装作业。日本针对非盾构法的隧道预制拼装技术进行了深入研究，形成了其特有的预制拼装技术，针对由内向外的拼装工艺，研究了门架式拼装设备和自由移动式拼装设备，见图 6.7，并形成了专用的作业工法。该设备有三个作用：一是钻爆法掘进遇到岩爆时可起到支护与防护作用；二是作为初期支护，代替人工立拱和喷射混凝土；三是在软岩大变形隧道，在进行了隧道扩挖之后直接安装钢壳混凝土管片，也可以安装多层管片，这是一种根据隧道变形大小而采用调整管片厚度的方法，保持隧道净空尺寸不变。

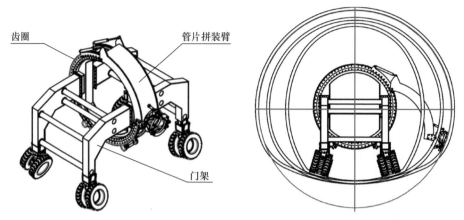

图 6.7　门架式可移动管片拼装设备

地下结构承受地下水的作用往往不可避免。不同于地面建筑防水以改变水的运动路径、起挡水和排水作用为目的，即"雨伞和雨衣"的防水做法，地下结构的防水性质类似于"潜水艇"，需要承受较大的地下水压力。在防水做法及效果方面，大量的工程实践表明，地下结构即便是整体现浇钢筋混凝土结构，在结构与地层之间设置全包防水层的情况下，渗漏水现象也时有发生。而大量的盾构隧道在无外包防水层及无现浇内衬的情况下，防水性能却较为理想，尤其是穿越江河、海底的盾构隧道通常能抵御60m以上水头压力。解决好装配式地下水结构防水的关键是混凝土结构自防水性能及接头、接缝的防水性能，包括确定合理的防水体系、材料性能、构造措施、作业工艺及检测手段等。

2. 波纹钢支护

波纹钢通常是由碳素结构钢、低合金高强度钢按规格加工制造成波纹形状，并经过防腐处理的一种钢制板材。波纹钢管材直接埋入地层中，因其刚度不足通常会产生一定的变形。为改善直埋式波纹钢结构的受力特点，可采用波纹钢与混凝土组合结构。该结构利用波纹钢和混凝土各自的结构特点，提高波纹钢的刚性，增强混凝土的抗拉能力。

相较传统隧道衬砌结构，波纹钢混凝土衬砌结构有其独特的优势，具体表现在以下七个方面：

(1) 类似于钢筋混凝土结构，波纹钢混凝土衬砌结构可充分发挥钢材抗拉强度高、抗变形能力强的特点，混凝土材料可有效改善波纹钢刚度不足、易变形的结构特点。

(2) 波纹钢衬砌的结构特点是具有较高的承载力及一定的变形能力，波纹钢衬砌通过与周边土体的弹性约束和协调变形实现土压的重新分布，可有效减少衬砌周边围岩荷载。

(3) 产品多样化，适用范围广。充分利用钢材的可再加工能力，采用不同的壁厚、波形 (波距和波高) 可生产不同形状的产品，满足不同的围岩等级条件。

(4) 良好的抗震性能。波纹钢结构的自重轻，可有效减小地震作用。

(5) 作业方式灵活，运用场景多样。波纹钢混凝土结构可在工厂集中预制成型，也可在现场拼装波纹钢后喷射混凝土形成衬砌结构。对于围岩等级比较好的地层，若发生岩爆现象，可仅采用波纹钢作为岩爆防护衬砌。

(6) 作业简便，工期缩短。波纹钢混凝土结构采用预制结构现场拼装作业，可大大缩短工期。现场喷射混凝土形成组合衬砌与常规钢筋喷射混凝土衬砌相比，减少了钢筋加工作业量，提高了作业效率。

(7) 经济效益高。相较于钢架初期支护，波纹钢结构具有一定的经济优势。

目前波纹钢混凝土结构属于一种组合结构，尚无完善的理论依据，主要存在以下三个问题：

(1) 波纹钢结构与混凝土结构协同受力及变形的机理。两种不同材质组成的组合结构采用何种构造措施来满足协同受力机理，需进行大量的结构试验。

(2) 与常见的隧道衬砌相比的极限承载能力计算公式。为指导设计及作业，需得出波纹钢组合结构的一般承载力计算公式。

(3) 隧道衬砌在围岩长期荷载作用下，其变形及耐久性也需进行大量的研究，如波纹钢组合结构在长期荷载作用下对组合结构刚度的影响。

3. 3D 打印

关于 3D 打印混凝土技术在隧道支护上的应用，需要从材料和作业工艺两个方面进行研究。3D 打印混凝土材料配方的设计研发要在保证材料各层间能够可靠凝结的基础上，同时兼顾其他的目标参数，如初凝时间、终凝时间、终凝强度等。作业工艺上要考虑喷头的挤出压力、层厚以及扫描速度等参数。3D 打印混凝土材料，不能够采用传统湿喷机械进行作业，需要配合专用设备，见图 6.8。

4. 陶瓷新材料支护

陶瓷的耐磨性和硬度远高于钢材，仅次于金刚石。一般的陶瓷制品寿命远长于混凝土，耐腐蚀性、耐高温性更强于混凝土。随着陶瓷材料的发展，出现

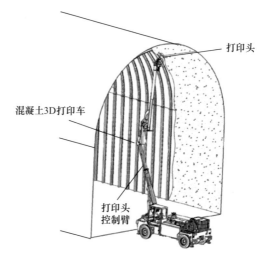

打印头

混凝土3D打印车

打印头
控制臂

图 6.8　初步支护 3D 打印装置示意图

了陶瓷发动机、陶瓷轴承、陶瓷防弹衣等革命性的变化。只要解决了"脆性"问题，陶瓷材料就可以用作隧道支护材料，见图 6.9 和图 6.10。陶瓷材料的优势有：

(1) 代替混凝土后可减少砂石料的用量；

(2) 耐腐蚀，更适用于海底隧道；

(3) 可工厂化制造。

陶瓷支护可用于隧道初期支护，或单独使用或与混凝土混合(组合)使用。现在已经有了生活陶瓷、工业陶瓷，还可以出现工程陶瓷，我们设想在不远的将来可能实现陶瓷材料的工程应用。

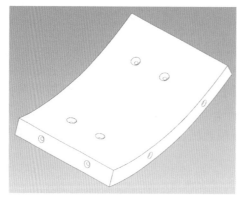

图 6.9　陶瓷管片

图 6.10　陶瓷与混凝土混合管片

5. 石墨烯外涂层管片支护

我们可以利用石墨烯的特性，在混凝土管片外层涂装石墨烯，用于增加混凝土管片的刚度及耐腐蚀性，甚至可以减薄管片厚度而不影响管片的承载能力。如图 6.11 所示，石墨烯涂层可以涂 5 面或 6 面。

图 6.11　石墨烯涂层管片

6. 其他

隧道支护的方法多种多样，大部分已被熟知，隧道支护装备的发展趋势主要是装配化、自动化、一体化、智能化。水胀锚杆、可伸缩钢拱架等比较特殊的支护材料见图 6.12~图 6.15，这些材料需要专用的装备来完成。

图 6.12　水胀锚杆

图 6.13　可伸缩钢拱架

图 6.14　气囊支护

图 6.15　钢纤维混凝土

6.2.3　工业化特征

在地下工程结构中，新型隧道初期支护技术的优势主要体现在八个方面：

(1) 预制支护结构标准化设计、工厂化生产、产品质量可控、技术成熟。相比模筑混凝土结构，预制支护结构能够显著提高结构工程质量。

(2) 预制支护结构多是机械拼装作业，现场作业工序程序化，可实现工厂流水线模式，甚至可以搭载拼装机器人，大幅提高现场作业效率，缩短工期。

(3) 地下工程结构作业中，现场工序繁多，作业环境恶劣，对人员健康、安全保障、作业效率和工程质量存在不利影响，现场安全性低。采用预制装配技术作业地下工程支护结构可以简化作业工序，减少作业人员，有效解决上述问题，明显提升工程作业安全性。

(4) 工程作业对周边环境产生不良影响，作业噪声、粉尘污染大。采用预制装配技术减少现场作业和材料加工，且作业基本无粉尘污染，能大大提升现场作业环境，同时减少对周边环境的影响。

(5) 在建筑工程领域，现场作业与作业工人紧缺的矛盾十分突出，人口红利逐渐消失，劳动力成本不断增高。采用预制装配技术能大幅减少劳动力需求。

(6) 地下空间结构作业所需材料多，工序繁杂，作业场地占用大，占用时间长，预制装配技术可以有效减少作业用地，减少占地时间，节约土地成本。

(7) 地下工程所处环境复杂，现场模筑结构受环境影响大，且浇筑后结构需要长时间养护，整体结构质量把控难度大。采用预制技术提前在工厂内生产各种结构构件，现场拼装，能够适应各种复杂恶劣环境。在寒冷或严寒地区的冬季采用该项技术，大大缩短了工期。

(8) 3D 打印技术由于其具有较高的可塑性，在成型过程中的无需支撑，是一种新型的混凝土无模成型技术，既有自密实混凝土无需振捣的优点，也有喷射混凝土便于制造繁杂构件的优点。利用 3D 打印混凝土技术进行隧道初期支护的零回弹作业，是目前隧道初期支护作业工艺领域上的一个重要研究方向。

6.3　隧道自动化衬砌技术

6.3.1　技术概述

目前隧道二次衬砌通常采用模板台车作业，需先进行模板台车轨道铺设，与开挖、初期支护、仰拱回填等作业交叉严重，并且需要设置临时栈桥，无法直接观察混凝土浇筑情况，存在自动化程度低等问题，二次衬砌易出现混凝土离析、密实度不足、拱顶空洞、台车跑模、漏浆、振捣不充分、搭接不良、拱顶超压等质量缺陷。为此，已有厂家研制出自动浇筑衬砌台车，见图 6.16，可实现隧道衬砌作业可视化、数据化、智能化、信息化，让作业更轻松、监管更简单、质量更可靠。

自动浇筑衬砌台车的主要特点有：

1) 采用自下往上分层浇筑系统

自下往上设置有多排注浆口，注浆顺序从下往上，当第一排注浆口注到中间注浆口高度时，布料机自动切换到第二排注浆口开始注浆，直到注满。顶部注浆口起应急作用。布料机采用程序控制，每个注浆口注定量的混凝土，然后自动转换到另外一个注浆口，实现均匀浇筑。如果最下一排注浆口能够实现全断面浇筑，第二排顶部注浆口就不用开启。混凝土从下往上顶，使防水布能够紧贴隧道壁面，使隧道内部空洞减少。

图 6.16　自动浇筑衬砌台车

2) 采用自动振捣系统

每个注浆口下面设置有振捣器，自动振捣，自动配管，不发生堵管现象。只需一人即可完成操作。

3) 采用带压自动注浆

混凝土出口一直深埋在混凝土内部，能够实现真正意义的带压注浆。混凝土出口不和空气接触，完全处于密封状态，混凝土内部不会混入空气，故混凝土内部气泡减少。注浆速度快，能够减少混凝土裂纹冷缝等现象，混凝土成型质量好。

6.3.2　核心技术

1. 结构特点

自动浇筑衬砌台车结构精简，便于制造、装运、现场拆装和管理，见图 6.17，支撑杆件比传统台车减少一半，操作简单，可快速立模和脱模，有效减少收立模时间。台车顶部、两侧和底部空间超大，改善了作业环境，提高了通风截面积，便于工程车辆行驶；台车整体采用人性化设计，前后端及四周均设置爬梯平台和防护栏，有效提升现场作业安全性。

2. 分层浇筑特点

(1) 泵车的泵送信号与导管的切换联动，能够自动调节浇筑上升高度，将混凝土均匀浇筑在隧道两侧，见图 6.18。

(2) 各个注浆口串联连接一根管子从下通到上，减少了管子，即减少了混凝土残余量。

图 6.17　自动浇筑衬砌台车结构

(3) 每个转换注浆口都用液压程序控制，完全不需要人力。

(4) 混凝土不是从窗口注入，而是从每个旋转注浆口自动注入，无需人工导管。

(5) 输送管完全密封，没有空气进入，不漏浆，不堵管。

(6) 不用人工清理混凝土管道，当注浆结束时，泵车会把管子里的混凝土再抽回泵车里面。

(7) 速度快，能够 10s 完成注浆口切换。

(8) 通过安装在台车表面的传感器控制泵车和布料机，能够实现完全自动浇筑，不需要人工配合。

图 6.18　分层浇筑控制

3. 振捣系统

自动浇筑衬砌台车配置插入式和附着式高频自动振捣系统，见图 6.19，作业人员可通过程序控制持续振捣时间、间隔时间、振动次数。拱部插入式振捣系统通过插入式高频振动器的往复运动，对拱部混凝土深部进行充分振捣，实现环向、纵向及厚度方向的振捣全覆盖，有效提升混凝土强度和密实度。

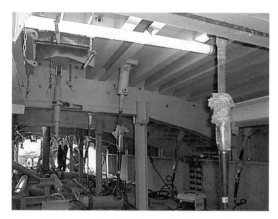

图 6.19　自动浇筑衬砌台车振捣系统

4. 全自动清洗系统

全自动清洗系统 (见图 6.20) 自动清除模板表面残渣，均匀涂布脱模剂，节省人力，提高混凝土表面质量，清理脱模剂约需 15min。

图 6.20　全自动清洗系统

6.3.3　工业化特征

智能信息化的自动浇筑衬砌台车主架结构为人字形，螺栓连接，结构更加稳定，拆装方便，并且具有快速定位、过压保护、自动布料、拱顶空洞预警、实时监测和信息上传等功能，提高了隧道模板台车的智能化程度，大大减轻了工人劳动强度，提高了加工效率和二衬加工质量。

6.3.4　隧道衬砌技术的发展趋势

隧道衬砌技术逐渐向着装配式、自动化和就地取材等方向发展。

(1) 装配模式趋势。目前,已经有成熟的盾构机管片拼装方式,并且有异形管片拼装方式,但需要解决成本较高及接缝多的问题,提高工程整体"鲁棒性"。装配式结构优点是装配效率高,容易保证混凝土衬砌质量,更容易解决"十隧九漏"的难题。

(2) 提升防水质量。隧道防水结构基本上是铺设防水板,防水板需要接缝处理,有时因洞壁不光滑,防水板容易产生破损。因此可以使用新型喷涂防水材料,不受隧道洞壁质量的限制,无缝搭接有利于隧道防水质量的提升。

(3) 采用现浇模式。需要解决新型的一体化作业设备,包括铺设防水板或喷涂防水材料、自动化编扎钢筋、智能化浇筑混凝土,也可以使用敞开式分层灌注混凝土模板台车。

(4) 挤压混凝土模式。挤压混凝土已经有所应用,因为种种原因没有推广使用,但作为无缝结构方式,需要进行工艺再创新以及钢筋混凝土如何挤压问题。

(5) 衬砌"就地取材"模式。加工隧道的余料可以经过挑选成为隧道衬砌的主要原料,完全可以进行现场制作、现场浇筑。

6.4　成套模块式一体机

由于隧道地况复杂、地质多变,一些隧道的开挖经常需要在全断面和台阶法之间转换,不同的开挖方法需要不同的设备来作业,场内设备越多,成本越高,工序衔接时间越长,为降低成本、提高效率,设计师们致力于研发既满足全断面开挖,又兼顾台阶法开挖的支护一体机。例如,多功能作业台车 (图 6.21) 和快速支护台车 (图 6.22),具有功能集成度高、布局合理、作业工序独立等特点。

目前诸如三臂三栏拱架安装台车、混凝土喷浆台车以及三臂锚杆台车等隧道专用设备的技术发展较为成熟,但功能分散,绝大部分设备只有一种功能,在空间受限的隧道环境中,需要设备频繁地切换。因此,支护一体机的设计理念是需要将目前已经成熟的隧道支护设备小型化、模块化,然后集成在一台设备上,根据地质不同或者用户需求可快速切换相关模块。

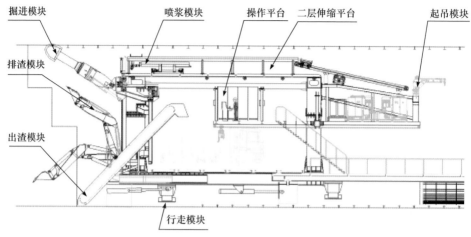

图 6.21　多功能作业台车

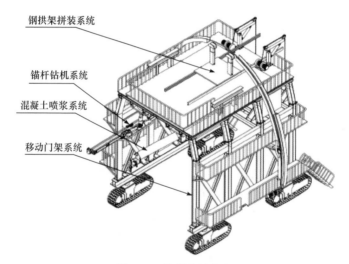

图 6.22　快速支护台车

6.4.1　结构特点

隧道内作业过程中，掘进、出渣等工序完成后，需要支护一体机及时行进到掌子面进行喷浆、打锚杆、安装钢拱架等支护作业，因此，掘进机、出渣设备（挖机、渣土车）需要与支护一体机在空间上交替作业。双线隧洞宽度较宽，掘进机、出渣设备可退到一侧便能使支护一体机通过或者退出，但这种方案会使得支护一体机整体宽度过窄，相关作业臂需加长，以保证设备能接触到隧道面，此种结构受力不稳，并非优选方案，而且在单线隧洞作业时，并没有空间供设备交替行进。因此，支护一体机的结构应满足掘进机、出渣设备从下方通过，而门架式结构布局上方可搭载喷浆、打锚杆和安装钢拱架等相关模块，下方可留够空间供掘进、出渣设备通过，是支护一体机结构布局的最优方案。门架的两侧需要设置人行平台，供工人站在不同高度作业；上方作业平台需要供钢拱架拼装及运输，见图 6.23。

起吊装置
钢拱架拼装系统
液压、电气工作站
人行平台

钢拱架拼装储备
二层伸缩平台
喷浆机械手
锚杆钻机
行走装置

图 6.23　支护一体机模型样机

6.4.2　工作原理

1. 钢拱架拼装原理

首先台架后方的起吊设备将钢拱架从底部吊至平台上方的运输小车上；然后小车上的撑起油缸将钢拱架顶起后运输到钢拱架拼装槽轨上方，撑起油缸缩回，将钢拱架放置到槽轨内，钢拱架的两端和槽轨内的钢丝绳连接，在卷扬机的作用下，钢拱架被拉至指定位置被机械手抓起；最后依次将其他弧段的钢拱架拉至指定位置，并由相应位置的机械手抓起，拼接成环后由运输小车的撑起油缸将钢拱架顶起运输到支护位置。流程见图 6.24。

2. 混凝土喷浆原理

电机驱动链条，带动移动平台沿槽轨前后移动，当悬臂机需要通过时，喷浆机械臂可由油缸拉回水平位置；当不需作业时，可由链条拉回台架下方，见图 6.25。

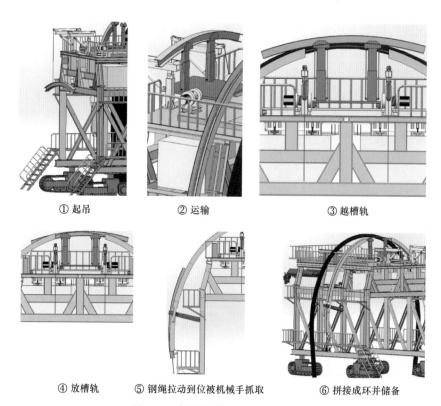

| ① 起吊 | ② 运输 | ③ 越槽轨 |

| ④ 放槽轨 | ⑤ 钢绳拉动到位被机械手抓取 | ⑥ 拼接成环并储备 |

图 6.24　钢拱架拼装系统工作流程

3. 打锚杆工作原理

电机驱动链条，带动移动平台沿槽轨前后移动，转动油缸可将锚杆钻机从水平位置推至作业角度作业。当悬臂机需要通过时，锚杆钻机总成可由油缸拉回水平位置；当不需作业时，可由链条拉回台架下方，见图 6.26。

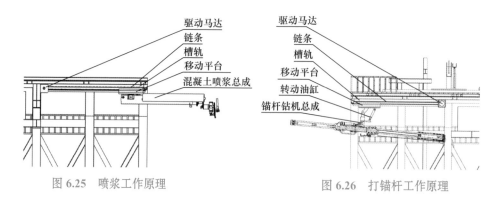

图 6.25　喷浆工作原理　　　　　图 6.26　打锚杆工作原理

6.4.3 关键技术

1. 模块化小型化设计

目前独立的隧道支护设备中的机械、电气及液压等部分仅仅是为了各自的支护功能服务，结构上有较大的空间加强设计，以适应振动量级大的工况，功能上电气和液压部分只需满足单一支护功能即可。但将多种支护功能集合到一台设备上时，首先因隧道轮廓的限制，没有足够的空间布置各个支护功能结构，且电气及液压部分需要满足各个支护功能同时作业的情况，复杂程度远超单台设备的要求。因此，将各个支护功能模块化小型化是支护一体机必须要解决的问题，而且是其关键技术点。

2. 合理的结构布局

隧道包络限制了支护一体机的最大轮廓，支护一体机下方必须留够足够的净高供掘进机和除渣设备通过，因此，在有限的空间如何布置钢拱架拼装、喷浆及打锚杆等功能模块也是支护一体机的关键技术。目前设计思想是将支护一体机的一些功能模块设计为可折叠的，当其他设备需要通过时，这些功能模块折叠或者抬起，为其他设备提供足够的通行空间。另外在设计相关功能模块时也要充分考虑各个模块作业独立，互不干涉，避免出现一种支护功能作业时影响其他支护功能作业的情况。

3. 钢拱架拼装技术

目前钢拱架拼装设备应用较为成熟的仅有三臂三栏钢拱架拼装台车，但经多次调研发现，三臂三栏钢拱架拼装台车拼装困难，效率较低。因此，支护一体机的钢拱架拼装模块设计在没有可借鉴的基础上需要充分发挥创新性,实用、好用、可靠是其设计思想，也是支护一体机的关键技术点。

6.4.4 适用地质

除 TBM 外的隧道作业，包括钻爆法、挖掘法等常见的隧道作业工法，支护一体机都有较大的应用需求。软弱围岩、地质不好时需要初喷支护、钢拱架安装、锚杆加固、后期混凝土喷浆等工序，支护一体机就需要安装喷浆、钢拱架安装、打锚杆等相应模块；围岩较好时，可视设计工序调整支护一体机的搭载模块，节省成本且便于维护。

第 7 章

隧道辅助作业

隧道作业除了破岩破土、支护衬砌外，还需要出渣、排水、通风、降温等辅助作业，本章将介绍这些作业的发展情况。

7.1　物料运输设备

7.1.1　皮带机运输系统

采用连续皮带机出渣减少了洞内车辆，也减少了排出的废气和粉尘，改善了洞内环境，节省了路面修整、通风设备的动力费用，可使作业循环时间缩短，当隧道独头掘进超过 3km 时采用皮带机可发挥其优势。应用 5G 等信息技术和远程控制技术可实现连续皮带机的远程控制，完成洞内的物料和渣土的运输工作，并且能满足远程控制破碎站的自行走、皮带机的自动延伸等功能，提升传统皮带机的运输效率。

1. 单向皮带运输机

连续皮带机输送方式最初用于 TBM 开挖的弃渣出渣，其后在爆破开挖和机械开挖中也开始采用。从掌子面到弃渣场，用皮带运输机加移动破碎站配合开挖的作业，在洞内没有车辆等待，能够缩短出渣时间，加快作业进度，缩短工期，见图 7.1。

图 7.1　连续皮带机出渣现场

2. 双向皮带运输机

双向皮带机是在传统的皮带机基础上进行的升级、改造，即在同一条皮带上同时满足进料和出渣两个工序的作业，缩短循环时间，加快作业进度。双向皮带机共有两层，上层出渣、下层进料，在仰拱栈桥尾部设置简易拌和站，下层皮带机进料前将原材料按所需混凝土的配合比提前拌好 (干料)，通过下层皮带机运送至前方的卸料斗，利用装载机或其他转载设备将料倒入拌和站，然后加水搅拌，见图 7.2。

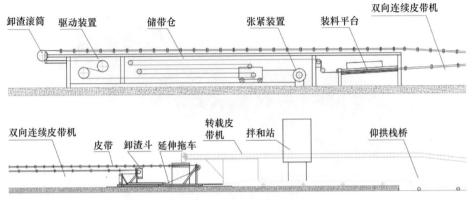

图 7.2　双向皮带运输机

　　双向皮带机的应用可改善洞内作业环境，加快出渣速度，缩短混凝土工序和其他工序之间的衔接时间，并且混凝土现拌现用，减少罐车运输过程中的损耗，尤其是减少炎热天气下混凝土水分损失导致流动性、和易性变差造成堵管等情况发生。

7.1.2　胶轮无轨运输车

　　在盾构隧道工程中，管片运输台车需要在工作井内转弯，从上行线调头至下行线。胶轮无轨运输车由 3 辆台车为 1 个编组，见图 7.3，每辆车可运载 2 块管片 (20t)；装载 6 块管片 (60t) 时，最高时速可达 18km/h；每辆车装载多个激光传感器，用于测量车辆与两侧墙体的距离，通过计算机对车辆行驶轨迹进行设计，并控制车辆的行车轨迹和方向。为了应对台车与管片升降机精准定位的问题，该轮胎运输车还可以配备自动引导系统。此外，为了保障操作人员的安全，升降机下方的操作能够远程遥控完成。

　　胶轮车有 5 种运行模式可选择：

(1) 正常模式；

(2) 急曲线模式 (外轮最小转弯半径 12.5m)；

(3) 平移模式，即所有车轴朝同一方向、车辆整体斜向平行移动；

(4) 自动引导模式，用于狭窄处的自动运输，使车辆在行驶中始终与墙体保持一定距离；

(5) 单轨模式，当改变行进方向时，可以读取数据记录仪的数据，以相同的轨迹返回。

图 7.3 胶轮无轨运输车

工作人员可远程无线操作，操作指令包括车辆前进和后退、发动机启动和停止、紧急停止和解除、警报以及停车制动，其中，转向系统是自动的。

远程操控通过自动转向系统行驶时，将启动驾驶舱上方的保护系统，若车前方出现人或障碍物，遥控器会发出报警声。

7.1.3 出渣列车

1. 有轨重载出渣列车

有轨重载出渣列车是盾构和钻爆法作业的常见配套出渣设备，见图 7.4，具有牵引能力强、调度灵活、操作简单、噪声小、污染小、成本低、可靠性高等特点，钻爆法一般与扒渣机相配合使用，可根据实际情况确定编组车数。

2. 无轨双向出渣列车

无轨双向出渣列车是在车辆两头分别设置驾驶室或者在一个驾驶室内设置两套操作装置，见图 7.5，保证设备在狭窄通道内可自由行驶，无需调头或反向倒车行驶。无轨双向出渣列车在煤矿作业中已有应用，但在小断面的山岭隧道内使用还是一项新的技术。在狭窄断面的隧道内作业一般需要设置错车道，而且为了满足车辆在此处的调头，错车道会比较大，采用双向行驶的车辆后，在洞内行驶无需调头，可将错车道适当调小，减少工程造价。

图 7.4　有轨重载出渣列车

图 7.5　无轨双向出渣列车

7.1.4　斜井出渣设备

　　斜井出渣的难度在于车辆在倾斜状态下车轮的驱动力降低,且易发生溜车,这就需要采用钢缆提升等其他方式提供牵引力,或是多种驱动方式相结合。一种方式是将装渣车和扒渣机相结合,实现井底出渣,采用钢缆和卷扬机为车辆提供牵引力,见图 7.6。

7.1.5　竖井皮带提升机

　　连续皮带机和垂直皮带机相配合,可将洞内的渣土直接传送至地面弃渣场,相较于传统龙门吊方式,出渣效率大大提升,见图 7.7。垂直皮带机作为较深竖井出渣的新方式,有波状挡边式、夹带式、斗式、新型斗袋分离式等多种设计,适合多种围岩情况的竖井出渣。

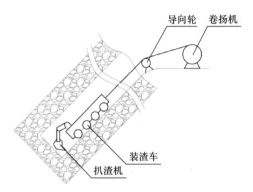

图 7.6　钢缆牵引的斜井出渣设备示意图

图 7.7　连续皮带机和垂直皮带机相结合

在城市地铁或山岭隧道作业中，有竖井的项目普遍作业距离较长、出渣和材料运输量较大且频繁，传统的吊桶式的简易提升方法均不适用，龙门吊是目前地铁作业最常用的竖井出渣方式，技术成熟，维护成本低。虽然龙门吊的出渣方式可以满足作业要求，但在遇到出渣量大的时候会对作业效率产生极大的制约，如 TBM 作业的项目或者竖井下多个作业面同时作业的项目时。竖井皮带机出渣占地面积小、输送能力强，适合作业场地受限和环保等条件限制的场合，适用于地铁出渣深度小于 100m 的竖井，或山岭隧道出渣深度小于 300m 的竖井，见图 7.8。

7.1.6　真空管道物料运输系统

真空管道运输是一种无空气阻力、无摩擦的运输形式。其技术原理是在地面或地下建一个密闭的管道，用真空泵抽成真空或部分真空。在这样的环境中阻力就会大大减小，可有效降低能耗。

图 7.8　竖井皮带机出渣

管道与管道之间的接头处，必须密封严实，还要为抽气泵站的维修、检查以及紧急情况预留能打开的开口，但在真空管道运输系统正常工作时，这些开口都密闭，必须保证不漏气。虽然维修、检查时少量漏气不可避免，但闭合时的密封一定要可靠，达到相应的密封要求。

真空管道运输是一种新型的运输系统，最新研究资料表明，真空管道运输所需能耗不到当前运输方式能耗的 2%，而安全性更高、速度更快。管中抽成真空，消除了空气阻力，类似于飞行器的旅行舱在管道中旅行。真空管道物料运输系统与其他的物料输送方式相比，其优点在于设备简单、占地面积小；物料输送可靠、操作简单；高效节能；无噪声、空气污染；不受气候条件影响。

7.1.7　钻爆法弃渣收集装置

钻爆法破岩后，渣土飞落在掌子面附近，目前主要靠装载机装渣，装渣效率较低，影响了支拱架、喷浆等后续作业。钻爆法弃渣收集装置示意图见图7.9，爆破前左右两台装渣车并排停在掌子面前面，升起车辆后方和侧壁的

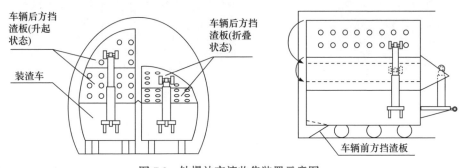

图 7.9　钻爆法弃渣收集装置示意图

挡渣板，挡渣板上开有圆孔以降低爆破冲击波对挡渣板的冲击力，同时放下车前方的挡渣板。爆破后，大部分渣土落到装渣车内，此时抬起车辆前方的挡渣板，折叠收起车后方和侧壁的挡渣板，由牵引车辆分别将左右两台装渣车拉走。

7.1.8　磁悬浮物料运输系统

　　目前，在斜井和竖井的开挖过程中，以及建成后在井内运送物料时，主要采用由钢缆拖拽的运输车完成运输作业，类似于电梯的运行方式。受到钢缆自重的限制，对于几千米的深井仅提升钢缆自身就需要大型提升设备，并消耗大量电能。当遇到钢缆断裂等突发情况时，运输车和装载的货物将掉落，并可能造成事故。为此可采用磁悬浮式物料运输系统，见图 7.10(a) 和图 7.11(a)。该系统采用 U 型槽式直线电机驱动载物车，车体上安装有电磁铁和永磁铁两种磁铁，从而降低能耗。为保证安全，采用多重防护措施，当出现停电等情况时，载物车上的自锁机构启动抱紧支柱，物料箱底板自动打开将所运输的货物抛到井底。对于斜井物料运输系统，物料车可以自动卡住轨道。磁悬浮式竖井物料运输系统的工作过程见图 7.10(b) 和图 7.11(b)，竖井或斜井内同时可有多个载物车在工作，提高了物料运输效率。竖井根据需要可设计成单井或双井，即空车与重车按照时间或空间错开运行。

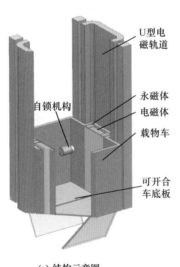

U型电磁轨道

永磁体
电磁体
载物车

自锁机构

可开合车底板

(a) 结构示意图

(b) 工作过程示意图

图 7.10　磁悬浮式竖井物料运输系统

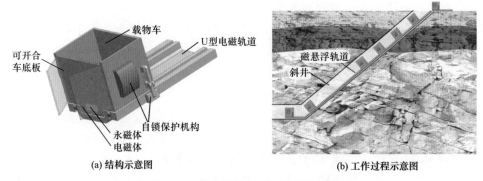

(a) 结构示意图　　　　　　　　　　　　(b) 工作过程示意图

图 7.11　磁悬浮式斜井物料运输系统

7.2　隧道内降温方式与实例

为保证隧道作业人员的安全、身体健康和舒适性,提高作业效率,我国已制定了《铁路隧道工程施工安全技术规程》《公路隧道通风照明设计规范》《盾构法隧道施工及验收规范》《煤矿安全规程》《冶金地下矿山安全规程》等多项相关规范,对温度、风速和噪声等地下作业环境参数提出了具体要求,见表7.1。本节主要介绍当隧道内掌子面附近作业区域温度高于作业标准时可采用的降温技术和实际案例。

表 7.1　隧道作业区域环境标准表

序号	环境参数	单位	标准要求	标准
1	温度	℃	≤28	《铁路隧道工程施工安全技术规程》《公路隧道通风照明设计规范》
			≤32	《盾构法隧道施工及验收规范》
			≤26	《煤矿安全规程》
2	风速	m/s	全断面:0.15~6 分部开挖坑道:0.25~6 瓦斯隧道:>1	《铁路隧道工程施工安全技术规程》《公路隧道通风照明设计规范》
			作业通风:≥0.25	《盾构法隧道施工及验收规范》
			采煤工作面、掘进中的煤巷和半煤岩巷:0.25~6 掘进中的岩巷:0.15~4	《煤矿安全规程》
3	噪声	dB	≤90	《铁路隧道工程施工安全技术规程》《盾构法隧道施工及验收规范》
			≤85	《煤矿安全规程》

　　在设计隧道作业区域降温方案时，首先是估算作业区域内除湿所需的制冷功率、围岩发热、机械设备发热等热源的发热功率；其次要从增强通风、送冰、送冷却水等降温方式中选择适用的降温方式。常见的降温方式可分为两大类，一类是通过在洞壁安装隔热材料以降低围岩的发热量，另一类是将洞外的冷空气、冷水和冰等低温物质送入作业区域，吸收洞内的热量。

　　计算隧道内送风量时需考虑温度对空气密度的影响，高温会导致空气密度下降，氧气含量随之下降，因此隧道内温度较高时应适当提高送风量。在 0~100℃，温度每升高 10℃，干空气密度将降低约 3.5%，海拔高度每升高 1000m，干空气密度降低约 10%，可折算出温度每升高 10℃相当于海拔高度升高了 350m。如果某一个隧道作业区域的海拔为 3000m，温度为 40℃，其空气密度和氧含量大致相当于海拔 4000m，温度为 12℃的地区。

7.2.1　冰蓄冷技术

　　直接向隧道作业区域送冰是普遍采用的降温方法。受作业区域空间限制，冰块只能堆放在一起，换热面积有限，且冰块仅与空气自然对流换热，降温效率低，降温范围小，冰块融化后会造成隧道湿度上升。按照经验，在环境温度为 35℃时，1t 冰融化的时间大概是 2h。以大瑞铁路某隧道为例，一个掌子面一个班送冰 4t，即使在高压空气加速表面气流的作用下，冰块融化也需要数个小时。经估算可知，冰块自然融化每小时可提供 8400~12600kJ 的制冷量，即每小时制冷量在 1000~10000kJ 的量级，估算过程见式 (7.1)。为了提高制冷效果，通常需送入更多的冰块，大柱山隧道每天消耗至少 12t 冰，桑珠岭隧道、多吉隧道每天消耗至少 200t 冰。

$$Q = mc\Delta t = 1000 \times 2.1 \times (8\sim12) = 16800\sim25200(kJ) \tag{7.1}$$

式中，Q 为 1t 冰 2h 的吸热量；c 为冰的比热容，c=2.1kJ/(kg·℃)；Δt 为冰的温升，制冰机制得冰块温度为 −12~−8℃，化为冰水混合物的温度为 0℃。

　　采用制冷机送冷时，制冷机的制冷功率可达到 100kW 以上，相当于每小时可稳定提供 3.6×10^5kJ 的冷量，约合每小时送入 14~21t 冰，制冷功率明显高于将冰块送入洞内后自然融化的方式。在隧道作业中采用循环冷却水降温方案时，通常将制冷机放置在隧道外，通过保温管道将冷却水送到掌子面附近，采用换热器（表冷器）将洞内空气温度降低，水升温后通过管道送回冷水机。对于长大隧道，采用制冷机降温会出现三个难题：①送水管道距离长，如果隧道坡度较大，管道内水压会比较高；②隧道内通常湿度大，换热器上会凝结出冷凝水，冷凝水难以被回收利用或送到隧道外；③制冷费用高，主要是制冷机组和冷却水泵送系统耗电量大、费用高,有报道称某隧道长度仅 2km 左右,整个制冷系统每月要花费 50 万元的电费,隧道越长制冷机组和送水系统的耗电量越大。

为降低制冷机运行成本,在执行峰谷电价的地区可考虑采用冰蓄冷制冷系统,制冷机组在夜间利用价格较低的电制冰,白天利用冰和制冷机组联合制冷。冰蓄冷制冷系统在楼宇中央空调系统中已得到应用,但在隧道作业领域未见应用报道。冰蓄冷降温系统主要具有以下特点:

(1) 制冷机组装机容量低,且在白天联合蓄冰槽共同制冷,可降低制冷机组功率。

(2) 运行成本低,利用峰谷电价节约运行费用。

(3) 平衡电力负荷,减少电力建设投资,降低发电资源消耗,减少二氧化碳、烟煤尘烟、二氧化硫等有害物质排放。

(4) 可作为应急冷源,节省企业用电费用以及用电高峰时的用电额度,规避拉闸限电风险。

(5) 冰蓄冷空调利用蓄冰设备融冰放冷,出水温度马上可达 5~7℃,降温速度大大优于常规空调。

将冰蓄冷制冷系统应用于隧道作业有两种方案:一种是将制冷机组设置在隧道外,蓄冰槽在隧道外制好冰后运送到隧道作业区域,这样无需铺设长距离送水管道,还可在隧道内设置小型制冷机组和蓄冰槽联合制冷,见图 7.12。另一种是将制冷机组和蓄冰槽都放置在隧道外,通过铺设保温管道和泵送系统将冷却水送到掌子面附近,该方案适用于隧道温度高于 40℃,需要的制冷量很大的情况,见图 7.13。为降低冷却水送水和回水系统的能耗,可在管道中增加水轮,将水流势能转换为动能,水轮驱动水泵送水。该系统能够回收利用水流的势能,降低水泵耗电量,同时水轮能够降低管路压力。

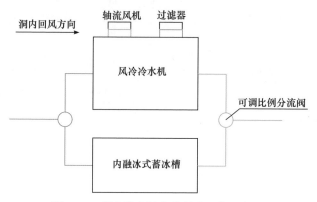

图 7.12 蓄冰槽在洞内的制冷系统示意图

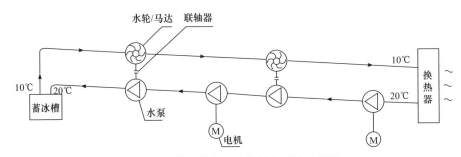

图 7.13 蓄冰槽在洞外的制冷系统示意图

7.2.2 隧道内降温案例

隧道穿越高地温地区时，作业区域的高温环境会显著增加作业难度，需采用多种方式控制作业区域温度。国内一些隧道内降温的主要措施、降温效果、消耗与降温成本见表 7.2。

表 7.2 隧道内降温措施、效果与消耗统计表

序号	隧道名称	隧道长度与埋深	隧道温度与湿度	降温措施	降温效果、消耗与成本
1	大柱山隧道	长 14.5km，最大埋深 995m	作业区最高温度 42℃，相对湿度 85% 以上	洞内送冰降温	每天消耗 12t 以上冰块
2	桑珠岭隧道	长 16.45km，最大埋深 1100m	围岩温度最高 89.9℃，洞内环境温度最高 56℃	挖横洞通风，接力风机加强通风，安装自动喷淋系统喷雾和洒水，放置冰块，作业人员穿冷却背心	一号横洞 5 根通风管；每 1~1.5km 设 2 台 110kW 接力风机；每天向洞内运送 200t 冰块
3	秀岭隧道	长 17.6km	围岩壁温度达 43℃，洞内空气湿度接近 100%	通风与送冰降温	每天运送 10 余吨冰块降温
4	多吉隧道	长 14.5km	洞内环境气温平均 42℃，拱顶作业点温度超过 55℃	增加通风设备加强隧道通风，以及增加制冰机、雾炮机	每天 240t 冰块，大型通风设备比设计数量增加了 4 倍
5	大保山隧道	长 5.48km，最大埋深达 570m	洞内温度常年 40℃以上	洞内送冰降温	每天用于隧道降温的冰块 10t
6	济南地铁某工段	长度约 2km	作业区温度降到 29℃左右	采用通风与送冰降温，以及安装中央空调降温除湿	制冷机组每月要花费约 50 万元的电费
7	新华隧道	长 12.33km	温度最高到 40℃以上	风机 + 冰块方式进行物理降温	两台 370kW 的超大功率风机持续接力送风，每天向洞内运送 10t 冰块

续表

序号	隧道名称	隧道长度与埋深	隧道温度与湿度	降温措施	降温效果、消耗与成本
8	高黎贡山隧道	全长 34.5km	高地温现场环境温度达 42℃，岩温达 39.5℃，水温 39.1℃。	增加局扇，注浆堵水，修建制冰厂，建设制冷库，在作业现场放置冰块，建设空调休息室等措施	增加两台 450kW 的机械制冷机，环境温度能降 3~4℃
9	通达隧道	长 11.3km，最大埋深 745m	环境温度常年在 40℃左右，拱顶温度超过 50℃，湿度 80% 左右	采用通风降温，设置空调房	在作业面设置了 7 个空调房
10	巴玉隧道	正洞长 13.07km，最大埋深 2080m	最高地温约为 47℃	采用通风、喷雾洒水、低温冷水、冰块冷却、排热水、个体防护、移动休息室等降温措施	每天进行 2 次洒水，每次洒水量约为 15m³；6 人专职冰存储，4 人送冰，可降温 3~5℃；移动休息室装有 2 匹 (5.1kW) 的空调

1. 大柱山隧道 (陈志强，2018)

大柱山隧道全长 14.5km，最大埋深为 995m，于 2008 年开工。作业区域最高温度达到 42℃，相对湿度则高达 85% 以上，地热高温带长达 3000 多米。作业单位长年往隧道作业挖掘面运送冰块降温，每天需要 12t 以上冰块，作业人员每 3h 就得轮换一次，见图 7.14。

图 7.14　大柱山隧道及冰块降温现场

2. 桑珠岭隧道 (严健等，2019)

桑珠岭隧道位于西藏自治区山南市境内的雅鲁藏布江桑日峡谷，全长 16.45km，地处海拔达 3500m 以上，山势陡峭，沟谷狭窄，地壳运动强烈，多次穿越断层破碎带，存在高地应力、超高岩温、强岩爆等不良地质。作业中遇到的围岩温度最高达89.9℃，洞内环境温度最高达56℃，见图7.15。受高温影响，作业人员在作业区不能持续工作超过2h。采用了开挖横洞通风，接力风机加强通风，洞内安装自动喷淋系统喷雾和洒水，在洞内放置冰块，作业人员穿冷却背心等方式进行降温，取得了一定效果。但也导致该隧道用于降温的投入和消耗很大，例如，修筑隧道一般仅需要1~2根通风管，而桑珠岭隧道一号横洞增加到了5根；需每1~1.5km设置2台110kW接力风机，每天往隧道内运送200t冰块。

图7.15　桑珠岭隧道作业及降温现场

3. 秀岭隧道（搜狐，2020）

秀岭隧道是大瑞铁路线上重点工程，全长17.6km，最大埋深1100m。掘进到5km左右时遇到高地热问题，围岩壁温度可达43℃，洞内空气湿度接近100%。每天运送10余吨冰块到作业区降温，见图7.16，同时通过改良隧道的通风方式和风循环模式，降尘率达95%以上。但因送风距离长，洞外新风被送到掌子面区域时已被加热，且因漏风导致风量极低，降温效果不太明显，仅降温3℃左右。

4. 多吉隧道（中铁十六局集团有限公司，2020）

多吉隧道位于云南省普洱市墨江哈尼族自治县，全长14.5km，洞内环境气温平均42℃左右，拱顶作业点温度超过55℃。建设单位通过增加通风设备和制冰机、雾炮机，加强隧道通风，降低温度和稀释瓦斯浓度，不断改善作业环境。每天4台制冰机生产240t冰块，大型通风设备比设计数量增加了4倍。尽管如此，作业人员每作业 2~3h 就得轮换，见图 7.17。

图 7.16　秀岭隧道作业及降温现场

图 7.17　多吉隧道作业及降温现场

5. 济南地铁某工段 (央广网，2017)

济南地铁某工段长度约 2km 时，遇到高地温。该区间曾尝试除正常通风措施外，进行分批次运冰降温，但造成湿度增加，成本升高且效果一般。最终建设单位采用为隧道安装中央空调设备的方式进行降温除湿，见图 7.18，在洞口设置制冷机组，通过将冷却水送入洞内的降温方式，使作业区温度降到 29℃ 左右，取得了较好的降温效果，但制冷机组每月要花费约 50 万元的电费。

6. 高黎贡山隧道 (范磊，2019)

高黎贡山隧道为大瑞铁路全线控制性工程，全长 34.5km，是中国铁路第一

图 7.18　济南地铁某工段作业现场和中央空调设备

长隧，也是亚洲最长的铁路山岭隧道。隧道位于滇西地震活跃带，横穿高黎贡山，跨越横断山脉，具有极高地应力、大涌水、高地温、围岩破碎等恶劣作业环境。高地温现场环境温度达到 42℃，岩温达到 39.5℃，水温是 39.1℃。项目部采取在掌子面及其他高温作业地段增加局扇，对已作业地段进行注浆堵水，减少高温水的涌出，减少热源；修建制冰厂建设制冷库，增加了两台 450kW 的机械制冷机，在作业现场放置冰块，建设空调休息室等措施，改善现场作业环境，环境温度能降 3~4℃，提高人员和设备的工作效率，确保隧道作业顺利进行，见图 7.19。

图 7.19　大瑞铁路高黎贡山隧道作业降温冰块

参 考 文 献

陈志强 . 2018. 大柱山隧道地热段综合降温施工技术 [J]. 城市建设理论研究，(34)：111-113.

范磊 . 2019. 高地温深埋特长隧道热害综合防治关键技术研究 [J]. 现代隧道技术，56(6)：1-10.

搜狐 . 2020. 9502.6 米！大瑞铁路秀岭隧道建设创下新纪录 [EB/OL].[2021-12-2]. https：//
　　www.sohu.com/a/429650182_248772.

严健，何川，曾艳华，等 . 2019. 川藏铁路高地温隧道降温技术及效果分析 [J]. 中国铁道科学，

40(5)：53-62.

央广网 . 2017. 全国头一回！济南顺河高架南延隧道装上中央空调降温除湿 [EB/OL].[2021-12-2]. http：//www.cnr.cn/sd/gd/20170614/t20170614_523800663.shtml.

中铁十六局集团有限公司 . 2020. 中老昆万铁路万米长隧多吉隧道贯通 [EB/OL].[2021-12-2]. http：//cr16g.crcc.cn/art/2020/8/12/art_4450_3171907.html.

第 8 章
掘进装备智能化减振控制技术

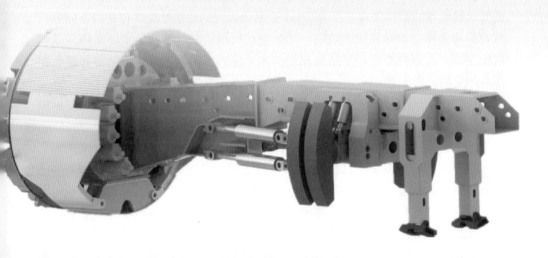

　　TBM 在掘进过程中，主驱动系统会剧烈振动，且载荷极端不平衡，导致 TBM 主驱动系统出现主结构连接螺栓断裂、电机驱动轴扭断、主轴承密封失效等严重的工程问题。因此，对 TBM 主驱动系统进行动态特性分析和减振设计，能够有效提高系统在服役过程中的动力学性能，避免主驱动系统关键部件的异常损坏，对于提高复杂环境下 TBM 主驱动系统关键部件寿命、提高掘进效率有重要的理论意义和工程实用价值。

8.1　机电液耦合振动机理及主参数抗振技术

8.1.1　机电液耦合振动机理研究背景

　　鉴于 TBM 主驱动系统的特殊掘进环境，其动力学设计是 TBM 装备研制设计的关键核心技术，直接关系到 TBM 装备的掘进性能。在实际的掘进过程中，主驱动系统关键部件长期处于交变动态载荷下，同时不均匀的复合地质容易造成系统的偏载状态，这使得系统关键部位承受极端恶劣的动态载荷，极易导致主要承载区域的结构失效。目前 TBM 主驱动系统的动态性能常存在以下问题：核心驱动部件振动存在放大效应、冗余驱动机构均载特性差、主要承载区域载荷极端等，这直接导致主要结构开裂、各关键部位密封失效、驱动部件过载损坏等严重的工程问题。

　　TBM 主驱动在开挖过程中处于狭小的作业空间内，其关键部位一旦发生损坏，往往难以及时更换，这将大大影响 TBM 主驱动的掘进性能和寿命。新疆中天山隧道掘进过程中，由于 TBM 系统强烈振动的影响，其刀盘主体产生了大面积开裂破损的现象。这种现象在当刀盘掘进大致 10km 时，即相当于设计寿命一半左右的时候就已经明显产生。据统计，刀盘主体 300mm 以上的裂纹达到了数十条，有些裂纹甚至达到了 1300mm 以上，导致不得不频繁停工进行刀盘裂纹修复或者更换新的刀盘。在辽西北引水隧道工程中，刀盘法兰处的连接螺栓 (见图 8.1) 发生异常断裂的现象。螺栓断口分析可以看出，螺栓截面的断裂在瞬间产生，最可能是某时刻的极端负载所致。辽西北引水隧道工程刀盘法兰连接螺栓断裂见图 8.2，在实际的掘进过程中由于严重的不均衡负载和高幅交变载荷，在刀盘法兰的不同位置累计断裂螺栓 120 余颗，另有 3 颗螺栓甚至无法取出更换，严重地影响了作业进度，极大增加了作业成本。

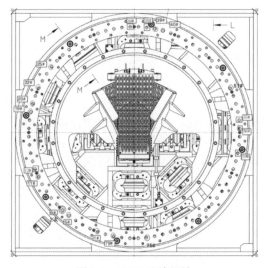

图 8.1　TBM 连接螺栓

连接螺栓断面

图 8.2　辽西北引水隧道工程 TBM 连接螺栓断裂图

8.1.2　基于机电液耦合的设计主参数抗振技术

目前，TBM 主驱动系统的主体结构设计基本是按照静强度设计的思想进行的。鉴于 TBM 主驱动系统在实际掘进过程中承受的极端载荷和剧烈振动情况，在其常规设计过程中往往采用较大的静强度裕度，但是在实际工程作业过程中，TBM 主驱动仍会出现关键结构件开裂、密封件密封失效、驱动单元过载等大量动力学问题。

Huo 等 (2014) 利用动力学仿真软件建立了 TBM 主驱动系统等效动力学模型，并对系统前端支撑刚度对主驱动系统的振动特性的影响进行分析。夏毅敏等 (2018) 基于动力学仿真平台和 TBM 支撑推进系统的现场振动实测，对支撑推进系统的振动频段进行了研究，研究发现其主梁部位的振动以轴向 (掘进方向）振动为主，且主要振动频段集中在 20~30Hz。彭欢等 (2014) 考虑掘进过程中 TBM 的强振动特性，建立了系统主推进液压缸轴向动力学响应数学模型，分析了不同系统振动下的液压缸失效区，研究发现，液压缸无杆腔压力波动幅值与系统振动幅值成线性正相关关系；同时利用优化算法对主推机油缸的设计参数进行了动力学优化设计，使得液压缸正常工作的基础幅值——振动频段范围拓宽了 45%。唐国文等 (2016) 采用区间不确定理论描述地层参数的不确定性，结合动力学模型分析了 TBM 在复合地层中的振动特性，探究了地层中软岩和硬岩比例及地层分界面方向对其振动特性的影响。

在 TBM 主驱动系统主要支撑结构动力学设计中，各个影响振动状态的因素见图 8.3。主驱动系统主推进油缸支撑角、主承载轴承尺寸以及主支撑法兰尺寸等参数都对系统的振动特性有着很大的影响。另外，TBM 刀盘驱动系统中的齿轮驱动轴长度、电机布置形式以及不同同步控制策略也会影响系统的振动情况。而在不同的掘进贯入度和不同的刀盘转速下，TBM 主驱动系统也会随之出现不同的振动特性。

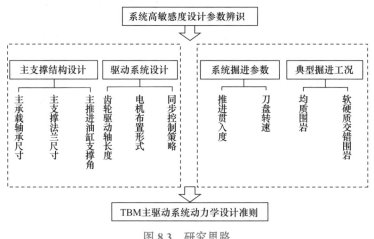

图 8.3 研究思路

以主推进油缸支撑角对系统振动特性的影响为例，支撑角对主梁的轴向平移振动和横向倾覆振动有直接的影响，如图 8.4 所示，可见在主推进油缸的支撑角度由 75° 变化至 85° 的过程中，轴向平移振动均方根 (RMS) 值变化呈现略微减小的趋势，减小幅度在 2% 以下；横向倾覆振动 RMS 值呈现略微下降的趋势，减小幅度在 4% 以下；支撑油缸角对于主梁前段的横向倾覆振动幅值的影响更为显著，减小幅度约为 12.72%；轴向平移振动幅值则变化很小，只呈现出略微的增大趋势，增大幅值在 1% 以下。

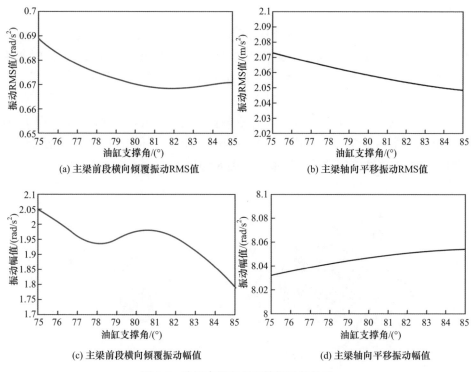

图 8.4　油缸支撑角与系统振动的关系

8.2　TBM 设备振动无线监测技术

　　TBM 设备振动无线监测技术作为设备管理现代化的一种重要手段，随着企业改革的深入和科学技术的迅猛发展，已越来越引起人们的重视。TBM 设备振动无线监测技术对于提高设备运行可靠性，延长设备使用寿命，保障设备的安全、稳定生产，降低维修成本和提高经济效益具有重要意义。

　　辽宁大伙房输水工程 3 标段 TBM 的监测人员，结合目前 TBM 监测方法，提出了具有针对性的 TBM 主机 (大轴承、大齿圈、轴承密封、液压系统和变速机构等) 的监测方案，通过振动信号监测轴承元件的损坏，在大轴承的适当部位安装振动传感器，采集振动信号及时分析，采用振动分析的无量纲指标 (如峭度指标、峰值因子、波形指标、裕度指标、脉冲指标) 和有量纲指标 (如最大峰值、方根幅值、均方差、均方根值、平均幅值)，监测内外滚道和滚子的损坏情况，结合 TBM 机载故障在线实时诊断系统，可以对 TBM 主机各设备的运转状况进行比较快速、准确的现场判断，避免了维修的盲目性，满足了 TBM

的正常运转。

　　在辽西北引水隧道工程实际掘进现场的动态特性测试中，主要包括 A 型、B 型和 C 型三种 TBM。由于主驱动结构中测试传感器安装位置限制，同时兼顾刀盘系统的旋转特点，选取高精度三向加速度传感器作为信号采集传感器。由于刀盘部位的振动最为剧烈，同时由于刀盘下部常常有积水存在，刀盘部位加速度传感器的安装位置对其正常工作有较为明显的影响。我们针对 A 型 TBM 的刀盘筋板结构，综合考虑其安装的便利性、环境的可靠性以及传输信号的稳定性，选取加速度传感器的布置位置如图 8.5 所示。

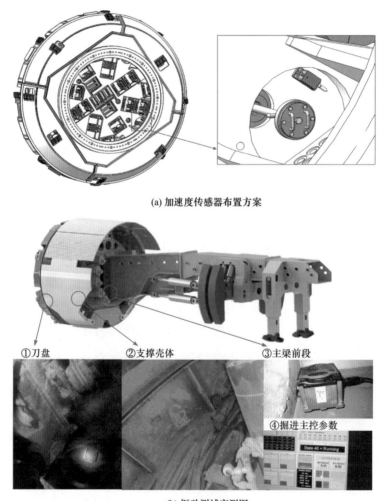

(a) 加速度传感器布置方案

①刀盘　　　　②支撑壳体　　　　③主梁前段

④掘进主控参数

(b) 振动测试实测图

图 8.5　刀盘加速度传感器布置方案及实测图

在前述主驱动动态特性实测中，对辽西北引水隧道工程 B 型 TBM 主驱动的驱动电机输出扭矩数据提取的同时，对实际掘进环境下 TBM 刀盘的三向振动进行了实测。首先针对刀盘三向振动数据的典型特点进行了分析研究，取 200~500s 数据段进行分析，如图 8.6 所示。刀盘中心块的径向 (从刀盘中心指向刀盘周边) 加速度主要由刀盘旋转产生的科里奥利加速度和其自激振动产生的加速度叠加而成，同时 TBM 刀盘的三向振动响应大致可分成四个阶段。动力学模型中未考虑刀盘旋转产生的科里奥利加速度，因此对径向加速度数据进行以下处理。

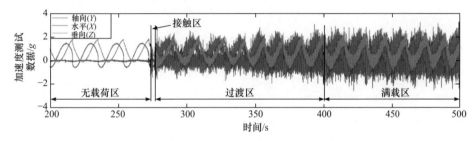

图 8.6　刀盘振动测试数据

以刀盘中心块的横向加速度测试数据为例，首先对测试信号进行处理，从而获得刀盘旋转产生的加速度信号。以轴向 (掘进方向) 振动测试为例，滤波后的刀盘轴向振动测试数据见图 8.7。将测试信号减除科里奥利加速度得到刀盘中心块产生的横向 (水平且垂直于掘进方向) 自激振动加速度，对刀盘中心块的纵向加速度数据进行相应的处理。刀盘的横纵向加速度在空载阶段、接触阶段、过渡阶段和满载阶段，科里奥利加速度成分不变。总加速度幅值的区别主要由于刀盘的自激加速度振动。刀盘的三向加速度最大振幅出现在刀盘刚开始与岩石接触的时期与稳定满载掘进的时期。

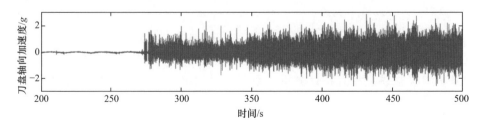

图 8.7　滤波后的刀盘振动测试数据

为了排除测试信号中的少数干扰对统计结果的影响，统计总频次中的99.7%来计算最大振幅，如表8.1所示。由表可见，在刀盘与掌子面刚接触的阶段，刀盘的三向振动较强，其最大振动加速度分别达到1.1320g、1.3044g和0.6825g；在稳定满载区域，刀盘的三向振动最大振动加速度达到最大，分别达到了1.9328g、1.5541g和0.7250g；各阶段的三向最大振幅按轴向、横向、纵向（垂直方向）依次减小，横向振动约为轴向的80%，纵向振动约为轴向的38%。

表 8.1　三向加速度最大幅值统计

三向加速度	最大幅值(99.7%)	
	接触区	满载区
轴向 /g	1.1320	1.9328
横向 /g	1.3044	1.5541
纵向 /g	0.6825	0.7250

基于上述分析的结果，进一步分析并处理针对辽西北引水隧道工程 A 型TBM 的多点振动实测数据，对刀盘处三向振动数据按照上述分析方法截取稳定段振动数据并进行相应的滤波处理，以除去刀盘回转产生的加速度影响。按照前述的滤波方法处理后主驱动系统各部位的各项振动数据，TBM 主驱动系统的各部位加速度 RMS 统计值如表 8.2 所示。

表 8.2　三向加速度 RMS 测试数据统计

测试部位	轴向 /g	纵向 /g	横向 /g
刀盘	0.8267	0.4914	0.6417
支撑壳体	0.3311	0.2206	0.2724
主梁	0.2463	0.1482	0.1291

由表 8.2 可以看出，刀盘部位的加速度振动最大，支撑壳体次之，主梁部位的振动最小。各部位的三向振动以轴向振动最大，横向振动次之，而纵向振动最小。根据系统固有特性分析，系统的横向平移振动振型对应的固有频率较纵向平移振动振型对应的固有频率小，结合实际的振动测试数据说明了系统的横向自由度刚度较纵向自由度刚度要小。在刀盘处，其横向加速度 RMS值为轴向加速度 RMS 值的 77.62%，纵向加速度 RMS 值为轴向加速度 RMS值的 59.4%；在支撑壳体处，其横向加速度 RMS 值为轴向加速度 RMS 值的

82.27%，纵向加速度 RMS 值为其 66.6%；在主梁前段处，其横向加速度 RMS 值为轴向加速度 RMS 值的 52.4%，纵向加速度 RMS 值为其 60.2%。

8.3　TBM 磁流变与 TMD 减振技术

截至目前，对于 TBM 振动的研究主要集中在动力学特性分析方面，关于 TBM 减振的研究还十分有限，仅有的一部分研究也主要是通过设计动力吸振器来对 TBM 主梁进行抑振。考虑到 TBM 在掘进时位移发生变化，而动力吸振器很难对主梁进行实时抑振，实际应用中，吸振器对 TBM 振动控制可能比较有限。鉴于 TBM 主驱动系统以低频为主、振动频段较为固定的振动形式，在 TBM 系统的减振设计中可以应用磁流变和调频质量阻尼器 (TMD) 抗振减振技术，实现系统振动水平的有效降低。

8.3.1　TBM 磁流变抗振减振技术

磁流变阻尼器 (MR 阻尼器) 是一种在磁场作用下通过改变磁流变液流变特性获取所需阻尼力的智能振动控制装置，具有结构简单、响应速度快、阻尼力连续可调等特点。磁流变阻尼器作为一种新型智能减振装置，因以上特点，广泛应用于建筑、桥梁、车辆等领域。

美国洛德 (Lord) 公司在磁流变阻尼器研究方面起步较早，已成为世界上最著名的磁流变阻尼器生产商。2002 年，洛德 (Lord) 公司和德尔斐 (Delphi) 公司合作研制的 MagneRide™ 磁流变阻尼器首次应用在凯迪拉克系列轿车中，取得了优良的减振效果，极大提高了车辆的行车平稳性和乘坐舒适性。

1997 年以来，国内学者也开始对磁流变阻尼器进行了研究。欧进萍等 (1998) 研制了一种最大阻力 10kN 的磁流变阻尼器，其缸体直径 10cm，活塞有效长度 4cm，间隙 2mm，耗能约 20W。徐龙河等 (2000，2006) 和李忠献等 (2003，2004) 研制了一种混合工作模式的 MRF-04K 阻尼器，并对其进行详细的研究，该阻尼器有效阻尼通道长度 8cm，最大阻力 20kN。关新春等 (2005) 研制了一种基于土木结构振动控制的 180kN 的足尺磁流变阻尼器，试验表明，多励磁线圈的磁流变阻尼器，其线圈电流同向时最大电流产生的阻尼力远小于异向电流的阻尼力。瞿伟廉等 (2007) 研究了一种新型固定磁极的足尺磁流变阻尼器，最大阻尼力为 200kN，在同样性能指标条件下较洛德公司的产品体积更小、质量更轻。王修勇等 (2003) 研制了一套磁流变拉索抗振系统，并应用到岳阳洞庭湖大桥上，有效降低了恶劣气候条件引起的振动。重庆大学智能结构研究中心将磁流变阻尼器应用在长安汽车悬架系统上并进行了道路试验，观察到车辆行驶的平顺性得到了较大的提高。

目前国内外对TBM动力学的研究多为局部系统的建模分析，较少考虑整机的振动分析，较少考虑滚刀布置对载荷的影响。对TBM主机系统的抗振研究有限，主要是通过设置动力吸振器对TBM主梁轴向进行减振，但动力吸振器稳定性不足，减振效果有限。季文博等(2020)针对TBM在掘进过程中振动剧烈问题，提出一种基于磁流变原理的TBM主机系统抗振方案：首先基于多刚体动力学仿真平台所建立的TBM主机系统动力学模型，通过对推进油缸阻尼系数的灵敏度分析，确定磁流变阻尼器的最佳阻尼系数为 $2.5 \times 10^6 \mathrm{N} \cdot \mathrm{s/m}$，阻力为400kN，此时刀盘轴向加速度幅值降低19.06%，主梁前段轴向加速度幅值降低21.75%；然后结合某工程开敞式TBM实际安装空间，确定磁流变阻尼器的安装位置；最后根据出力目标和TBM推进系统工作原理，设计了一款单筒单出杆剪切阀式磁流变阻尼器，有效地抑制了TBM主机系统关键部件的轴向振动，提高了隧道作业的安全和效率。

由于主机系统关键部件的振动响应对护盾至机头架位置、扭矩油缸位置的阻尼系数并不敏感，即使设置阻尼器达到的减振效果也不甚明显。而在推进系统处，TBM关键部件的轴向振动响应对轴向安装阻尼器极为敏感，随阻尼参数的增大，轴向振动减小得较为明显。因此，李旋旋(2019)结合TBM的实际安装空间，考虑在推进油缸位置处增设基于磁流变阻尼器的减振装置，对主机系统进行减振控制。阻尼器并联安装在TBM推进油缸两侧，一端连接在主梁前段上，另一端连接在撑靴上，阻尼器的安装示意图见图8.8，红色虚线区域为阻尼器的安装区域。

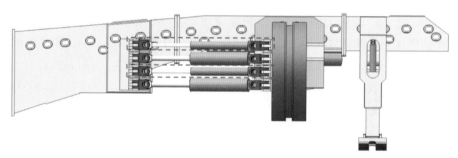

图8.8　阻尼器安装示意图

以TBM实际掘进过程中出现的不同工况种类、刀盘突变载荷、刀盘转速为切入点，对不同条件下 TBM 主机系统进行了动力学仿真分析，探讨了不同因素下磁流变阻尼器对主机系统振动的影响。TBM 主机系统在工作过程中，根据所处的地质条件和机身工作状态会面临不同掘进工况，常见的工况有全推力工况、上软下硬工况、转弯纠偏工况及脱困工况。不同工况对应的刀盘载荷不同导致主机系统振动情况不一，将磁流变阻尼器对应的性能参数代入虚拟样机模型中，得到不同工况下主机系统关键部件的振动响应。以全推力工况为例，该工况下关键部件振动控制效果如图 8.9 所示。对磁流变阻尼器作用下 TBM 主机关键部件轴向振动情况做进一步统计分析，得到表 8.3。

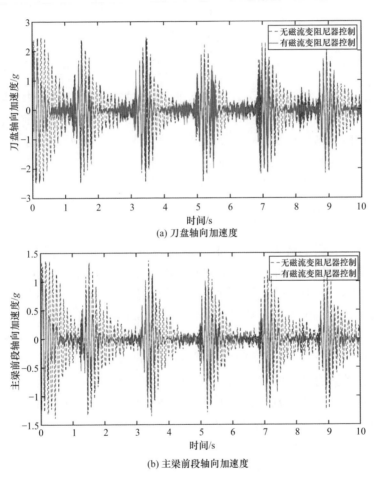

(a) 刀盘轴向加速度

(b) 主梁前段轴向加速度

图 8.9　全推力工况下关键部件振动控制效果

表 8.3　磁流变阻尼器安装前后 TBM 关键部件振动情况

工况		无阻尼控制		有阻尼控制		振动降低百分比	
		幅值 /(m/s²)	均方根值 /(m/s²)	幅值 /(m/s²)	均方根值 /(m/s²)	幅值 /%	均方根值 /%
全推力工况	刀盘	2.4899	0.7508	2.0925	0.4238	19.96	43.55
	主梁前段	1.3792	0.4094	1.0748	0.2167	22.07	47.07
上软下硬工况	刀盘	1.5413	0.4173	0.9947	0.2169	39.36	49.02
	主梁前段	0.8620	0.2343	0.6503	0.1220	24.56	47.93
转弯纠偏工况	刀盘	0.4666	0.1162	0.2932	0.0671	37.16	42.25
	主梁前段	0.3569	0.0918	0.1794	0.0503	49.73	48.11
脱困工况	刀盘	0.2171	0.0519	0.1760	0.0324	19.93	37.57
	主梁前段	0.1169	0.0282	0.0752	0.0180	39.67	38.17

由以上可知，四种工况下，刀盘和主梁前段轴向加速度均方根值降低比例较大，其中刀盘轴向加速度均方根值降低幅度在 37%~48%，主梁前段轴向加速度均方根值降低幅度在 36%~47%，说明在磁流变阻尼器作用下，主机系统整体振动得到了一定程度的遏制，阻尼器使主机系统振动更加均匀，波动更小，证实了抗振方案设计的有效性，达到了预期目标。

8.3.2　TMD 智能抗振减振技术

除了磁流变阻尼器减振技术通过研制和采用阻尼材料的途径来实现减振之外，在机械减振领域还存在通过设计和采用减振结构实现减振的技术，那就是 TMD 减振技术。TMD 减振原理是利用质量块以及与其相连的弹簧和阻尼系统，通过改变系统的刚度参数将其固有频率调整至与被减振结构固有频率一致，从而利用质量块的共振现象吸收被减振结构的振动能量，达到减振的目的。TMD 减振理论已被广泛地运用在各类工程中的抑振问题之中，对于高刚度系统的低频高幅值振动具有较大的减振效果，因此常被应用于地震波及风载荷下高楼的振动抑制问题、海洋波动载荷下平台的振动抑制问题等。由于 TBM 主驱动系统的动力学问题具有高结构刚度、低频突变载荷的特点，TMD 减振理论对该系统的振动问题具有较好的应用效果。

根据敞开式 TBM 支撑壳体的尺寸设计的调质吸振器结构如图 8.10 所示，它以支撑框架的倾覆振动以及轴向振动的最大值为优化目标，对质量协调系统的刚度及阻尼进行优化设计。刚度参数的优化历程图如图 8.11 所示，在随机冲击载荷的作用下，刚度值在 $5.9 \times 10^7 \mathrm{N/m}$ 以下，随着刚度值的增大，支撑壳体的轴向及倾覆振动幅值显著降低。当刚度值在 $5.9×10^7N/m$ 左右时，支撑壳体的轴向振动幅值最小且倾覆振动幅值处于较低水平。TMD 系统刚度在该刚度值之后，随着刚度值的增大，支撑壳体轴向及倾覆振动加速度幅值逐渐增大。同时当系统刚度值在 $5.9×10^7N/m$ 左右且系统阻尼比在 0.029 左右时，轴向振动和倾覆振动的最大幅值均处于较小水平。因此可以确定针对该调质吸振器的最优刚度为 $5.9×10^7N/m$ 左右，最优阻尼比在 0.029 左右。

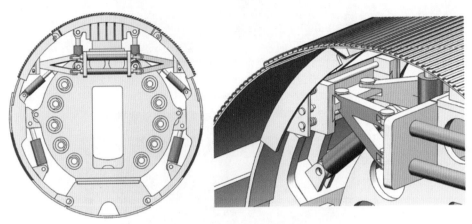

图 8.10　调质吸振器结构图

　　减振块在 TBM 掘进过程中持续振动以转移系统的振动能量，通过验证所设计的减振系统是否按照设计的减振机理对系统进行减振试验发现，右上护盾和左上护盾随着倾覆力矩的周期性变化也周期性振动，并且两个护盾的振动位移相反，与 TMD 系统结构的运动学特点一致。在两质量块的反向同步运动下，动态轴向力和倾覆力矩抵消支撑壳体承受的来自刀盘的动态载荷，减小支撑壳体的振动。之后经过两质量块振动加速度的频域分析可知，TMD 单侧系统的固有频率为 16.9Hz。由现场测试数据与动力学模型的计算可以看出，支撑壳体的系统振动频率的主要频段在 10~20Hz，因此 TMD 系统在 TBM 主驱动系统的振动带动下会产生共振，从而使得两质量块吸收最大的振动能量，因此可以最大程度地降低系统的轴向、倾覆振动。原始 TBM 系统以及包含调质吸振器的 TBM 主驱动系统的主要部件加速度响应被提取并进行比较，如图 8.12 所示。

　　由图 8.12 可以看出，在 TMD 系统的作用下，TBM 支撑壳体处轴向及倾覆振动方向的振动显著下降。轴向加速度的均方根值减小了 9.3%，振幅减小了 26.7%；其水平倾覆方向加速度的均方根减小了 7.4%，振幅减小了 13.0%。由于支撑框架振动的减小，刀盘的振动也间接被减小。减振系统对刀盘部位的横向倾覆振动减振作用不明显，其振动 RMS 值和最大幅值差别在 3% 左右。而对刀盘的轴向振动起到较为显著的减振作用，其最大幅值减小了 23.2%。

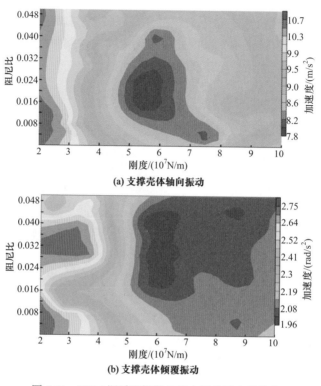

(a) 支撑壳体轴向振动

(b) 支撑壳体倾覆振动

图 8.11 TBM 调质吸振器系统主要设计参数优化

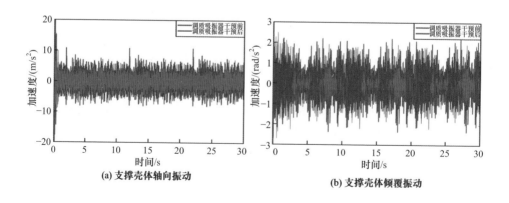

(a) 支撑壳体轴向振动

(b) 支撑壳体倾覆振动

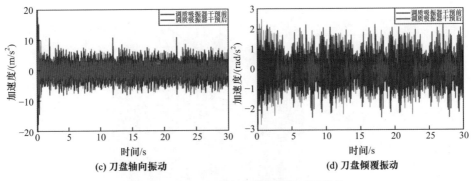

(c) 刀盘轴向振动

(d) 刀盘倾覆振动

图 8.12　TBM 刀盘和支撑壳体的减振效果

8.4　电磁撑靴减振装置

硬岩掘进机的两侧撑靴为整机向前掘进提供支反力，撑靴由油缸撑起抵紧洞壁后，油缸继续增加推力，与洞壁产生的摩擦力作为整机掘进支反力向前掘进，部分工况下 (极硬岩地质情况下)，油缸提供的推力有限，造成支反力不足导致整机掘进过程中振动严重，掘进缓慢。为此，可在原有单一撑靴的基础上，快速增加一组或多组可移动电磁撑靴或固定撑靴，共同作用为整机掘进提供更大的支反力。

电磁撑靴结构示意图见图 8.13，两个电极之间产生排斥力，将撑靴压紧在围岩上。相比油缸推力，两个电极之间可以产生一定的相对运动，且具有更好的柔性，起到阻尼器的作用，可以部分吸收设备产生的振动能量，起到减振的作用。电磁撑靴还可用于悬臂掘进机，见图 8.14。

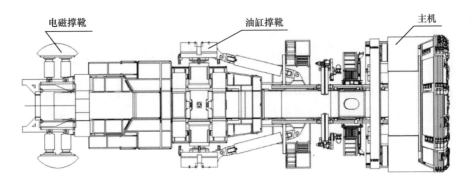

(a) 掘进机整机布置

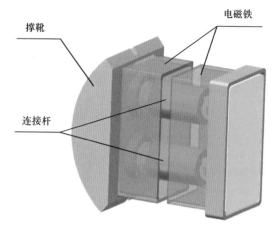

(b) 电磁撑靴结构

图 8.13 可移动电磁撑靴结构示意图

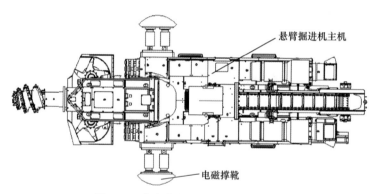

图 8.14 装有电磁撑靴的悬臂掘进机

8.5 颗粒阻尼减振装置

掘进机在掘进过程中因刀具和岩石之间的相互作用产生振动，推力越大则振动越强，这些振动给设备造成疲劳和损坏。设计人员已采用液压撑靴、颗粒阻尼器等设备来降低振动。

颗粒阻尼器的结构是在一个空腔里填入但不填满球形或其他形状的颗粒，这些颗粒可以在空腔内移动。其减振原理是：当空腔壁发生振动时，内部的颗粒在惯性作用下有保持静止的趋势，即起到了抵抗空腔壁运动的作用；颗粒的相互碰撞和摩擦消耗了振动能量，降低了设备振动幅度，见图 8.15。颗粒阻尼装置结构简单、环境适应性强，减振幅频范围广 (0~6000Hz)，附加质量小，适用于任意结构的减振，性能稳定，耐高温、耐腐蚀、抗老化。

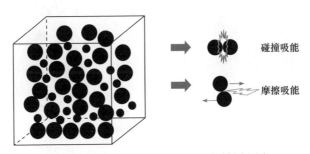

图 8.15　颗粒阻尼装置吸收振动能量原理图

中铁装备已开展了将颗粒阻尼技术应用于 TBM 减振的研究，见图 8.16~图 8.18。TBM 刀盘振动频率的低频峰值出现在 1Hz 左右，高频振动峰值在 1000Hz 以内，整体呈现中低频振动特性，主要研究内容包括：选取不同尺寸的阻尼颗粒，加强颗粒间碰撞程度；采用碰撞恢复系数较小、密度较大的阻尼颗粒；阻尼颗粒选取为球形，增强颗粒的运动能力。

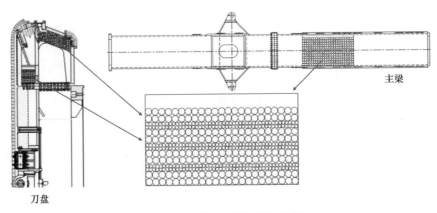

图 8.16　刀盘及主梁结构减振示意图

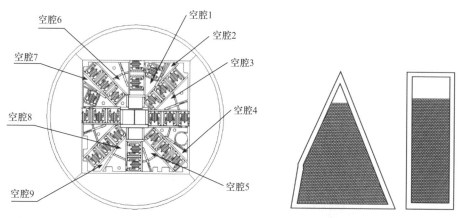

图 8.17　颗粒阻尼在掘进机上的安装方式　　图 8.18　刀盘结构颗粒阻尼的减振器设计

参 考 文 献

关新春，李金海，欧进萍 . 2005. 足尺磁流变液耗能器的性能与试验研究 [J]. 工程力学，
　　22(6)：207-211.

霍军周，欧阳湘宇，王亚杰，等 . 2015. 重载冲击激励下 TBM 主驱动系统动力学建模与振动
　　特性分析 [J]. 机械科学与技术，(9)：1322-1327.

季文博，张占葛，叶尔肯·扎木提，等 . 2020. 基于磁流变原理的 TBM 主机系统抗振结构设计
　　[J]. 组合机床与自动化加工技术，(9)：15-19.

李旋旋 . 2019. 基于磁流变原理的 TBM 抗振系统设计 [D]. 大连：大连理工大学 .

李忠献，吴林林，徐龙河，等 . 2003. 磁流变阻尼器的构造设计及其阻尼力性能的试验研究 [J].
　　地震工程与工程振动，23(1)：128-132.

李忠献，徐龙河，姜南，等 . 2004. 基于 MRF-04K 阻尼器的结构减震控制模型试验研究 [J].
　　地震工程与工程振动，24(1)：148-153.

欧进萍，关新春 . 1998. 磁流变耗能器及其性能 [J]. 地震工程与工程振动，(3)：75-82.

彭欢，张怀亮，邹伟，等 . 2014. 硬岩掘进机推进液压缸结构参数优化 [J]. 机械工程学报，
　　50(21)：76-83.

瞿伟廉，闰淼，涂建维 . 2007. 新型足尺磁流变液阻尼器的设计及仿真分析 [J]. 武汉理工大学
　　学报，29(2)：87-89，103.

唐国文，余海东，谢启江 . 2016. 不确定性地质参数下硬岩掘进动态特性与评价 [J]. 上海交
　　通大学学报，50(11)：1670-1675.

王修勇，陈政清，倪一清 . 2003. 斜拉桥拉索风雨振观测及其控制 [J]. 土木工程学报，36(6)：
　　53-59.

夏毅敏，钱聪，李正光，等 . 2018. 隧道掘进机支撑推进系统振动特性 [J]. 浙江大学学报 (工
　　学版)，52(2)：32-39.

徐龙河，李忠献 . 2006. 基于 MRF-04K 阻尼器的 LQG 半主动控制系统 [J]. 天津大学学报，
　　39(9)：1054-1059.

徐龙河，周云，李忠献 . 2000. 半主动控制装置在受控结构中的优化设置 [J]. 地震工程与工程振动，20(3)：143-149.

Huo J Z，Ouyang X Y，Zhang X，et al. 2014. The influence of front support on vibration behaviors of TBM cutterhead under impact heavy loads[J]. Applied Mechanics & Materials，541-542：641-644.

Li Z X，Xu L H. 2005. Performance tests and hysteresis model of MRF-04K damper[J]. Journal of Structural Engineering，131(8)：1303-1306.

第9章
隧道绿色制造与再制造

在隧道建设和运营过程中，节能、环保等问题日益突出，绿色隧道建造技术的研究与应用迫在眉睫。随着经济快速健康发展，基础建设规模和品质得到了不断提升,隧道及地下工程在长度、宽度和维度上出现了新的更高的发展需求,不断提高的城市化水平和日益严峻的资源与环境态势均对隧道的建设、运营提出了更高的要求。

本章从"绿色发展"出发，通过对其内涵的理解以及发展理念的分析，结合目前隧道建设实际需求与发展状况，提出了"绿色隧道"概念。结合技术发展，从隧道开挖、装配式建造、通风环保、弃渣(废水)处理、噪声控制、病害整治、新型材料及智慧管养等方面分析绿色隧道的技术发展水平，并结合其特征要素进一步提出绿色隧道的发展方向，为构建绿色隧道基本框架体系提供有益参考。

绿色隧道作为中国"绿色交通""绿色基建"的一个重要组成部分，代表了未来基础设施建设的发展方向，综合国内外经济与社会发展的大形势和大趋势,绿色建造技术将是工程建造未来发展的重点方向。随着物质文明水平的提高，绿色隧道建设将会朝着精益化、信息化、机械化、专业化及装配化的方向发展。绿色建造的全面提升，是助推建筑业转型升级和快速发展的重大举措，必将加快建筑产业现代化的发展步伐，带来巨大的环境、经济和社会效益。

9.1 绿色隧道发展现状

9.1.1 绿色隧道的理念及内涵

工业革命以来，经济高速发展带来了环境污染、资源枯竭、气候变暖等生态问题。随着这些问题的产生，传统经济发展模式难以为继，各国普遍开始以保护环境为目的的绿色经济探索，绿色发展、绿色经济、绿色新政等概念相继提出。20 世纪 90 年代，联合国环境与发展大会通过的"关于环境与发展的里约热内卢宣言"，明确了发达国家和发展中国家在处理全球环境问题方面"共同但有区别的责任"，在此背景下，绿色发展模式应运而生。

意大利建筑师保罗·索勒瑞最早提出了"生态建筑"理念，这一词语是将生态学(Ecology)和建筑学(Architecture)两词合并为"Arology"，即"生态建筑"，这就是绿色建筑最初的定义。2001 年，清华大学发布了《中国生态住宅技术评估手册》，这是我国第一部完整的绿色建筑体系雏形。国家标准(《绿色建筑评价标准》GB/T 50378)将"绿色建筑"的概念具体定义为: 在建筑的全寿命周期内，最大限度地节省资源 (节能、节地、节水、节材)、保护环境和减少污染，为人们提供健康、适用和高效的使用空间，与自然和谐共生的建筑，即可抽象化定义为"四节一环保"。

随着公路、铁路和城市地铁在建设规模和品质方面的不断提升，隧道工程在长度、宽度和维度上出现了新的发展需求，传统建设理念与安全、舒适性之间的矛盾日益凸显，在建造过程中，对通风环保、弃渣 (废水) 处理、噪声控制、照明节能及隧道运用阶段的智慧管养、病害整治等提出了更具体的要求，同时也对周边环境影响、围岩变形及后期运营成本、通行安全与舒适提出了更高标准。结合新技术在隧道工程中的成功应用，正逐步形成绿色隧道建造技术。

"绿色隧道"是指在隧道全寿命周期内，有效节约资源、合理保护环境、减少可控污染，为人们提供安全、畅通、高效、便捷、舒适的环境，与自然和谐共生的地下建筑物。隧道是工程能耗最高的构成部分，实现隧道绿色建造与节能减排是推进绿色交通发展的重要措施之一。"绿色隧道"理念并非传统意义上的景观绿化设计，而是以工程质量优良为前提，从规划设计、作业建设、运营管理、服务共享全过程出发，建设一个节约资源、生态环保、安全可控、质量精湛、运行高效的系统性工程。"绿色隧道"强调可持续发展理念，是在隧道工程全寿命周期内，最大程度合理保护环境，最大限度有效利用资源、减少污染，最快速度恢复生态平衡，在设计、建造、运营中彰显绿色、高效、节能与环保。

9.1.2　国外绿色隧道发展现状

1. 发展现状

国外发达国家非常重视绿色隧道及地下工程建设，尤其是北欧及日本在发展绿色隧道技术方面处于领先地位，在隧道设计时非常注重线形及断面设计，强调环保选线、节能降耗作业及运营监测。同时，盾构 /TBM 掘进机技术、装配式作业技术、组合式通风技术、隧道病害检测与整治技术、信息化技术等先进技术和工程方法也被广泛采用，显示出强大的工业基础和高新技术对隧道工程的支撑力。这些新装备、新技术、新工艺及新材料的运用，有力促进了隧道及地下工程建设向绿色化发展，在隧道工程全寿命周期内，最大限度地节约了资源、提高了能效、保护了环境，体现了生态系统的良性循环。

2. 典型案例

欧洲隧道建设技术较为成熟，非常重视长大隧道的设计、作业和运营维护，有着先进的技术和经验。例如，建成于 2016 年的瑞士圣哥达基线铁路隧道，是目前世界上最长最深的隧道，主洞全长 57km，该隧道的建成在欧洲乃至全世界都享有极高的声誉。圣哥达基线隧道最突出的特点在于安全理念、环境保护及其配套的工程装备。该隧道采用双线双洞方案，两条隧道互为安全救援通道，隧道内部每隔 325m 设置有逃生门，每隔 20km 设有紧急停车站，并安装感测传感器，若发生意外，子系统就会自动切换到紧急模式，通风系统也同时调换到适当模式，灯光会自动打开，逃生门也会自动打开。通风换气系统与安全救援机制是隧道核心设计，其中设置有 8 座直径达 3.5m 的巨型换气扇与 24 座射流式通风机，最大输出功率达 15.6MW、风速达 300km/h 的巨型风扇主掌隧道内的气体交换与流通。该隧道建设中另一可借鉴经验为洞渣的可持续利用，该隧道穿越阿尔卑斯山脉，挖出了 2820 万吨岩石，这成了丰富的石料采集场。隧道挖出的岩石有 66.3% 用于该线路无砟轨道混凝土作业和其他工程项目，33% 的用于该隧道二次衬砌混凝土作业，仅有 0.7% 的砂石土方为垃圾废料，洞渣利用率高达 99.3%。隧道在建造过程中还大量采用了新材料、新设备及新工艺，如防火混凝土可承受最高 1400℃的高温达 90min；如有着"雨伞防范措施"之称的隧道防水体系可抵抗阿尔卑斯山高地热、高承压水渗漏等。圣哥达基线隧道的建设可以说是推动隧道建设向绿色、安全、高效、环保等方向迈进了坚实的一步，其经验成果值得隧道建造者学习推广。在绿色隧道建造技术发展中，外国还有诸多工程案例，如表 9.1。

表 9.1　外国绿色隧道相关工程案例

序号	项目名称	工程应用技术	关键技术分类
1	瑞士圣哥达 (St. Gotthard) 基线隧道	隧道分为主洞和服务洞，主洞承担交通，服务洞承担通风和安全应急，隧道通风采用完全的横向通风系统，设计通风量为 2150m³/s	通风环保设计
2	挪威拉达尔 (Laerdal) 隧道	隧道全长 24.5km，其突出特点为单独设置有一处空气排放竖井和一座空气净化厂，安全标识完善并采用计算机系统全程监控	通风环保设计、信息化设计
3	瑞典哈兰德萨斯 (Hallandsas) 隧道	环保问题及高地下水压条件最为突出的隧道，该隧道采取了一套严格彻底的环保措施，包括噪声、空气质量、废弃物以及用于作业的产品等均进行了严格要求	隧道环境保护设计

续表

序号	项目名称	工程应用技术	关键技术分类
4	英法英吉利海峡隧道	隧道分主洞和服务洞，充分考虑了隧道的运输、供电、照明、供水、冷却、排水、通风、通信、防火和环境保护等	绿色作业技术
5	日本山岭隧道	采用辅助工法——"Foeplate 工法"作业技术，大幅缩短作业时间；钻爆法作业采用连续式输送机长距离排渣	隧道作业技术
6	挪威吕菲尔克(Ryfylke)隧道	马蹄形隧道断面设计	隧道设计
7	伊比利亚半岛马若(Marao)隧道	绿色开挖：两段同时开挖，减少产生废气排放，运输通道安装喷雾系统减少扬尘 绿色作业：隧道东段安装特殊的保护装置以降低噪声，新建两座污水处理厂处理开挖过程中产生的污水	绿色作业技术

9.1.3　国内绿色隧道发展现状

1. 国家政策

从 1986 年起，我国陆续颁布了一系列法规及标准，逐步建立了绿色建造体系。进入 21 世纪后，我国绿色建造在政策、标准体系、技术研发、示范推广等方面都取得了积极进展。工程建设行业面对新形势和新要求，必须走绿色发展之路，坚定不移推进绿色建造，以实现新的突破。目前，我国有关绿色建筑相关的标准从国家到地方都在不断完善中，未来绿色建造标准管理体系将覆盖工程建筑的全生命周期，全面保障绿色建造效益的实现。

2. 典型案例

我国绿色建造起步较晚，但发展迅速，在国家及地方绿色规划、绿色设计和绿色施工标准的引领和带动下，在科研院校、设计单位、施工单位、装备制造单位的共同努力下，绿色建造技术在较短的时间内取得了良好成绩，特别是绿色建造发展规模之大、覆盖面之广颇受赞誉。

近年来，在国家的大力推行下，各部委相继启动以绿色低碳环保为理念的代表性工程建设，在公路、铁路及城市轨道示范性工程建设中，一批较为成熟的生态环保技术在隧道建设中得到了集中展现，如装配式技术、通风环保技术、隧道弃渣综合利用技术、噪声控制技术、隧道病害整治技术、信息化技术、智慧管养技术等。这些技术的成功应用已取得了较为显著的生态环境效益，在行业内起到了良好的示范效应，助推了绿色隧道建造技术的快速发展。表 9.2 为国内绿色隧道典型工程案例。

表 9.2　国内绿色隧道典型工程案例

项目名称	建成时间	工程特点	工程所应用的绿色技术
上海外环越江隧道	2003 年 6 月	隧道全长 2.88km，国内首条大型沉管隧道	装配式技术
海八路隧道	2011 年 12 月	隧道按照高标准设计，全段安装了实时监控管理系统，隧道的运营工作可通过人、机信息交换，实现统一监控、集中管理，达到疏导交通、防灾和消灾的功能，以确保隧道正常运营。隧道通风采用 42 台大功率排风机；隧道照明采用 LED 节能灯具和大规格陶瓷薄板	信息化技术，照明节能技术，通风环保技术
凤凰岭隧道	2012 年 1 月	隧道作业采用围岩分级与动态监控技术；洞渣综合利用，变废为宝。交通运输部科技示范工程，推广应用了 23 项新技术	信息化技术，弃渣处理技术
钱江隧道	2013 年 12 月	世界大盾构法隧道之一，直径达 15.43m，全面应用 LED 照明技术。作业采用独特的两次泥浆改良配合分段压滤技术处理废弃泥浆，资源化利用盾构渣土技术	装配式技术，照明节能技术，弃渣处理技术
新关角隧道	2014 年 12 月	世界高海拔最长隧道，国内第一长隧，全长 32.69km。隧道采用安全隧道供风、竖井均衡排烟，开发了长斜井隔板式作业通风技术，实现了长距离、大风量、多工作面同时供风；研发了长斜井皮带运输机出渣系统技术，创新了钻爆法作业出渣运输作业模式；运用帷幕注浆、径向注浆、顶水注浆等作业工艺，并采用高分子新型材料，保护了高原地下水。获得了国内外多项重大技术奖项	通风环保技术，皮带出渣技术，防排水技术，隧道作业技术
西秦岭隧道	2015 年 12 月	国内第二长隧道，全长 28.236km，采用 TBM 掘进，多项新技术均具有里程碑意义，如采用连续皮带机出渣工况下开敞式 TBM 掘进与二次衬砌同步作业技术、TBM 长距连续皮带机快速出渣技术、TBM 作业 20km 超长距离作业通风技术、防灾救援疏散技术等	TBM 作业技术，装配式技术，连续出渣技术，通风环保技术，防灾救援技术
港珠澳大桥海底隧道	2017 年 7 月	世界最长的海底深埋隧道，沉管总长度 5664m，由 33 节混凝土预制管节和 1 节 12m 长的"最终接头"组成。其中，"最终接头"所采用的"小梁顶推"技术和装备为自主研制并属世界首创。隧道采用纵向诱导通风＋侧向排烟集中排烟系统，并采用风机通风接力	装配式技术，通风环保技术
白城隧道	2018 年 1 月	采用世界首台大断面马蹄形盾构机作业，提出了大断面马蹄形土压平衡盾构作业关键技术	装配式技术
清华园隧道	2018 年 12 月	京张高速铁路全线唯一一条采用盾构法作业的隧道，首次提出了轨下结构全预制拼装技术，开发了大直径盾构作业过程可视化平台，实现了盾构作业的可视化监控和实时预测预报，研制了城市盾构泥浆环保处理技术，解决了盾构隧道泥浆运输和环境污染问题	装配式技术，弃渣处理技术，信息化技术
周家嘴路隧道	2019 年 10 月	上海市首批四个 BIM 应用试点项目之一，国内首个全寿命期采用 BIM 技术的隧道工程项目，提出了基于 BIM 技术的隧道工程全寿命周期协同管理平台。提出了盾构隧道管片接缝防水弹性密封垫方案	BIM 技术，装配式技术

3. 行业趋势

随着国家激励政策的陆续出台及绿色创新发展理念的深入推进，并通过一批国家重点示范性工程的引领，绿色建造在国内迎来前所未有的高速发展机遇。目前国内重大工程在规划、设计、作业、运维等阶段均明确要求采用绿色技术，提出采用新技术、新材料、新工艺、新设备，最大限度地节约资源、保护环境、减少污染、改善生态，为社会提供安全舒适、高效的建(构)筑物，与自然和谐共生。绿色隧道的制造既是隧道建、管、养经济成本的需要，也是响应国家绿色发展观的重要体现。

目前，绿色隧道建造技术已成功应用于铁路、公路、城市地铁及引水隧洞等工程，社会效益显著，已逐步覆盖了隧道全寿命周期，绿色隧道制造与再制造综合技术体系已初具雏形，如图 9.1 所示。这些新技术的运用推动了绿色隧道制造与再制造的飞速发展，促进了建筑行业科学技术进步，本章将结合现场实际案例，介绍绿色隧道新技术运用情况。

9.2　绿色隧道装配式制造技术

隧道建造技术经历了从手持钢钎铁锤开挖到矿山法作业，从钻爆技术到盾构 /TBM 掘进技术，从传统支护结构到现代支护结构，从整体式衬砌到复合式衬砌的进步。从开挖方式角度考虑，新奥法所应用的钻爆开挖法适应能力强，对各种各样的地质条件都可应用，在满足隧道建筑限界的基础上，可开挖出各种形状的断面，适应能力强。新奥法所采用的复合式衬砌结构，充分体现了其设计作业理念，即充分发挥围岩的自承能力，但其作业速度缓慢，作业工序繁多，已无法达到现代隧道建设对机械化程度、作业效率、安全性和环境保护的要求，且二次衬砌浇筑以后不能立即承载。盾构 /TBM 法所采用的装配式衬砌，其衬砌作业速度快、质量可靠，衬砌后可立即承载，隧道作业环境得到了较大改善。随着隧道作业机械化及作业工厂化技术的发展，装配式衬砌越来越广泛地应用到各种隧道及地下工程中。采用装配式技术建设隧道可提高工程质量，提高工业化程度，同时节能环保，是一种绿色生产方式。

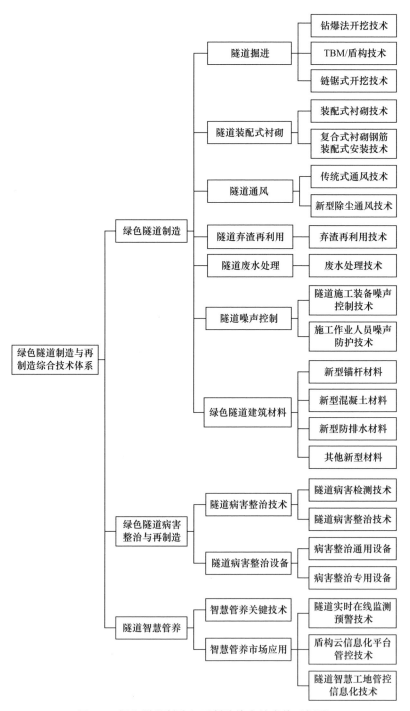

图 9.1　绿色隧道制造与再制造综合技术体系框图

　　在工业革命时期，欧美国家为提高工程质量、加快作业速度，开展了装配式建筑结构的研究，随后成功应用到了隧道及地下工程中。装配式结构显著提高了工程质量、加快了作业速度、降低了材料消耗、降低了工程建设成本及改善了作业环境。目前，隧道装配式技术也越来越成熟，大多用于盾构/TBM法隧道，装配式结构对隧道及地下工程实现跨越式发展起到了关键的推动作用。随着城市建设的进一步发展，由于其经济效益和技术优势显著，装配式制造技术的应用领域将会进一步扩大，除盾构/TBM隧道外，地下停车场、地下仓库、山岭隧道等地下工程也将逐步应用装配式技术，已经有隧道装备企业通过技术攻关，针对山岭隧道二次衬砌钢筋安装技术难题，提出了山岭隧道二次衬砌钢筋装配式安装作业技术，研发了二次衬砌钢筋装配式安装机，攻克了山岭隧道二次衬砌作业又一技术难题，推动了行业技术进步。

9.2.1　隧道二次衬砌钢筋装配式安装技术

　　目前，山岭隧道多采用复合式衬砌结构。二次衬砌是稳定围岩、对初期支护进行加固的重要措施，是隧道洞身衬砌的重要组成部分。二次衬砌作业质量是隧道结构安全的重要保障。隧道二次衬砌作业包括防水材料安装、钢筋加工及安装、混凝土作业。由于隧道二次衬砌作业具有难度大、技术要求高、隐蔽性强、工期持续时间长等特点，受到社会各界的高度重视，作业技术也在不断革新。目前，二次衬砌模板台车已普遍采用，基本达到了二次衬砌混凝土的内实外美、洞室线条美观以及不出现渗漏等良好效果。二次衬砌钢筋作为山岭隧道二次衬砌支护的重要组成部分，其安装绑扎工作是山岭隧道作业中不可或缺的重要工序，但现阶段隧道二次衬砌钢筋一般采用洞内人工现场绑扎，存在机械化程度低、质量控制难、劳动强度大、工序持续时间长等问题。为解决上述问题，研发了装配式二次衬砌钢筋技术及安装设备，采用工厂预制装配式二次衬砌钢筋骨架节段，通过安装设备实现机械化安装；同时，该设备兼顾防水板铺设功能，降低劳动强度，缩短工序时间。二次衬砌钢筋技术及安装设备介绍如下：

　　(1) 二次衬砌钢筋。将整环二次衬砌钢筋沿环向划分为若干骨架节段，纵向环宽为2~3m，钢筋骨架节段提前在工厂内进行绑扎成型，预制完成后运输至洞内安装位置。二次衬砌钢筋安装设备如图9.2所示。

　　(2) 仰拱钢筋。安装设备可利用工地挖掘机进行改造，将挖掘机前臂更改为可伸缩机械臂，铲斗更换为可抓取、旋转、倾斜、俯仰的多自由度抓举头。仰拱钢筋安装设备如图9.3所示。

(3)二次衬砌钢筋骨架拼装方案。采用多自由度钢筋骨架安装设备进行安装。设备包含前后行走、左右对中、骨架抓取、骨架旋转、倾斜、俯仰、伸缩等动作，可实现骨架快速定位拼装。

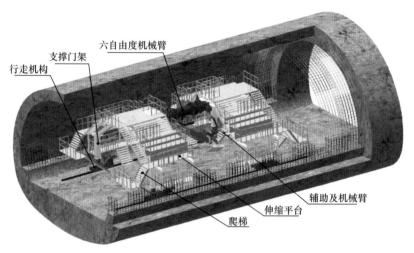

图 9.2　二次衬砌钢筋安装设备

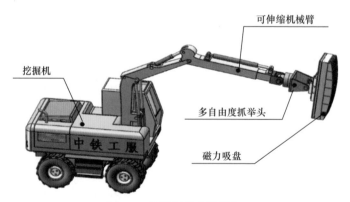

图 9.3　仰拱钢筋安装设备

9.2.2　隧道二次衬砌钢筋安装作业工艺

装配式二次衬砌钢筋需在隧道总体设计阶段纳入考虑，为提高现场二次衬砌钢筋安装效率和提高安装质量，需结合隧道二次衬砌受力状态和安装设备功率将二次衬砌钢筋全环按一定长度分段，分段后按钢筋加工及绑扎技术要求提前在工厂内完成制作，如图 9.4 所示。

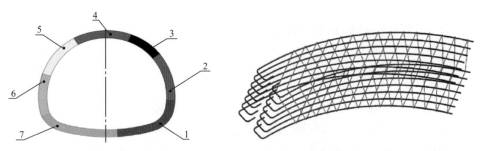

图 9.4　装配式二次衬砌钢筋节段划分及单片钢筋网示意图（图中数字表示装配顺序）

　　装配式钢筋的连接方式主要有承插焊接式、螺栓连接式、套筒连接式三种，不同连接形式对应的模块钢筋结构形式如图 9.5 所示，三种连接方式优缺点对比见表 9.3。

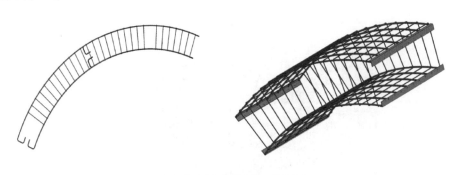

(a) 承插焊接式骨架节段结构及节段安装

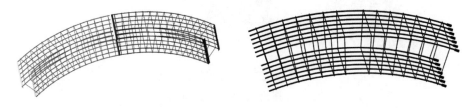

(b) 螺栓连接式节段安装　　　　　　　　　(c) 套筒连接式安装

图 9.5　二次衬砌钢筋节段连接方式示意图

表 9.3　装配式二次衬砌钢筋连接方式对比表

连接方式	优点	缺点
承插焊接式	定位精度要求较低，拼装效率高	需要现场焊接；钢筋使用量增大；封顶块需现场配做
螺栓连接式	可实现全工厂预制，定位精度要求较低	需额外增加角钢及螺栓消耗
套筒连接式	与现有二次衬砌钢筋结构形式基本相似	定位精度要求高，拼装较困难

9.2.3　二次衬砌钢筋安装机性能及优势

1. 二次衬砌钢筋安装机主要功能

隧道二次衬砌钢筋安装机如图 9.6 所示，该设备可实现以下功能：
(1) 可实现装配式二次衬砌钢筋安装；
(2) 可实现防水板铺设；
(3) 可实现前后行走，并能检测行走距离，实时显示当前里程；
(4) 自动检测设备轴线与隧道设计轴线偏移量，并进行对中调节；
(5) 预留欠挖处理设备液压接口。

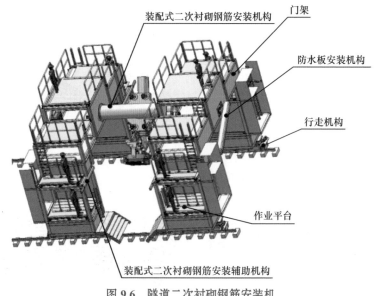

图 9.6　隧道二次衬砌钢筋安装机

2. 设备优势

(1) 实现钢筋安装机械化、少人化作业；
(2) 提高二次衬砌钢筋安装质量；
(3) 提高工序效率。

3. 二次衬砌钢筋安装机参数

隧道二次衬砌钢筋安装机参数如表 9.4 所示。

表 9.4　隧道二次衬砌钢筋安装机参数

序号	名称	参数	单位	备注
1	整机重量	约 60	t	不含电气、液压元器件
2	整机长度	约 11	m	
3	净空尺寸	5×6	m×m	高 × 宽
4	行走方式	轨行式		
5	钢轨型号	43	kg/m	
6	行走速度	5	m/min	
7	行走驱动方式	电驱		
9	行走驱动功率	2×10.5	kW	定频

9.2.4　市场应用

目前装配式技术广泛用于建筑行业,隧道装配式衬砌技术得到了空前发展。基于装配式二次衬砌钢筋装配式安装技术,瑞士马蒂技术有限公司在 2007 年研发了装配式二次衬砌钢筋安装设备,于 2009 年在 Groupement Tunnel de Moutier 隧道投入使用。国内在小型隧洞的建造中也有使用格栅装配式二次衬砌钢筋案例,虽缺乏配套安装设备,但也取得了阶段性成果,其隧道设计和作业理念值得示范推广。

9.3　绿色隧道通风环保技术

9.3.1　隧道通风环保概述

在隧道和地下工程的作业过程中,作业通风是隧道内外空气交换的唯一手段,是隧道作业人员及作业机械的“生命线”,是不可缺少的关键技术。特别是对于有瓦斯、高温、有毒气体等特殊危险的隧道,必须要保证充足的通风量,降低洞内有害物质的浓度,避免瓦斯爆炸、高温、毒害等灾害的发生。在机械化作业情况下,通风能为洞内作业地点提供新鲜空气、排除有毒有害气体及各种粉尘,从而创造良好的劳动环境,保障作业人员的健康与安全。

隧道作业机械化程度越来越高的状况下,长距离隧道通风作业不仅可以减少作业环境的污染,也可以保障作业人员的健康。长距离隧道通风作业对整个隧道项目工期起着绝对重要的作用。通风水平的高低,是决定隧道掘进速度的关键技术之一。现有的掘进技术大多为多头掘进,组织规模取决于通风技术能否为其提供工作环境。有效通风距离的延长，也相应延长了掘进的工作距离，对于加快作业进度有较大的促进作用。通风方案的选择也是作业组织设计、作业方案选择的重要因素。隧道通风作为隧道作业环境综合控制的主要组成部分，其通风效果的好坏，直接关系到隧道内作业人员的健康和作业效率、工程进度与安全。

9.3.2 隧道作业环境

在隧道作业中，不可避免地会产生一些有害物质，并排放到隧道空气中，造成对隧道空气的污染，严重地威胁着隧道内作业人员的身心健康。有害物质主要包括烟尘、有害气体、粉尘三部分。烟尘主要来自炮烟、柴油机排出的煤烟、电焊机烟雾等；粉尘主要来自隧道钻孔、爆破、装渣、运输作业过程中产生的细散颗粒；有害气体主要包括一氧化碳、一氧化氮、二氧化碳、二氧化氮、二氧化硫、硫化氢和瓦斯等。

1. 一氧化碳

一氧化碳为无色、无味、无刺激性的气体。一氧化碳对人体的影响主要是当其进入人体后会和血液中的血红蛋白结合，使血红蛋白不能与氧气结合，从而引起机体组织缺氧，导致人体中毒，甚至窒息死亡。一氧化碳对人体的影响除与其浓度有关外，还与人体暴露在一氧化碳中的时间有关，空气中不同剂量的一氧化碳对人体的影响见表 9.5。

表 9.5　一氧化碳对人体的影响

一氧化碳剂量		主要症状
$mg/(m^3 \times h)$	$10^{-6} \times h$	
< 375	< 300	无影响
< 750	< 600	有异常感
< 1125	< 900	头疼、呕吐
< 1500	< 1200	生命危险

2. 一氧化氮

一氧化氮为无色、无味气体，熔点为 $-163.6℃$，沸点为 $-151.8℃$，能溶于水、醇和硫酸。一氧化氮在空气中与氧气发生反应生成二氧化氮，为非可燃气体，不具有爆炸性，但助燃。一氧化氮对人体的危害主要是损害呼吸道，吸入气体初期有轻微的上呼吸道刺激症状，如咽喉不适等，经数小时后发生迟发性肺气肿、急性呼吸窘迫综合征，长期吸入低浓度的一氧化氮可引起神经衰弱综合征及慢性呼吸道炎症等。

3. 二氧化碳

二氧化碳在通常情况下是一种无色、无味的气体。二氧化碳本身无毒，但当人吸入高浓度的二氧化碳时，会出现昏迷及脑缺氧情况，为二氧化碳中毒。

4. 二氧化氮

二氧化氮为浅红色棕色刺激性气体，对人体的危害与一氧化氮相同。二氧化氮对人体的影响见表 9.6。

表 9.6　二氧化氮对人体的影响

二氧化氮浓度		主要症状
mg/m³	10⁻⁶	
10	5	闻到强烈的臭味
20~51	10~25	对耳鼻喉有刺激
103	50	1min 引起呼吸不畅
164	80	3~5min 引起胸痛
> 411	> 200	瞬时暴露时，有生命危险或死亡

5. 硫化氢

硫化氢常温下为无色气体，有刺激性气味，溶于水和乙醇，比空气重，能在较低处扩散到相当远的地方。硫化氢为易燃气体，遇明火会发生爆炸，燃点为 60℃，能与浓硝酸、发烟硫酸或其他强氧化剂剧烈反应，发生爆炸。硫化氢能对人体呼吸器脏内黏膜造成损害，对视网膜、视觉细胞造成杀伤，对听觉、听力传输及神经中枢末梢造成直接麻痹和摧毁，使人体肝、脾、心、肺等脏器功能迅速衰竭，进而导致快速死亡。

6. 瓦斯

广义的瓦斯是隧道内各种有害气体的总称，其主要成分是烷烃。狭义的瓦

斯是指甲烷 (CH_4)，是一种无色无味的气体。瓦斯不助燃也不能维持呼吸，达到一定浓度时，能使人因缺氧窒息，并能发生燃烧或爆炸。

9.3.3 隧道作业卫生标准

为保护隧道作业人员的身心健康，保证安全生产，铁路、公路等相关行业对隧道作业环境的卫生标准做了明确的规定。

铁路及公路行业规定的隧道卫生标准如下。

(1) 空气中氧气含量体积浓度不得小于 20%。

(2) 有害气体最高容许浓度要求：一氧化碳为 30mg/m³，在特殊情况下，作业人员必须进入工作面时，浓度可为 100mg/m³，但工作时间不得超过 30min；二氧化碳按体积计不得超过 0.5%；氮氧化物（换算成 NO_2）最高为 5mg/m³。

(3) 隧道内气温不得高于 28℃。

(4) 隧道内噪声不得大于 90dB。

(5) 瓦斯隧道装药爆破时，爆破地点 20m 内，风流中瓦斯浓度必须小于 1.0%，总回风道风流中瓦斯浓度应小于 0.75%，瓦斯浓度大于 1.5% 时，所有人员必须撤离至安全地点。

(6) 隧道内单位空气中粉尘最高容许浓度要求：含 10% 以上游离二氧化硅的粉尘为 2mg/m³；含 10% 以下游离二氧化硅的粉尘为 10mg/m³；含 10% 以下游离二氧化硅的水泥粉尘为 6mg/m³。

9.3.4 绿色隧道新型除尘设备

为解决隧道钻爆作业爆破时产生的粉尘、喷射混凝土产生的悬浮速凝胶颗粒物等细散颗粒物质，净化隧道空气质量，提高现场作业环境，同时缩短爆破后等待时间，提高工作效率，许多隧道装备企业研发了隧道除尘设备。

钻爆法隧道作业中的爆破、出渣和混凝土喷浆工序进行时会产生大量粉尘，爆破则是产生粉尘浓度最大、扩散范围最广的工序，结合现场测定结果，爆破作业主要粉尘粒径分布在 0.3~10μm，严重危害人体健康。

工业除尘设备种类较多，主要分为湿式除尘和干式除尘。湿式除尘一般是喷雾除尘，包括喷淋除尘和湿式电除尘；干式除尘分为重力除尘、惯性除尘、旋风除尘（沉降箱除尘）、静电除尘、袋式除尘等，如表 9.7 所示。

表 9.7　工业除尘设备

除尘器类型	设备特点	适用范围
喷淋、湿式电除尘器	消耗水或其他液体(液气比一般为 0.4~2L/m³),还需对污水进行处理	高温、高湿烟气处理
重力除尘器	体积大,除尘效率低(40%~50%),不能捕集小于 40μm 的细尘、微尘	多级除尘的预除尘
惯性除尘器	不能捕集直径小于 10μm 的微尘,磨损严重,长时间运行影响性能	预除尘
旋风除尘器	捕集小于 5μm 的尘粒效率不高,对风量变化适应性差	预除尘
静电除尘器	对尘粒比电阻值有要求(电阻率要求 10^4~$10^{11}\Omega\cdot cm$,黏土电阻率 10~$10^3\Omega\cdot cm$,岩石电阻率 10^3~$10^7\Omega\cdot cm$,受湿度和温度影响较大)且设备供电电压高(常规极距 45~66kV,宽极距 70~200kV,隧道一般最高 10kV),成本高、占地面积大	冶炼、电厂、锅炉等行业
袋式除尘器	利用纤维性滤袋捕集粉尘,除尘效率高、运行稳定、适应性强。对 10μm(尤其是 1μm 以下)的颗粒物有较好的捕集效果,结构简单、除尘效率高。根据滤料材质不同,可分为布袋除尘器、塑烧板除尘器和滤筒除尘器	应用广泛

　　袋式除尘器是一种较为理想的除尘设备。根据滤料材质不同,袋式除尘器又分为布袋除尘器、塑烧板除尘器和滤筒除尘器。针对隧道作业环境问题,许多科研院所、装备企业等单位先后开展了隧道专用除尘设备的研究,按其除尘原理可将目前隧道除尘设备归纳为滤筒除尘、塑烧板除尘、正压除尘和负压除尘(正压效率更高,结构更简单,但风机受磨损,适用于含尘浓度较低的工况;负压风机磨损小,寿命长,适用于高浓度工况),现有隧道除尘设备的处理风量、过滤精度及推荐断面如表 9.8 所示。

表 9.8　隧道除尘器产品参数

序号	除尘原理	处理风量 /(m³/min)	处理精度	推荐隧道断面 /m²	代表厂商
1	滤筒	2400	0.5μm × 99%	65~90	日本流机和三井三池
2	塑烧板	2400	0.5μm × 99%	80~90	德国 CFT
3	正压	2000	0.5μm × 99%	65~80	中国某公司
4	负压	2400	0.67μm × 98.99%	80~110	日本流机和三井三池、德国 CFT

　　有企业研制出高效的新型隧道除尘车,如图 9.7 所示,其设备参数如表 9.9 所示。该除尘车主要优点在于:有侧面进风和集中进风两种进风方式,可根据工况选择合适的进风方式;抽屉式集灰结构简单方便;采用钢管底座,减小与地面摩擦力,可以拖拽或吊装移动;模块化设计,适用于不同大小断面。

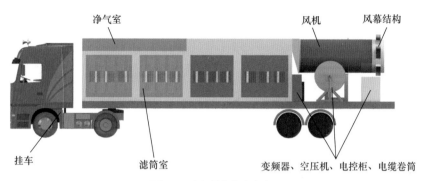

图 9.7　新型隧道除尘车

表 9.9　新型隧道除尘车参数

序号	项目	参数值
1	额定风量	2400m³/min
2	最大风量	2700m³/min
3	风机功率	220kW
4	滤筒数量	100 个
5	过滤面积	240m²
6	过滤精度	0.5μm × 99%
7	排放浓度	≤ 2mg/m³
8	噪声	约 87dB
9	尺寸	15661mm × 3019mm × 2630mm
10	重量	约 20t

9.4　绿色隧道弃渣处理技术

9.4.1　隧道弃渣处理概述

1. 行业现状

工程渣土作为工程建设的"副产品"引起了越来越多的重视。我国在建的盾构隧道预计将产生 2.25 亿 m³ 工程渣土，渣土处置费预计将需要 582 亿元。大量未经处理的工程渣土堆积，会侵占土地、污染土壤和水体。2000 年菲律宾某渣土场发生滑坡，产生渣土体积为 1.6 万 m³，导致 330 人死亡；2005 年印度尼西亚某渣土场滑坡，导致 147 人死亡；2015 年深圳光明事件发生的主要原因是盾构渣土无序消纳，造成 77 人遇难，十多万平方米的工业园区被吞噬。大量工程渣土的无序处理与无效利用会制约城市发展。目前，我国大规模投入生产的建筑垃圾资源化生产线很少，资源化利用率大约为 10%，与其他国家资源化指标相差很大。可见，我国建筑垃圾资源化率较低，而且建筑垃圾产生量逐年增长，因此需要大力推动建筑垃圾资源化的发展。目前，已有部分地区开始着手进行工程渣土资源的分类和综合应用。住房和城乡建设部发布的《建筑垃圾处理技术规范》(CJJT 134—2019) 中规定，建筑垃圾减量应从源头实施，工程渣土、工程泥浆、工程垃圾和拆除垃圾应优先就地利用。国家在"十四五"规划中继续推进建筑垃圾的合理处置，完善建筑垃圾的全过程监管平台。国家及社会对建筑"副产物"非常重视，急需一个完整的渣土处理体系，合理地规划渣土的处理处置过程，为绿色工程建设提供参考。

随着我国大力推进建筑垃圾的资源化利用，《再生节能建筑材料财政补助资金管理暂行办法》《绿色建筑行动方案》《深圳市建筑废弃物减排与利用条例》等国家和地方政策相应出台，已有大量企业着眼于建筑垃圾的资源化利用生产，但对于工程渣土的资源化利用还缺乏相应政策推动实施。我国大部分城市地铁隧道作业采用盾构掘进，按洞径 6m 估计，松散系数取 1.5，每千米地铁盾构隧道作业至少产生 4.5 万 m³ 的渣土。土压平衡盾构作业所采用的膨润土、泡沫剂等经改良后的流塑性渣土中含有大量流动性泥浆，渣土含水量明显增加，运输途中易带来泄漏、撒落运输不便等问题，且常规的建筑渣土处理场地很难接纳。盾构渣土中的水分来自于岩土层含水和作业注入的添加剂，如湖南某地铁线产生的盾构渣土含水率为 10%~40%。目前，盾构渣土的处理方式以堆放、填埋为主，导致盾构施工过程中的高分子添加剂、重金属等成分流入到周边环境中，造成严重危害。

2. 隧道渣土环保处理

隧道工程渣土产生量大、综合利用率低，弃渣成为城市发展过程中亟待解决的重要环境问题，对其进行资源化利用是未来的发展趋势。

隧道弃渣处理是结合城市建设进程和不同的隧道作业技术，将作业产生的渣土作为对象，通过取样及污染分析，确定工程渣土污染成分并对隧道渣土的资源化处理处置模式；提出建筑垃圾再生砂石骨料的生产流程，通过分析渣土泥饼中各元素含量，探究渣土烧制陶粒的可行性及需要的条件；提出泥饼制砖、泥饼再利用为种植土等方法。隧道弃渣通过再处理技术可实现渣土的分级脱水分离和干化、无机原料和水资源再利用，实现渣土的减量化运输、环保化处理和资源化利用。

9.4.2 隧道渣土环保处理技术

不同作业条件与地质条件下产生的工程渣土种类也不同。目前亟待解决的城市地铁盾构隧道渣土面临的主要问题为：一盾构渣土含水量高，不易运输；二含有泡沫剂等有害污染物；三盾构渣土不易脱水，在堆存过程中易形成滑坡，从而影响堆土场的安全。一般渣土处理方法主要分为自然风干法、化学固化法、过滤分离法三种。而盾构渣土中氧化物含量高，有机质及其他营养物质含量极低，其成分决定了渣土资源化路径的多样性。

盾构渣土现有处理方式存在的主要问题：

(1) 渣土含水率高，运输成本高、效率低，易遗洒污染道路；

(2) 堆放导致滑坡、侧滑且浸出液体污染环境；

(3) 环保部门对渣土的排放进行严格限制，制约盾构作业；

(4) 资源浪费，渣土中含有大量可利用无机原料。

针对上述存在的问题，迄今为止，通过引进、消化、吸收先进设备产品，结合现场使用经验积累已取得了较大的技术进步，我国已有多系列、多型号的盾构渣土环保处理系统被研发和制造出来，产品可靠性较高，技术也越来越成熟，其中较为典型的是某隧道装备企业研发的盾构渣土环保处理系统，目前该产品已在各城市地铁盾构隧道工程中得到较为成功的应用，在行业内取得了成功示例。

集成化盾构渣土处理系统主要针对目前作业现场盾构渣土直接外运处理存在的诸多问题而提出，可在作业现场实现盾构渣土的分级脱水分离和干化、无机原料和水资源再利用，实现盾构渣土的减量化运输、环保化处理和资源化利用。该系统设备布置如图9.8所示。

1. 盾构渣土环保处理设备参数

盾构渣土环保处理系统主要由输送机、一级振动筛、一级旋流器振动筛、洗砂机、絮凝分离塔、压滤机、泵、加药装置以及电气控制设备等组成，其设备技术参数见表9.10。

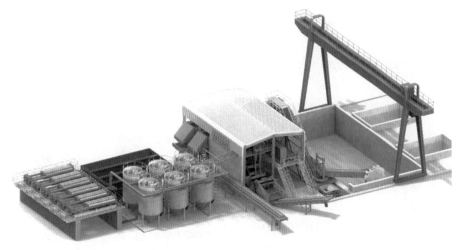

图 9.8　集成化盾构渣土处理系统

表 9.10　盾构渣土处理系统设备技术参数

项目	技术参数
设备总处理量	120m³/h(绝干泥含量为 75m³/h)
设备总功率	136kW+107kW+251.9kW(筛分 + 洗砂 + 压滤机)
系统总重量	36t+14t+15t+46t(筛分 + 洗砂 + 絮凝罐 + 压滤机)
电制	380V/220V/50Hz
防护等级	IP56(非防爆，户外型)
环境温度	−20~50℃(排除管路和罐体中液体结冰情况)
环境压力	常压
相对湿度	20%~80%

2. 工艺流程

盾构渣土环保处理系统工艺流程如图 9.9 所示。

(1) 土压盾构原始渣土经过皮带输送机输送到进浆料斗，泥浆由此进入一级振动筛，一级振动筛上装有喷淋系统，粒径较大的砂石等固相颗粒被排出处理设备。

(2) 经一级振动筛处理后的泥浆流入粗筛锥罐；经一级振动筛处理后泥浆中较大粒径泥沙经二级振动筛脱水后排出；较小粒径泥浆由旋流器的溢流口流入中间罐。

(3) 细砂从二级振动筛中排出落入一级旋流器、二级轮式洗砂机对细砂进行清洗，洗砂机上含有脱水筛及二级旋流器，干净细砂经脱水筛脱水后排入细砂坑，二级旋流器的溢流液流入溢流中转池，洗砂机工作时需接入清水。

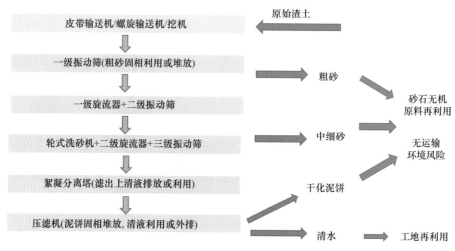

图 9.9　盾构渣土环保处理系统工艺流程图

(4) 液下泵将溢流中转池中的一、二级旋流器溢流液泵入溢流池后经液下泵泵入二级絮凝分离塔及清水塔中逐级沉淀。

(5) 清水塔装有渣浆泵，清水塔内的清液泵送至喷淋中转池后经液下泵泵入粗振动筛上的喷淋系统。

3. 工艺特点

盾构渣土环保处理系统关键工艺特点如表 9.11 所示。

表 9.11　盾构渣土环保处理系统关键工艺特点

工艺环节	工艺特点
预处理	配置给料机，使入料量均匀，入料特性松散，提高后级处理效率
物料流转优化	旋流溢流液直接进入絮凝分离塔，取消不必要环节，减少淤积、泡沫
三级溢流清水池	保证喷淋和洗砂用水清澈，并便于清淤
洗砂机	洗砂机主力除砂，旋流器辅助除砂，避免旋流器工作不稳定影响
关键环节搅拌	减少淤积、泡沫，避免泥浆含固率过高，保证泵正常工作
筛分、旋流、压滤设备多套并联	独立工作，系统容错度高，保证故障不停机；根据处理需求灵活调整设备工作状态，降低能耗

4. 技术优势

盾构渣土环保处理系统主要技术优势体现在以下几方面：

(1) 环保化处理后的渣土干燥，无环保运输风险。

(2) 减量化处理后的待运渣土体积小，运输成本低。

(3) 资源化处理后的粗砂、中细砂、泥饼和水有巨大的资源利用价值。

(4) 系统采用模块化设计，体积小，场地布置方便。

(5) 设备参数可进行适应性调整，以匹配不同的处理能力和不同地质条件要求。

(6) 清洁化采用洗砂机和喷淋系统，有效减小砂石的含泥率和泥饼的含砂率，提高分泌物纯净度等。

(7) 渣土处理效果好、处理能力强。针对盾构渣土特性对设备喷淋系统、自循环系统、筛分系统等做针对性设计，保证筛分效果，保证粗砂、细砂洁净度，提高设备处理能力。

(8) 适应性强。系统有多级配置、多级配件和多种布置形式，可以满足不同项目对处理量、处理能力、场地布置、地质条件的要求。

(9) 现场维护简单，保证正常掘进。针对盾构掘进工况不能轻易停工特点，系统设计多级缓冲及冗余备份，突发故障不影响正常掘进。

(10) 模块化、集成化、智能化。系统模块化、集成化程度高，占地小，易布置，调整灵活；配备智能化控制系统，操作简便。

(11) 有利于现场文明作业管理。系统在文明作业方面配置足量措施，产品洁净，易于管理。

9.4.3 隧道渣土环保处理工程案例

1. 案例背景

本案例以深圳市城市轨道交通 14 号线工程盾构隧道渣土环保处理为背景介绍。深圳 14 号线坑梓站—沙田站 (坑—沙) 盾构区间线间距 13.5~110.2m，最小纵坡为 4‰，最大纵坡为 28.5‰，隧道埋深 8.0~22m。该区间隧道范围内地层主要为中风化含砾砂岩，其他地层为黏土、粉质黏土、全风化含砾砂岩和强风化 (土、块状) 含砾砂岩。风化含砾砂岩组织结构已大部分破坏，遇水易软化，强度降低，岩石锤击易碎，部分手可折断，节理面出现次生矿物，风化裂隙发育，实测单轴饱和抗压强度值 3.3~20.2MPa，标准值为 10.5MPa，为软岩~较软岩。

该区间地表水不发育，原有的地表河流 (皇岗河、福田河) 已改造成箱涵，地表水主要为坑洼地带的积水。根据其赋存介质的类型，沿线地下水主要有两种类型：一是第四系地层中的孔隙潜水，主要赋存于海陆交互沉积、冲洪积砂层、卵石土层和残积砾 (砂) 质黏性土层中；另一类为基岩裂隙水，主要赋存于块状强风化、中等风化带中，略具承压性。

2. 应用情况

本案例盾构渣土中，不仅含有地层土体，还含有地下水、渣土改良剂等液态物质，含水量较大。深圳市对城市建筑垃圾管控严格，若不对渣土进行处理，渣土外运成本高，装运效率低，遗洒污染道路，弃渣场占用场地大，且部分渣土中还含有不易分解的化学物质，对环境也会产生较大持续性影响。在地方政府和环保部门严格管控下，盾构渣土的处置成了项目作业的一个棘手难题，严重制约着正常作业生产。

盾构渣土分离系统能够将渣土固、液相分离，固相渣土含水量小，能满足渣土外运要求，液相可再利用或经处理达到排放标准后外排，实现泥浆零排放，满足环保要求。渣土分离系统采用模块化设计。该系统由筛分设备、粗振动筛设备、液下渣浆泵、除砂设备及压滤设备等部件组成。

1) 系统工作原理

盾构原始渣土由垂直皮带机传输到地面，再由布渣皮带或挖机上渣至渣土分离系统分选设备，开始进行系统处理。处理系统整体思路为盾构渣土由皮带输送机、螺旋输送机、挖机经进料斗和预处理装置送达一级振动筛，处理后得到粒径较粗的粗砂，处理后的泥浆经过一级旋流器、二级振动筛、轮式洗砂机、二级旋流和三级振动筛处理后得到粒径较小的中细砂，剩余泥浆经絮凝处理后进入压滤机进行干化脱水处理，得到干化泥饼和压滤液清水。

2) 场地布置

盾构渣土分离系统安装于坑一沙风井西端头，占地约 $2300m^2$，其场地布置及实物图如图 9.10 及图 9.11 所示。根据系统需要设置场地，用于泥浆储存、清水储存和渣土粗颗粒储存等，在开挖基坑周边必须做好相应临边防护措施。系统基础施作时考虑本区域内整体排水措施：

(1) 压滤机采用全封闭形式，防止雨水进入，增加渣土含水率，影响渣土外运；

(2) 靠围挡侧设置排水沟联通附近排水沟，主要引流溢流池、清水池、粗砂堆放区域和洗砂堆放区域流水；

(3) 粗砂、细砂堆放位置需要通过一定坡度使区域内水流引向围挡侧水沟。

原始渣坑上部设置为未处理渣土堆积区域，下部为振动筛分、旋流处理和洗砂设备放置区域，在场地左侧设置压滤机、溢流池和罐体布置位置，中间为分离砂石堆积和转运区域。

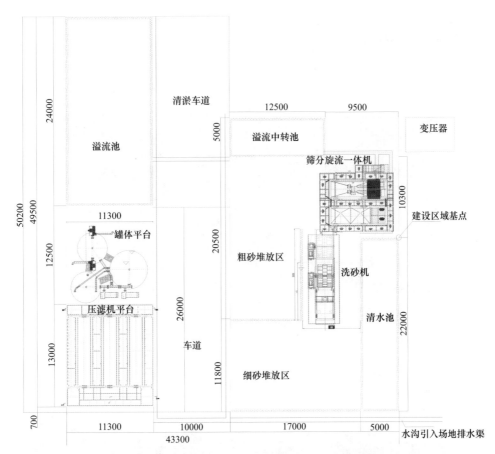

图 9.10　深圳地铁 14 号线坑－沙区间盾构渣土环保处理系统平面布置图（单位：mm）

通过渣土分离系统处理后的粗砂、中细砂理论含水率低于 40%，含泥量约 10%，可完全达到工地再利用和外售要求，具有很高的经济价值；干化泥饼的理论含水率低于 50%，可达到制砖和其他再利用要求。

同时，粗砂、中细砂和干化泥饼含水率均很低，可完全达到环保运输要求，运输不受环保部门和各级政府限制，为盾构作业正常掘进提供了良好条件；处理后的所有固相物质均经过脱水，其体积和盾构原始渣土相比减小，可减少等比例的渣土外运运输费用；正常情况下水可以在系统内部实现循环，工作时不需要加入额外的水，在渣土含水率较高时系统还可以排出压滤清水供工地进行喷淋冲洗作业使用。较难处理的高含水渣土被分级分离为粗砂、中细砂、干化泥饼和清水，待运输体积减小，实现了减量化处理；得到的三种固相和水均可再利用或外售，实现了变废为宝，实现了盾构渣土资源化再利用；盾构渣土当前直接外运堆场处理的方式有诸多上述提到的环境风险，经本系统处理后可运输，无环保风险，物料均可再利用，完美避免了环境风险，实现了环保化处理。渣土处理实例如图 9.12 所示。

图 9.11　深圳地铁 14 号线坑－沙区间盾构渣土环保处理系统实物布置图

图 9.12　深圳地铁 14 号线坑-沙区间盾构渣土环保处理现场实物图

9.5　绿色隧道废水处理技术

9.5.1　隧道废水概述

随着隧道及地下工程项目的增加,其产生的废水也急剧增加。隧道作业废水主要污染物包括:颗粒物及悬浮物、油类、炸药残余物、少量有机物、盐类等。这些污染物在废水中的浓度与工程作业情况关系密切,但各项指标又有相同的趋势。一般隧道工程废水排放水质须达到《污水综合排放标准》(GB 8978—1996) 中一级标准,详见表 9.12。

表 9.12　《污水综合排放标准》一级标准主要污染物限制

项目	pH	SS/(mg/L)	COD/(mg/L)	石油类 /(mg/L)	氨氮 /(mg/L)
标准值	6~9	≤ 70	≤ 100	≤ 5	≤ 15

1. 隧道作业废水来源

根据隧道工程所在的作业环境及作业工艺,隧道废水来源主要有穿越不良地质单元、作业机械、喷射混凝土和注浆等。

1) 隧道穿越不良地质单元时产生的废水

在穿越山体过程中通常会遇到断层、暗河等不良地质单元,此时围岩孔隙中的地下水 (孔隙水水源、裂隙水水源、岩溶水水源)、地表水水源,在压力作用下涌出,称为涌水。量大、势猛、突发的涌水称为突水。涌水受作业工作面地质条件影响极大,因此水量变化较大,不易准确预测。由于涌水通常为地下水,一般情况下水质良好,没有人为污染。但在某些特殊地质条件下,涌水中离子组成异常，Ca^{2+}、Na^+ 等离子浓度较大，涌水表现为高盐度、高矿化度的特性。

2) 作业机械产生的废水

大型作业机械在隧道作业中应用广泛，在使用过程中，作业机械由于工况及维护等因素，常发生燃油、润滑油、液压油等油脂泄漏。隧道作业现场通常伴随地下涌水、围岩渗水等现象，所以逸散或泄漏的各种机械油脂极易进入这些废水，并在排放时造成污染。

3) 钻爆作业中爆破后用于降尘产生的废水

钻爆法是目前隧道开挖常用的作业方法，通过钻孔、装药、爆破，开挖岩石。爆破作业后，常通过用水喷淋工作面以达到降尘的目的。此类废水中含有大量爆破产生的粉尘，同时爆破使用的炸药在爆炸后还会产生一系列反应产物，这些物质也会在喷淋降尘过程中进入废水，排放后造成污染。

4) 喷射混凝土和注浆产生的废水

隧道开挖后需要进行支护作业，稳定围岩，防止塌方等事故。在开挖山体涌水、渗水现象严重时，还需进行注浆堵水作业。喷射混凝土是常用的支护作业原料，注浆材料通常为水泥水玻璃溶液。在作业过程中，水泥砂浆、注浆的流失产生的废水表现为 pH 异常，碱度升高。而且，喷射混凝土及注浆液中往往还含有一定量的减水剂、凝固剂等化学物质，这些助剂通常为高分子有机合成物，随废水排放也会造成一定污染。

2. 隧道废水的特点

隧道在作业过程中，水质和水量的变化情况是极其不稳定的，在不同的作业时段、不同季度的作业和不同地区的工地有很大的不同。作业废水的主要成分有岩屑、泥浆、有机处理剂、无机盐等。隧道作业废水一般为碱性。隧道作业过程中大量使用的混凝土、焊强剂等材料，水解后会产生钙的硅酸化合物和钙的氢氧化物等物质，它们在水中表现为碱性，这是造成水中 pH 升高的原因之一。化学需氧量（COD）、氨氮、总磷等含量均较低，大部分符合污水综合排放一级标准。

9.5.2 隧道废水处理技术

1. 隧道废水处理现状

发达国家对废水处理技术研究较早，在 20 世纪 90 年代开始对隧道废水进行了专项研究。有人采用化学反应＋微滤处理合成的方法处理隧道作业废水，能有效降低废水的浊度。还有人用两步微滤和反渗透系统对隧道废水进行处理，反渗透系统可以显著降低隧道废水中的高浓度盐度。我国也在公路、铁路建设中的作业废水处理方面做了大量的研究和尝试。由于隧道废水水质特点及作业场地、时间周期等的影响，隧道废水处理目前主要采用的是物理化学方法，包括沉砂、混凝、沉淀、气浮、过滤和吸附等。

2. 隧道废水处理工艺

隧道废水大多属于高悬浮物、低 COD、含少量氮磷等营养物、无重金属等有毒有害物质的无机污染性废水，所以隧道废水处理的一般流程为：混凝＋沉淀＋过滤＋吸附。

1) 沉淀

沉淀法是污水处理中一种最基本的物理处理方法，它利用重力使得污水中的悬浮物质缓慢下沉，从而达到分离去除污染物的目的。沉淀法所需要的设备即沉淀池。按照设计水流方向的不同，沉淀池可分为平流式、竖流式、辐流式及斜管 (板) 等，它们各具优缺点，在污水处理中可根据其自身的特点进行挑选。沉淀池是污水处理中最广泛采用的固液分离设备，可设置于污水处理流程中的不同位置，而达到不同的处理效果。如设置在污水处理的预处理环节，用于去除污水中较易沉淀的物质，这类沉淀池被称为沉沙池；设置于生物处理构筑物前，用于去除悬浮有机物以减轻后续生物处理的有机负荷，这类沉淀池被称为初沉池；设置于生物处理单元后，用于分离生物处理工艺中产生的活性污泥和生物膜，以达到水质澄清，这类沉淀池被称为二沉池；设置于絮凝处理单元，用于絮凝处理后的固液分离，这类沉淀池被称为絮凝沉淀池。

2) 混凝沉淀

混凝沉淀是在混凝剂的作用下，使废水中的胶体和细微悬浮物凝聚成絮凝体，然后予以分离去除的水处理法。混凝沉淀法在水处理中的应用是非常广泛的，它既可以降低原水的浊度、色度等水质的感观指标，又可以去除多种有毒有害污染物。污水混凝过程是污水处理中最基本也是极为重要的处理过程，絮凝体具有强大吸附力，不仅能吸附悬浮物，还能吸附部分细菌和溶解性物质。絮凝体通过吸附，体积增大而下沉。在水处理中，能够使水中的胶体微粒相互黏结和聚结的物质称为混凝剂。混凝剂大致分为无机混凝剂和有机混凝剂两类。常用的无机混凝剂有硫酸铝、明矾、铝酸钠、聚合铝 (PAC)、硫酸亚铁、硫酸铁、氯化铁、聚合铁，常用的有机混凝剂有聚丙烯酰胺 (PAM)。混凝剂在混凝过程中的作用，以及此过程中伴随的一些物理化学作用，使得能够除去水中的胶体物质。混凝作用主要体现在：混凝沉淀工艺在水处理中的应用已有几百年的历史，与其他物理化学方法相比具有出水水质好、工艺运行稳定可靠、经济实用、操作简便等优点。

3) 过滤

在废水处理中，过滤常作为吸附、离子交换、膜分离法等的预处理手段，用于生化处理后的深度处理，使滤后水达到回用的要求。过滤的机理可分为阻力截留、重力沉降和接触絮凝三种。当废水流过滤料层时，粒径较大的悬浮物颗粒首先被截留在表层滤料的空隙中，从而使此层滤料间的空隙越来越小，截污能力随之变得越来越高。结果逐渐形成一层主要由被截留的固体颗粒构成的滤膜，并由它起主要的过滤作用。这种作用属于阻力截留或筛滤作用。重力沉降强度主要取决于滤料直径和过滤速度。滤料越小、沉降面积越大、滤速越小则水流越平稳，这些都有利于悬浮物的沉降。由于滤料有较大的表面积，它与悬浮物之间有明显的物理吸附作用。此外，砂粒在水中表面常带有负电荷，能吸附带有正电的铁、铝等胶体，从而在滤料表面形成带正电的薄膜，进而又吸附带负电荷的黏土及多种有机胶体，在砂粒上发生接触絮凝。

4) 吸附

废水吸附处理法是指利用多孔性固体 (称为吸附剂) 吸附废水中某种或几种污染物 (称为吸附质)，以回收或去除某些污染物，从而使废水得到净化的方法。但吸附法对水的预处理要求高，吸附剂的价格昂贵，因此在废水处理中，吸附法主要用来去除废水中的微量污染物，达到深度净化的目的。或是从高浓度的废水中吸附某些物质达到资源回收和治理目的，如废水中少量重金属离子的去除、有害的生物难降解、有机物的去除、脱色除臭等。

9.5.3　隧道废水处理工程案例

1. 案例背景

本案例主要以贵阳地铁3号线某项目盾构隧道废水处理系统进行简要介绍，该项目在地铁隧道作业过程中,盾构掘进会产生大量泥浆水和泡沫,且场地受限,直接排放会影响周围环境。该项目平面布置及实物设备见图 9.13 和图 9.14。

该项目作业废水主要含有泥，其次是少量细沙、冲洗泥沙等，废水的特征污染物为悬浮物 (SS)，污水中颗粒呈悬浮和胶体状态。结合该项目废水特性，确定以沉淀为主体处理工艺，粗大颗粒依靠自然沉淀作用去除，细小颗粒和胶体需投加混凝剂和助凝剂进行物化反应，利用压缩双电层、网捕卷扫、吸附架桥等作用将其去除。该项目作业废水以高效混凝、加速沉淀、机械过滤为主要处理技术，经处理以后的作业污水可达到《污水综合排放标准》(GB 8978—1996) 中一级标准，处理后的出水可用于饲养鱼景观。

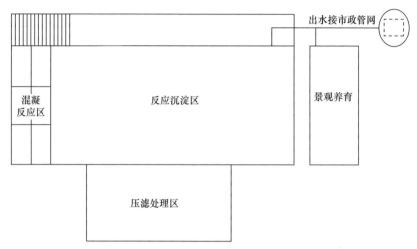

图 9.13 贵阳地铁 3 号线某项目废水处理平面布置示意图

图 9.14 废水一体化处理设备

2. 应用情况

1) 工艺流程

废水处理工艺流程图如图 9.15。废水经收集后进入调节沉淀池，均匀水质水量。达到一定水位后，由水泵自动将废水泵入高效反应沉淀槽中，同时加入混凝剂和助凝剂，去除水体中的大部分悬浮物等不溶于水的大颗粒物质。出水沉淀后直接达标排放，部分出水可回用，如洗车、冲洗管片等作业用水及景观鱼饲养等，污泥排入压滤机压干后直接外运。废水处理系统设计采用自动运行方式，调节池水泵达到设计水位后自动启动，同时自动启动混凝沉淀系统反应装置，压滤机采用全自动脱模设计，水处理完成后，系统设备自动停止运行。该系统无需专人值守，安全稳定，性价比高，实现了真正意义上全自动运行。该污水处理装置设计处理量30~80m³/h，日处理量可达720~1920m³。

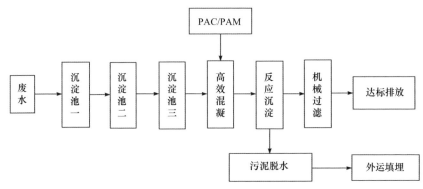

图 9.15　废水处理工艺流程图

2) 应用效果

参考项目作业废水取样的参数均值，原水水质指标见表 9.13，处理后水质指标见表 9.14，废水处理系统规模见表 9.15，废水处理实物见图 9.16。

表 9.13　原水水质指标

序号	污染物名称	数值
1	pH	7~8.5
2	SS	1000~2000(mg/L)
3	浊度	≤ 1000NTU

表 9.14　处理后水质指标

序号	污染物名称	数值
1	pH	7~8.5
2	SS	50~100(mg/L)
3	浊度	≤ 50NTU

表 9.15　城市地铁隧道废水处理系统规模

设备及系统名称	规格	数量	结构形式
废水调节沉淀池	$200m^3$	1 座	钢混凝土结构
调节池废水提升泵	$Q=30m^3/h$，$H=10m$	1 台	液下泵
高效反应沉淀设备	—	1 座	钢结构
污泥脱水系统	$30m^2$	1 套	钢结构
加药系统	500L/300L	2 套	

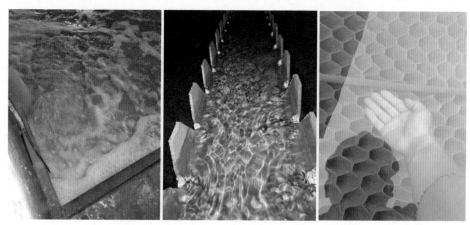

图 9.16　贵阳地铁 3 号线某项目废水处理实物图

贵阳地铁 3 号线某项目废水处理系统运行效果良好，经系统处理后水质清澈透明，达到国家一级排放标准，压滤出的渣土接近地层开挖的原状土，经处理后渣土可用于农业资源化或作为林业用土，以及进行生态护岸、生态绿化等，还可以构建兼有弃土消纳和水质净化功能的人工湿地系统，可因地制宜地对处理后的渣土进行资源化利用。

9.6　绿色隧道作业噪声控制技术

9.6.1　隧道作业噪声概述

噪声污染是世界四大环境污染问题之一，随着城市化进程的持续加快，在隧道工程建设项目中普遍存在噪声超标现象。按建设和运营阶段的不同，隧道噪声可分为作业噪声及交通噪声。在 20 世纪 70 年代欧美等发达国家和地区对隧道交通噪声进行了系统研究，而对隧道作业噪声的研究多集中在 20 世纪 90

年代。

　　隧道属于半封闭空间，噪声难以快速消散，并且经壁面多次发射和叠加，产生相对于开放空间更大的噪声值，且混响时间长，极易使人产生烦躁和紧张等情绪。在隧道建设过程中，高分贝的环境噪声可能引起现场人员生理和心理上的不良反应。处于运营过程中的隧道内，噪声也严重着影响周边居民及驾乘人员的生活、工作和休息。

9.6.2　隧道作业噪声的来源与分析

　　1. 隧道作业噪声的来源

　　在隧道作业环境污染中，噪声是最严重的污染现象之一，客观来讲也是极难避免的。作业现场的噪声主要来源于以下几个方面：

　　1) 机械噪声

　　机械噪声是由现场各类型作业机械本身引起的，与整个作业场地相比，通常可视为点声源。不同的作业机械，如凿岩机、挖掘机、装载机，以及隧道内运输车辆等，发出的噪声的特点也是不同的，但基本都超过了人体可以承受的范围，从而对作业人员和周边居民产生巨大的影响，是作业噪声中影响较为严重的一部分。

　　2) 现场作业噪声

　　现场作业噪声是作业过程中，作业机械运行时与建筑材料或地面之间的碰撞、切割、打磨声等。例如，凿岩机在工作时撞击岩石的声音、混凝土灌注时振捣的声音、切割机切割钢筋的声音等，这些噪声的瞬时声压级可能达到 70dB 以上，产生严重的污染。

　　3) 碰撞噪声

　　碰撞噪声主要包括搬运或车辆装卸过程中的碰撞发出的噪声，还有装卸脚手架、模板等发出的分散的噪声，以及工人的敲击声、金属材料撞击声等，通常是瞬时噪声。

　　4) 作业人员噪声

　　作业人员噪声主要是现场工人的呼喊声、机器对讲声或较为吵闹的喧哗声。

　　2. 隧道作业噪声控制分析

　　1) 隧道作业噪声的强度

　　结合隧道作业工况，以钻爆法隧道作业为例，在选用常规装备组织作业的条件下，实测隧道内噪声值见表 9.16。

表 9.16　钻爆法隧道常规装备作业噪声实测值

作业设备	距声源 1m 处噪声 /dB(A)	距声源 50m 处噪声 /dB(A)
凿岩台车	100~110	80~90
爆破	120~150	110~130
传统出渣方式 (挖掘机 + 装载机 + 无轨运输)	70~80	50~60
初支 (拱架安装 + 混凝土喷射)	55~65	50~60
仰拱作业	55~65	50~60
二次衬砌作业 (钢筋 + 防水板 + 模板台车 + 混凝土浇筑)	70~90	60~70
通风机	55~60	40~45
其他设备及碰撞声	60~85	50~70
对讲机及工人喧闹声	55~65	40~45

2) 隧道作业噪声的特点

(1) 间歇性。常规隧道作业需要应用到多种机械设备，每道工序及设备都有着其固定的工作节奏，产生的噪声污染也有间歇性。如进行爆破作业时，从起爆到排险结束开始出渣，平均时间为 60min；在进行二次衬砌作业时，钢筋绑扎、模板安装到混凝土浇筑也存在工序间歇；进入作业现场车辆也有着间歇的时间规律等。

(2) 强度大。隧道内作业噪声不仅是能量形式，而且属于物理污染，在洞内还存在噪声叠加，并最终形成高强度的噪声污染。

(3) 复杂化。隧道工程作业过程涉及很多环节，噪声污染源呈复杂化，而其产生因素也较为多样化，如机械设备、人为因素、工艺水平和排放强度等，使得噪声污染的防治难度较大。

9.6.3　隧道作业噪声控制技术

隧道噪声控制是研究如何控制噪声使其在隧道建设过程中不超过人们可容忍程度的科学技术，它包括噪声相关的措施、政策、社会措施及噪声控制技术等。隧道噪声控制通常从声源控制、传播控制以及接受者保护三种方式入手，对隧道声源、声音传播途径和接受者三个对象采取措施进行控制，通常采用吸声、减振、隔声等方式，使环境中的噪声降低到允许范围。噪声控制最重要的方法在于声源处噪声的控制，其次是传播过程中的噪声控制。

1. 隧道作业装备噪声控制技术

根据噪声控制的三种方式，针对隧道作业噪声来说，最为有效的是在声源处控制噪声。由表 9.16 可知，爆破作业时噪声强度最大，凿岩台车以及出渣和二次衬砌作业时噪声强度其次，但在常规作业方式条件下，爆破作业、凿岩作业以及二次衬砌作业产生的噪声是不可避免的，且属于在声源处无法控制或控制效果不明显的关键环节。对此，通过国内外科研机构、高等院校、隧道装备制造企业及施工单位的通力合作，提出了绿色隧道建造成套技术，如链锯式开挖技术、装配式作业技术、通风环保技术、隧道皮带出渣技术、洞内有轨运输技术等。结合现场效果对比，这些新技术的运用大大降低了隧道内作业噪声。隧道新型装备作业噪声值见表 9.17。

表 9.17　隧道新型装备作业噪声值

作业设备	距声源 1m 处噪声 /dB(A)	距声源 50m 处噪声 /dB(A)
链锯式开挖机	80~90	65~75
装配式钢筋安装机	60~65	45~50
新型隧道除尘车	50~55	40~45
皮带出渣系统	50~60	45~55
有轨运输系统	55~60	50~55

为了从声源处有效控制建筑作业噪声污染，在引入新装备的同时，作业过程中还需选用先进的作业技术，加强设备保养，降低设备运转能耗。还可在声源处安装不同的噪声消声装置，如阻性消声器、抗性消声器和阻抗复合消声器等，从源头上减少噪声污染。

2. 隧道作业人员噪声防护技术

众所周知，人体长时间地处于高分贝噪声环境下，将会造成听力受损或失聪，且时间越长受损越严重。目前，在隧道作业中对于那些直接暴露在噪声中的作业者采取佩戴防护耳罩、耳塞等措施，这些措施虽能减小受伤害程度，但效果均不理想，且佩戴防护耳罩或耳塞对正常通信也造成了一定影响。因此，国内某隧道装备企业研制了智能安全帽，集传统安全帽、通信和噪声防护于一体，样式如图 9.17 所示。

图 9.17　智能安全帽

智能安全帽可通过视频和音频等方式在管理人员和救援队员之间进行业务调度，查看实际使用状况。采用惰性电极和脑电采集电路，具有本体报警、后台报警、UWB 定位、声音提示与通话，并可根据现场需要配置不同类型的传感器，可实现应急报警和区域报警等功能，是隧道作业人员的理想防护用具。

9.7　绿色隧道新型建筑材料

9.7.1　隧道新型建筑材料概述

近年来，隧道的数量在增加，隧道的长度也有所突破，如长度达 32km 的关角铁路隧道、具有世界领先水平的锦屏水电站隧道群、长 18km 的终南山公路隧道、超过 80km 的大伙房输水隧洞等。一方面突出表现在作业技术的现代化上，如大型的机械化作业设备和新工艺的应用，另一方面则表现在高效环保的建筑材料在隧道建设中逐步得到推广应用。新材料的应用大大改善了隧道作业环境，提高了作业效率，确保了隧道作业安全，同时伴随着工程建设的快速发展，相关材料生产公司加大研发力量，欧洲发明了自愈混凝土，日本研究出废旧混凝土绿色、碳中和再生技术，中国公司积极开展自主创新，研发了大量具有高性价比的隧道建筑材料。

本节选取有代表性的新材料进行简要介绍，包括锚杆、混凝土、防排水材料及其他材料等，希望能够为我国隧道建设者提供一些有益的借鉴，共同促进我国隧道技术的进步。

9.7.2　新型锚杆

锚杆技术作为一种主动支护手段应用在隧道工程中，通过改变围岩的力学特性，提高围岩承载能力，表现出诸多优势，成为隧道围岩支护的最主要形式。锚杆的分类方法较多，通常有以下几种：按应用对象分为岩石锚杆和土层锚杆，按有无施加预应力分为有预应力锚杆和无预应力锚杆，按锚固理论分为有黏结型锚杆、摩擦型锚杆、端头锚固型锚杆和混合型锚杆，按使用年限分为临时性锚杆和永久性锚杆，按形成方式分为钻孔锚杆和自钻孔锚杆等。

随着人们对地下空间开发力度的不断加大，为了适应更加复杂的地质环境以及更高的工程建设要求，锚杆的种类趋于更加多样化。如深埋隧道所处地质环境往往会遇到高地应力、高温差、高渗透压等复杂特征，制造过程中，如果支护措施不当，往往会造成恶性事故和重大灾害。普通的黏结型或机械型锚杆，由于变形导致抗压能力差，易丧失锚固力，导致围岩失稳破坏。屈服型锚杆可在保持锚固力的前提下与围岩共同协调变形，从而使地应力得以平稳释放。国内外已开发出了多种屈服型锚杆，但对其研究仍有很多工作有待继续。同时，由于锚固工程属于隐蔽性工程，再加上工作环境和作业条件恶劣等原因，锚固工程的耐久性问题仍未得到好的解决，而非金属锚杆具有良好的抗腐蚀性能，在锚固工程中具有广阔的应用前景，但目前关于非金属锚杆的研究和应用总体上还比较少。下文将举例介绍目前国内投入使用的几种新型锚杆。

1. 新型胀壳式锚杆

涨壳式锚杆通过对螺帽施加压力，使杆尾锚固件胀开，锚杆头垫板卡住围岩，从而对岩体施加压力，形成岩体内部凝结力，提高岩体抗剪力，在一定范围内形成初始压力拱，并通过注浆固结围岩，使软弱围岩整体受力。

郑万高速铁路某项目试用了一种新型胀壳式锚杆，该新型锚杆相对于原中空组合锚杆，具有组装快捷、操作简单等特点。新型锚杆安装后，通过在孔口施加预应力，可使胀壳头及时张开与围岩形成一个整体，在锚杆长度范围内将围岩锁住共同受力，有效控制了围岩的松动和变形；注浆后改善了围岩的力学性能，提高了裂隙的黏聚力和内摩擦角，增大了岩体内部块间相对位移的阻力，使破碎岩块胶结成整体，形成承载结构，提高了围岩的整体稳定性，充分发挥了围岩的自稳能力。但该新型锚杆钻孔孔径要求较大，普通风钻钻头较小，如采用大钻头，则钻进速度较慢，钻孔耗时较长，因此不太适用于普通机械配置段作业。

2. 玻璃纤维增强塑料锚杆

玻璃纤维增强塑料锚杆 (glass fiber reinforced polymer bolt) 是一种高效、经济的支护材料，和传统的支护材料相比，具有质轻、高强、耐腐蚀和便于安装等特点，但也有韧性不好、易脆断的缺点。

目前，玻璃纤维增强塑料锚杆已在国外得到广泛应用。玻璃钢是树脂基复合材料的俗称，是一类重要的复合材料。它是以合成树脂为基体材料，以玻璃纤维及其制品为增强材料组成的复合材料。树脂基复合材料具有强度高和模量高、力学性能可以设计、抗疲劳性能好、成型工艺比较简单的特点，而且还可以根据使用条件的要求进行设计和制造，以满足各种特殊用途，从而可以极大地发挥工程构件的效能。

3. 恒阻大变形锚杆

恒阻大变形锚杆 (索) 技术是何满潮院士团队自主研发的一种新型锚杆，该锚杆主要由恒阻装置和弹性杆体组成，适应于软岩巷道、深部巷道的围岩支护，可以有效控制冲击地压等工程灾害。

传统刚性锚杆允许巷道围岩的变形量一般均在 200mm 以下，不能适应巷道围岩大变形破坏，易被拉断失效。恒阻大变形锚杆最大的特点就是能提供恒定工作阻力和稳定变形量，通过室内力学特性试验结果表明，其恒阻范围内累计变形量最大值可达 1000mm。该锚杆已在我国典型深部软岩矿井巷道支护进行了现场科学试验，效果良好。

9.7.3　新型混凝土材料

混凝土凭借其优良的使用性能以及低成本的优势被广泛应用于土木工程建设中，随着科学技术的不断发展，人们对于混凝土质量有着更高的要求，越来越多新型混凝土材料随之出现，对于整个建筑行业的发展起到了非常重要的作用。在土木工程领域进行新型混凝土材料的应用，已经成为土木工程建设的必然发展趋势。本节对隧道建设中新型混凝土材料的应用意义进行了分析，主要从高性能活性微粉混凝土、高性能喷射混凝土等方面对新型混凝土材料的使用进行分析，可供应用参考。

新型混凝土基于传统混凝土，在制造过程中增添如矿物质、碳颗粒等物质成分，按照一定的比例搭配形成，与传统混凝土相比，有着更加优良的使用性能，还可以极大地节约建设成本，避免环境污染等问题的出现。

混凝土是现今土木建筑工程中最常用、最主要的建筑材料，具有丰富多样的原材料、简单的生产制备技术、较低的生产成本等特点。同时由于混凝土具有良好的耐久性、较高的强度，使混凝土材料的使用量变得越来越大，在工程上的应用范畴也越来越广泛。但随着社会经济技术的快速发展以及人民对建筑功能和形式有了更高标准的需求，使得建筑物的整体结构也不断朝着超高、超强、超长的方向发展，特别是随着隧道及地下工程的不断开发，所面临的地质条件也异常复杂，因此对混凝土材料的强度、耐久性以及作业性能也提出了更多更高的要求。为了适应这一系列的发展要求，混凝土材料需要提高科学技术水平，在今后的各种条件要求下，将越来越多地使用高性能、高强度混凝土。

1. 高性能活性微粉混凝土

1) 材料简述

高性能混凝土 (high performance concrete，HPC) 是在普通混凝土的基础上采用现代混凝土技术制备的各项性能优良的混凝土。高性能混凝土已广泛应用于房屋建筑、地下建筑、水下建筑、桥梁交通等土木建筑工程的各个领域中。高性能混凝土的研究及应用极大地促进了建筑工程的发展，并推动了混凝土技术的进步，更加完善了混凝土理论研究。然而高性能混凝土存在着诸多问题仍然需要解决，如存在高脆性，对结构的抗震性能、耐火强度的影响以及其低水灰比造成混凝土收缩变形大等问题。

为了满足建筑的更高要求，对高性能混凝土的研究也越来越多。活性微粉混凝土 (reactive powder concrete，RPC) 就是高性能混凝土中的一种，它主要特点是具有超高的强度、很好的耐久性以及很高的密实度，大大地克服了混凝土材料高脆性的弱点，可以有效防止混凝土的脆性破坏。活性微粉混凝土于1993年由法国布伊格工程公司以理查德教授为首的研究小组率先研发成功。与普通混凝土相比，活性微粉混凝土具有高强度、高耐久性、高韧性及高温适应性良好等特点。活性微粉混凝土性能的优越性主要是因为对骨料和砂浆过渡区及混凝土内部结构有了很大的改进。通过选择石英砂作为骨料，大约0.5mm的最大粒径，提高材料的均匀性；通过增加材料细度达到活性微粉混凝土最大的混凝土填充密实度，减少内部缺陷；在混凝土成型的过程中施加一定的压力，降低混凝土内部孔隙率，并采取高温湿热养护来加速材料的水化反应，强化水化物之间的结合力；微细高强钢纤维的掺入提高了材料的抗弯折强度及其韧性。

2) 材料性能及市场应用

作为一类新型水泥基复合材料，目前已有很多国家将活性微粉混凝土应用于各类工程项目中，获得了较大的经济及社会效益。活性微粉混凝土的应用前景可观，可以应用于预制结构产品、抗震结构、钢管混凝土等领域，如应用于城市地铁盾构隧道管片，可轻量化减薄管片厚度，从而满足在同等净空条件下缩小开挖断面，降低工程造价等。

3) 应用案例

法国布伊格工程公司在 1996 年与美国陆军联合开发和生产了大跨预应力 RPC 梁、高强预制桥路面板、压力输送管道、污水过滤板和高放射性废物回收储存容器以及其他活性微粉混凝土制品，这是活性微粉混凝土材料在世界上的首次成功应用。2003 年 10 月，北京五环路斜拉桥 RPC 空心板电缆槽盖板完成安装并交付使用，这是活性微粉混凝土材料在我国桥梁工程中首次大规模的示范性应用。

2. 高性能喷射混凝土

喷射混凝土技术作为隧道初期支护的一种必需手段，对围岩稳定性控制起着重要的作用。一些隧道的埋深大、应力高、岩体结构复杂，且地质构造活动强烈，造成大量的喷射混凝土层存在开裂、渗水、脱落等现象，进而引起整个支护系统的失效，导致隧道大变形和塌方，并有可能造成人员伤亡、环境破坏严重、经济损失巨大。喷射混凝土是隧道围岩中非常行之有效的支护手段，已有上百年的历史，随着新材料、新工艺、新理论的发展，至今仍保持着鲜活的生命力，取得了较好应用。

喷射混凝土主要起到密闭围岩、分配外力，与锚杆、钢拱架等形成整体支护结构的作用，隧道初期支护几乎承受围岩的全部荷载，对隧道围岩稳定性至关重要。普通喷射混凝土为脆性材料，变形能力差、强度低，在承受外荷载时，易产生开裂，进而导致支护结构的失效，给工程安全带来隐患。并且，由于喷射混凝土材料、工艺的特殊性，喷射混凝土材料存在大量浪费，强度偏低、离散性大，喷射效果不理想，无法有效发挥对围岩的支护作用。为了适应这一系列要求，喷射混凝土亟待提高科学技术水平，以满足隧道及地下工程发展需要。

1) 材料简述

喷射混凝土是采用压力喷枪喷涂灌筑细石混凝土的作业法。喷射混凝土主要分为两种工艺，即干喷和湿喷。初始阶段，主要使用干喷混凝土，将砂、石、水泥和粉状速凝剂加入干喷机中，用压缩空气通过软管压送至受喷面；湿喷混凝土是将砂、石、水泥和水拌和均匀后，在喷嘴处加入液体速凝剂，用压缩空气通过软管压送至受喷面。喷射混凝土与围岩的相互作用机理非常复杂，而速凝剂是喷射混凝土中一种必需的外加剂。速凝剂能使混凝土快速凝结硬化，增大一次喷射厚度，提高混凝土早期强度，速凝剂的品质和掺量对喷射混凝土的性能有较大影响。速凝剂分为粉状和液体两种类型，粉状速凝剂主要用于干喷混凝土，液体速凝剂主要用于湿喷混凝土，随着湿喷技术的大面积推广，液体速凝剂应用越来越广泛。

速凝剂是喷射混凝土中必不可少的外加剂，起到使混凝土速凝、快硬的作用，防止喷射混凝土因自重而从围岩表面脱落，形成较高的早期强度，提高围岩稳定性。速凝剂品质的好坏对喷射混凝土作业和喷射混凝土力学性能均有较大的影响。

速凝剂种类较多，从粉状到液体，从高碱到低碱或无碱。最早的速凝剂是由瑞士及奥地利生产的西卡 (SIKA) 碱性液体速凝剂，主要成分为硅酸钠，对人体皮肤有强烈腐蚀性，适宜掺量在 4% 左右，初凝时间 2min 以内，终凝时间 4min 左右。为改善混凝土性能和降低腐蚀性，人们进行了有机无机复合速凝剂的研制，取得了较好的速凝效果，其中较为典型的新型液体速凝剂有低掺量钾盐液体速凝剂和无碱高效液体速凝剂。

2) 材料性能及市场应用

(1) 低掺量钾盐液体速凝剂。低掺量钾盐液体速凝剂的母液主要由氢氧化钾和氢氧化铝两种原材料组成，具有掺量低、促凝效果好、稳定性好、与水泥适应性强的特点。低掺量钾盐液体速凝剂掺量为 1.5%~3.0%，净浆初凝时间 2min 左右，终凝时间 5min 左右，砂浆 28d 抗压强度比在 90% 以上，均满足规范要求。低掺量钾盐液体速凝剂与不同品牌水泥均具有良好的适应性，长时间放置不产生沉淀和结晶，具有较好的稳定性。

(2) 无碱高效液体速凝剂。现有无碱液体速凝剂掺量较大、凝结时间长、与水泥适应性差，长时间放置，溶液易产生沉淀；而无碱高效液体速凝剂，具有掺量小、促凝效果好、溶液稳定性好、适应性强的特点。无碱高效液体速凝剂掺量为水泥质量的 5%，满足规范要求，并随着速凝剂掺量的增大，促凝效果更好。该液体速凝剂的固含量能达到 65% 以上，且保持溶液稳定不结晶，与不同水泥适应性好，对喷射混凝土后期强度增长有利。

目前两种液体速凝剂均进行了大规模的工业化生产，应用于多条隧道工程，现场使用效果良好。

9.7.4　新型防排水材料

隧道及地下工程如果没有可靠的防水措施，地下水就会侵入隧道，对隧道衬砌和各种通风、照明、消防等设备造成侵蚀，会危害到隧道的运营和使用寿命。因此，隧道不渗漏是保证隧道长期使用的重要条件，而防排水处理质量又是衡量隧道等地下工程整体质量的重要指标之一。本节简要叙述聚脲防水材料、高渗透改性环氧树脂防水防腐涂料、新型丙烯酸盐灌浆材料等，可供参考借鉴。

1. 聚脲防水材料

20 世纪 90 年代，继高固体分涂料、水性涂料、辐射固化涂料、粉末涂料等低污染涂装技术之后，为适应环保需求，国外研发了一种新型无溶剂、无污染的绿色作业技术——喷涂聚脲弹性体(spray polyurea elastomer，SPUA)，即聚脲防水材料。

聚脲防水材料克服了各类传统防水材料存在的缺点，是目前国际上最先进的防水材料和作业技术之一。与传统的防水卷材或涂料相比，该材料具有以下优点：①快速固化，可在任意曲面喷涂成型而不产生流挂现象，5s 凝胶，10min 即可达到步行强度；②对水分、湿度不敏感，作业时不受环境温度、湿度的影响；③ 100% 固含量，不含挥发性有机化合物(VOC)，属新型环境友好型材料；④物理性能优异，如拉伸强度高、伸长率好，经受冷热交替和应力变化后不易开裂；⑤涂层连续、致密、无接缝，抗渗透性强，防水、防渗漏效果极佳；⑥与底材附着力好，不起泡，不空鼓；⑦耐候性好，户外长期使用不粉化、不开裂、不脱落；⑧作业后不需要维护，节省了昂贵的维护费用。

聚脲防水材料具有优良的物理性能，在伸长率相当的情况下，其强度是聚氨酯防水涂料的 5 倍以上，其他物理性能也都有不同程度的提高。聚脲防水材料比传统的橡胶防水板和防水涂料更适合在隧道工程中应用。

美国北卡罗来纳州的一条高速公路隧道由于存在渗漏问题，导致基础结构逐渐老化，电气线路短路，长时间的腐蚀甚至导致岩石存在滑塌的危险。通过广泛的调研，州政府决定使用聚脲防水材料对隧道进行修复，这主要基于聚脲防水材料具有防水好、耐老化、附着力好、可低温作业等优点。作业后的聚脲弹性好，混凝土接缝处不易渗漏。在 1.25mm 厚的浅黄色聚脲表面再滚涂作业0.4mm 厚的脂肪族聚脲，从而形成一个光滑的表面，可有利于今后的清洁和保养。

2. 高渗透改性环氧树脂防水防腐涂料

混凝土是一种多孔性介质材料，在应用过程中腐蚀因子往往能够通过混凝土中的微细裂缝渗透于混凝土内部。混凝土的劣化导致构件结构性破坏将会造成严重的安全问题及经济损失，对混凝土表面实施防水防腐保护以延长其服务年限是工程应用的重要措施。为了获得一种成膜性能好、渗透性强的混凝土表面防水防腐涂料，国内相关科研机构经大量实验研究后研发了一种"高渗透改性环氧树脂防水防腐涂料"。该涂料以双酚 A 型环氧树脂 (E51)、糠醛、丙酮、酚醛改性胺、三苯酚 (二甲氨基甲基)(DMP-30) 以及助剂为主要原料。

高渗透改性环氧树脂涂料的固化机理为高渗透改性环氧树脂固化体系中环氧、丙酮、糠醛和胺类化合物两两之间能发生缩合反应。糠醛和丙酮、糠醛自身、丙酮自身都能聚合生成复杂的呋喃树脂与环氧树脂固化后的浆材能形成互穿网络结构，兼具环氧树脂和呋喃树脂的优良性能，如机械性能好、耐水、耐酸、耐碱、耐老化性能出众等。

高渗透改性环氧树脂防水防腐涂料可应用于管片防水防腐保护，具有初始黏度低、成膜性优异、表干时间短、耐水和耐酸、碱性能良好等优点，在 C30 标号等级混凝土表面的渗透深度达到 2mm。随着城市化进程的发展，大型基础设施不断建设，需要做大量的防腐防水保护工作，因此，高渗透改性环氧树脂涂料作为一种植根式的固结增强层，可以起到良好的防腐、防渗效果，对混凝土构件的保护将具有广阔的市场前景和社会效益。

3. 新型丙烯酸盐灌浆材料

丙烯酸盐灌浆材料的研究始于 20 世纪 40 年代，研究的初衷是为了代替丙烯酰胺灌浆材料，然而由于各种原因，其研究和应用进展缓慢，在永久工程防渗灌浆领域大量使用的仍然是丙烯酰胺灌浆材料，直到丙烯酰胺灌浆材料的毒性引起环境污染问题被限制使用后，丙烯酸盐灌浆材料才受到广泛关注。丙烯酸盐灌浆材料以水为溶剂，环保性好、黏度很低、可灌性好、凝胶速度快、凝胶体弹性非常好、渗透系数低、耐久性优异，在水利行业得到广泛的应用，并解决了水利行业许多防渗难题。鉴于需求量大且产品性能较差的现状，科研机构通过开展大量的研究实验，目前已自制了一种新型丙烯酸盐灌浆材料。试验表明，该灌浆料环保无毒且水溶性良好，可取代丙烯酸盐化学灌浆材料传统的交联剂甲撑双丙烯酰胺，解决甲撑双丙烯酰胺不易溶解和污染环境等问题，同时此种新型灌浆料的合成工艺简单方便、效率高。以该灌浆料为原料，在丙烯酸盐灌浆材料配方的基础上进行试验研究，优化了配方，材料性能得到了明显改进。对这种浆液和凝胶体的性能测试表明，新型丙烯酸盐灌浆材料黏度低，可灌入细微裂缝，凝胶时间从数秒到数分钟可调，固砂体抗压强度高，灌浆堵漏效果非常好。

新型丙烯酸盐灌浆材环保无毒，且能与丙烯酸盐单体溶液混溶，使得新型丙烯酸盐灌浆材更加环保,同时生产工艺得到改进,产品质量的稳定性等也得到改善。该新型丙烯酸盐灌浆材料黏度低、凝胶体弹性好、延伸性好、包水性和黏结性能优异,凝胶时间可从数秒到数十分钟可调,使用温度、引发剂含量、促进剂含量都可以调控凝胶时间,但是前两者的调控效果有限,最佳的调控方法是通过改变促进剂含量调整浆液的 pH,从而有效地调控凝胶时间,同时保持凝胶体的性能良好。

4. 新型丙烯酸盐喷膜防水材料

丙烯酸盐喷膜防水材料是以丙烯酸盐为基础材料,采用专用设备喷射到作业基面,瞬间形成防水膜的新型防水技术。喷射成膜防水法是针对隧道作业中防水板的缺陷而开发出的一种新型防水技术,包括喷涂防水材料、工艺和喷膜设备系统。材料组成为双组分,在分别加入氧化剂与还原剂后,通过专用高压无气喷膜系统,将配置好的两组药液等量输送至喷枪内混合,高速喷射到基面。该技术对作业环境无特殊要求,成膜质量均匀、无缝无接头、配久性好、作业快速方便、整体性好、无毒无味、阻燃,对环境无污染,且可自修复,其喷射成膜、自修复功能、水性材料代表当今防水技术的发展趋势。

丙烯酸盐喷膜防水材料性能要求及指标见表 9.18 和表 9.19。

表 9.18 丙烯酸盐喷膜防水材料原料性能指标

检验项目	A 液性能要求	B 液性能要求	试验方法
外观	白色或灰色悬浮液体	白色或灰色悬浮液体	目测
固体含量 /%	≥ 45	≥ 45	GB/T 16777
pH	10.0~9.0	10.0	pH 试纸检测
凝胶时间 /s	≤ 5		按相关规定执行

表 9.19 丙烯酸盐喷膜防水材料成膜性能指标

检验项目	性能要求	试验方法
断裂拉伸强度 /MPa	≥ 1.1	
扯断伸长率 /%	≥ 200	GB/T 16777
扯裂强度 /(kN/m)	≥ 5	
不透水性 (0.3MPa/30min)	无渗漏	

丙烯酸盐喷膜防水材料可通过调整产品配方,成为注浆堵漏的注浆料、防渗防潮的喷膜料、防火涂料、瓦斯封堵材料、各种构件的黏结防渗材料等。目前,丙烯酸盐喷膜防水材料已成功应用于国防军事、地下空间、特种工业、市政管廊、

水利水电、民用建筑等领域，累计多达上百个工程案例，社会经济效果显著。

9.7.5 盾构隧道注浆材料

为解决盾构隧道管片上浮问题，有企业研发了管片抗上浮注浆材料（简称AB料）和全自动注浆设备。AB料包含A料和B料两种成分，其中A料作用是促凝促强，B料作用是活性激发，其实物见图9.18。该产品配套相关的注浆工艺及过程控制方法，能达到更好、更快、更经济的注浆效果，以满足盾构作业抗管片上浮、防沉降、防漏水、减少砂浆向刀盘和地层中渗透流失，为快速掘进提供保障。通过调整A组分与B组分的配比，可有效控制注浆砂浆的稠化及硬化时间，以满足不同水文地质条件下砂浆稠化和硬化时间的要求；提高管片成型质量，有效减少二次注浆、质量缺陷修复费用；改善砂浆的渗透性，减少盾尾漏浆，降低砂浆的使用量；提高砂浆结实率，减少砂浆的收缩量。

 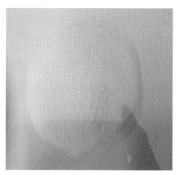

图 9.18 A 料及 B 料实物图

为了有效地使用 AB 料，有单位配套研发了一套 AB 料管片抗上浮注浆材料专用注浆系统（简称AB料同步注浆系统）。该系统采用精密添加仪器，高品质、高性能、高自动化程度，按需控制 A 组分、B 组分比例并进行同步注浆，实现对砂浆初凝时间的控制。AB 料用于盾构同步注浆作业中，促强干粉组分（A 组分）掺加到预拌水泥砂浆或混凝土中，液体激发剂组分（B 组分）配合使用，能够使砂浆或混凝土迅速凝结硬化并提高早期和后期强度的外加剂。AB 料可缩短凝固时间、减小体积收缩、提高早期强度且注浆更加饱满，从而达到控制管片上浮、错台、渗漏水、浆液注入量、地面沉降等情况出现的目的。

目前，AB 料同步注浆系统已在成都、南昌、榆林、合肥、沈阳、青岛、广州等多个城市地铁及地下管廊工程中成功应用，效果明显，解决了成型隧道管片上浮问题，减少了盾构隧道质量缺陷，并减少了后期管片防水堵漏、破损修复的费用，整体提高了成型隧道质量，并减少了后期修补的费用。同时，也在一定程度上缩短了作业工期、节约了管理成本。

9.8　隧道病害整治

9.8.1　隧道病害概述

1. 国内外现状

随着交通建设的迅猛发展，公路、铁路隧道的数量和里程迅速增加，其结构安全也越来越受到重视。隧道工程是一种地下工程，具有隐蔽性强、不可预见性强、作业环境差、作业条件受限制、危险因素多、地质复杂多变、时效性大等特点。经过数年的运营，由于地质条件恶化、衬砌材料劣化、动荷载影响、作业质量缺陷及设计欠合理等多因素影响，隧道病害问题长期存在。

日本从 20 世纪 80 年代起，对 4109 座运营隧道进行检测，发现存在漏水现象的隧道多达 48.7%；20 世纪 90 年代又对 6705 座运营隧道进行检查，发现仍有 23.9% 的隧道健康状态发生了恶化。挪威 1990 年统计发现，几乎国内所有的隧道都存在大范围的漏水、挂冰等病害。瑞士、德国、英国等国家一些隧道修建始于 19 世纪中后期，受各种因素的影响，目前多数隧道也存在着病害现象。

在我国，原铁道部工务系统于 1972 年对全国 94 座铁路隧道调查发现，存在衬砌开裂的数量占到了 93.2%。随后在铁路系统进行了大规模隧道质量调查，截至 2014 年底，发生病害隧道有 5990 座，占统计隧道总数的 52.4%。我国台湾地区在 1999 年对震后的 57 座隧道进行调查，结果显示有 85.9% 的隧道存在不同程度的病害。我国公路隧道目前尚未展开大规模的隧道病害调查研究工作，部分学者只进行了局部病害隧道统计。据不完全统计，我国目前 20%~30% 的公路隧道处于病害发育的亚健康状态，其中 65% 的隧道已经进入到养护维修期。随着我国大量运营隧道维护期的到来，在不久的将来，中国铁路及公路运营隧道将会从建设高峰期逐渐过渡到养护维修高峰期。

2. 隧道病害分析

结合历年来铁路及公路隧道病害统计数据，隧道病害按部位可划分为衬砌病害和隧底病害。隧道衬砌是承受地层压力、防止围岩变形坍落的主体建筑物，而隧底承担着传递车辆荷载的任务。衬砌作业质量主要与工程地质、水文条件、围岩特性，以及设计方案、作业方法等因素直接相关。

隧道病害包括衬砌渗漏水、衬砌开裂、衬砌掉块、衬砌表面腐蚀、隧底脱空、隧底上拱、衬砌厚度不足或背后空洞等，北方地区还存在冻害。以某铁路隧道病害为例，各类病害所占比例如图 9.19 所示。

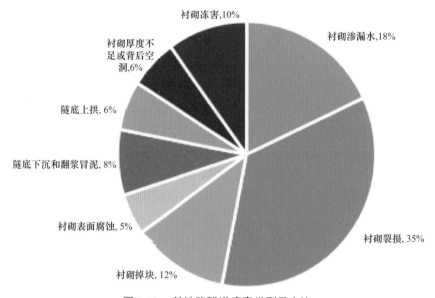

图 9.19　某铁路隧道病害类型及占比

1) 衬砌病害

衬砌病害主要有裂损、渗漏水、冻害、腐蚀等。裂损的类型主要有开裂、压溃、错动、掉块及组合工况；渗漏水类型有滴水、涌水、水蚀等；冻害类型主要有挂冰、冰锥、冰塞、冰楔、围岩冻胀、材质冻融破坏和冷缩开裂等；腐蚀分为物理性侵蚀和化学性腐蚀。

2) 隧底病害

隧底病害主要有整体道床裂损、仰拱或铺底裂损、上拱、空洞等。

9.8.2　隧道病害整治技术

日本及欧美发达国家相关学者最早发出了隧道病害警告，多年来通过技术创新及工程建设人员的共同努力，目前各国结合各自特点已逐步总结出了隧道病害成套整治技术，从隧道病害的检测和监测，到病害的处置及防治等方方面面进行了概括。

1. 国内外隧道病害整治成果

1) 国外隧道病害整治

在隧道病害整治领域，日本及瑞士处于世界领先水平。日本于 20 世纪 90 年代开始进行隧道病害整治技术研究。在病害检测评估方面，日本开发了病害诊治专家系统 TIMES.1，并在其国内铁路系统进行了应用，取得了较好的技术经济效益。该系统是由位于日本铁道综合技术研究所内的主机和分散在各现场的微机终端构成，其主要功能是根据病害现象、环境条件、气象条件、结构形式等推定病害原因。2020 年东日本旅客铁路有限公司研发了隧道衬砌表面摄影车（见图 9.20)，该车可快速记录隧道衬砌表面状况，通过扫描图形可快速分析变形信息，可整合 2D 图形数据和 3D 形状数据，可在 20km/h 运行速度下实现毫米精度的数据采集，还可实现裂纹自动化提取，可准确判断隧道裂缝、渗漏水、衬砌裂化等病害。

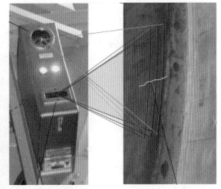

图 9.20　日本隧道衬砌表面摄影车及测试原理图

在隧道病害整治材料和工艺方面，日本多家世界知名企业从事相关研究工作，隧道渗漏水及裂损整治工法达 100 多种，整治材料有近 500 多种。

2) 我国隧道病害整治

我国在既有隧道病害整治技术方面，主要从现场实际出发，通过"引进、吸收、总结"，并结合大量实践经验，在病害检测与整治方面逐步成体系地形成了隧道检测整治技术。

2. 隧道病害检测技术

在隧道病害检测方面，我国铁路工务部门率先对既有线铁路隧道病害检测技术进行研究，在《铁道工程设计技术手册·隧道》中系统描述了隧道衬砌裂损、隧道结构渗漏水以及隧道冻害等常见类型病害的基本检测方法。初期病害检测包括现场踏勘，采用空洞敲击法、裂缝观察法、原位钻孔检测法和材料强度试验法等。随着隧道病害检测技术的发展，现已由传统的有损检测、微破损检测逐渐向无损检测的方向发展。无损检测技术具有检测效率高、适用范围广以及不破坏隧道衬砌结构和使用性能等特点，是隧道病害检测技术的发展趋势。目前常用的无损检测方法主要有探地雷达（地质雷达）法、声波／超声波法、回弹法、激光扫描法、红外热像法、超声回弹综合法等。

在技术进步的今天，信息化检测已融入技术隧道病害检测领域，已逐步在隧道病害检测中实现了物联网、可视化、网络通信、智能设备、人工智能技术等，如中国铁道科学研究院建立的铁路隧道检测体系，从工程验收、运营检测等关键环节开始，实现大数据处理与分析，重点监测关键部位和关键环节，对隧道病害的早期发现及后期处置提供了坚实的技术支撑。

3. 隧道病害整治技术

在隧道病害整治方法与工艺研究方面，我国铁路行业根据铁路隧道病害基本特征，对渗漏水、衬砌腐蚀、衬砌裂损、隧道冻害、洞门损坏、整体道床损坏、附属构筑物损坏等病害的防治制定了较为详细的方案。针对各类隧道病害的常见整治方法大致可以分为病害隧道结构加固、渗漏水病害整治、衬砌裂损病害整治及隧底病害整治等。病害隧道结构加固分为回填注浆加固、锚杆加固、喷射混凝土加固、凿除病害并植入钢钎加固、凿槽嵌钢拱架加固、钢带加固、衬砌外表面补强加固、气球注浆法加固等；渗漏水病害整治分为直接堵漏法、注浆堵漏法、凿槽埋管引排法等；隧底病害整治分为基床翻修、修建密井暗管、隧道基底压浆等。各类隧道病害整治技术汇总见表 9.20。

表 9.20　隧道病害整治技术汇总表

病害名称	病害产生原因或特征	病害整治技术
衬砌渗漏水	隧道破坏了地下水系；衬砌作业质量不合格	开槽引流、降压，并采取注浆封堵等措施
衬砌裂损	地层压力、温度及收缩应力、围岩膨胀或冻胀压力、作业等	一般采用注胶黏合法，注胶材料一般选择环氧类材料
衬砌掉块	衬砌表面缺陷	一般采取注浆或注环氧树脂进行嵌补；小范围掉块采用"聚合物改性水泥基修补砂浆＋挂网修补＋玻璃纤维布"；较大范围空洞掉块采用凿除表层混凝土、重新施作；特别严重的衬砌掉块采用"高强波纹板＋锚杆"和"W 钢带＋钢丝网＋平钢带＋锚杆"技术

续表

病害名称	病害产生原因或特征	病害整治技术
衬砌厚度不足或背后空洞	隧道作业时造成，偷工减料或未严格按照设计作业导致	一般采用泡沫混凝土填充、衬砌补强技术和"锚杆＋波纹板＋背后空洞填充"技术
衬砌表面腐蚀	分为物理性腐蚀和化学性腐蚀，主要影响因素包括混凝土的质量和水泥的品种、环境水含侵蚀性介质的种类、环境的温度和湿度等	一般采取加强衬砌外排水措施、使用与混凝土不产生化学作用的密实材料、向衬砌背后压注防蚀浆液；在衬砌表面粘贴防水材料或涂抹防蚀涂料
衬砌冻害	冻害主要受寒冷气温的作用、季节冻结圈的形成，以及围岩岩性、隧道设计和作业等其他因素影响	一般采取保温技术，如"电伴热排水技术""电伴热面板加热＋水沟保温"技术；针对高寒地区隧道衬砌冻胀破坏问题，可采用衬砌表面喷射聚氨酯保温技术
隧底下沉和翻浆冒泥	隧底结构层状剥离、地下水的存在及大轴重车辆重复作用	一般采用"锚注一体化""轻型井点降水＋注浆"和整体道床抬升等相关整治技术，其核心思想为降低隧道底部地下水压力
隧底上拱	洞室开挖后由于应力调整或地下水的冲蚀作用，导致底板变形并向上隆起的现象	公路隧道中一般采取分幅、分洞封闭作业，采取直接开挖后重新浇筑混凝土；铁路隧道一般采用"纵横梁架空线路＋隧底开挖与浇筑＋回填道砟（有砟轨道）或新做承轨块（无砟轨道）"的方案

9.8.3　隧道病害整治设备

在隧道病害整治设备方面，日本设计制造了铁路隧道衬砌高效修补的联合作业车，可开展隧道衬砌病害的检测及钻孔等维修加固作业；还研制了一种圆形水工隧洞衬砌表面劣化混凝土切削设备，通过旋转切削刀具能完成劣化混凝土的切除作业，以此实现隧道病害整治和再制造。

国内目前进行隧道病害整治时多使用建筑工程领域通用设备，这些设备技术成熟，类型多，但质量良莠不齐。而相应专用设备的研究明显不足，严重制约着我国运营隧道病害综合整治技术水平的提升。在进行通用设备配套选型时，必须综合考虑通用设备的功能、技术性能、可靠性、操作维护便捷性及造价等，以提高隧道病害整治效果。

1. 隧道病害整治作业台车

铁路隧道方面，目前普遍应用的病害整治台车（架）主要有病害整治台架、单一功能整治台车、铁路平板车台架、组合式多功能作业台车等。公路隧道方面，普遍采用搭设脚手架的方式进行隧道病害整治作业。

2. 隧道衬砌混凝土切割设备

有单位研制出了隧道衬砌混凝土切割装置，该装置实现了半机械化半人工化作业，可实现衬砌断面整齐切割，拆装方便，功效较高。

3. 运营隧道渗漏水病害整治专用设备

渗漏水病害在隧道病害中最为常见，其整治过程中常涉及钻孔、凿毛和凿槽等工序。目前国内在开展渗漏水病害整治时均采用冲击电钻、风钻和气动锚杆钻机、凿毛机、角磨机、手持式混凝土切割机等建筑领域通用作业设备。

4. 其他隧道病害整治专用设备

除上述专用设备外，隧道病害整治专用设备还有高压灌浆设备、隧道排水管道疏通设备、隧道内轨道和衬砌壁冲洗设备等。高压灌浆设备主要用于结构高压化学灌浆，设备轻，便于携带且作业效率高。隧道排水管道疏通设备按工作介质分为高压水射流清洗设备和气压脉冲清洗设备两大类，清洗成本低、效率高且无环境污染。另外，近年来还有旋转切削式管道清洗疏通设备的报道。隧道内轨道和衬砌壁冲洗设备主要用于运营隧道内衬砌壁以及附属设备的冲洗维护。

9.9 隧道再制造

随着基础建设的发展，一些服役中的隧道需要扩大截面，例如，列车提速时需要扩大洞径以降低列车运行阻力。这就要求在保障列车正常运行的同时对隧道进行改造，简称为隧道再制造。隧道再制造示意图见图 9.21，通常步骤是：

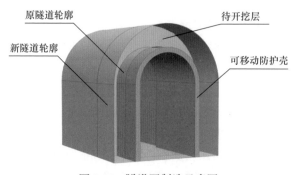

图 9.21 隧道再制造示意图

(1) 在原隧道内安装一个可移动防护壳，防止土石落到轨面上；

(2) 对原隧道轮廓和新隧道轮廓之间的待开挖的岩土进行开挖；

(3) 对新隧道的围岩进行锚杆支护、衬砌等，完成支护；

(4) 向前移动防护壳，继续开挖待开挖岩土。

9.10　隧道建造"碳中和"

碳达峰碳中和是中国高质量发展的内在要求，隧道的高质量建造也必然要考虑如何才能实现碳达峰碳中和。可采取的措施主要有：在设计阶段，引入绿色建造思想，采取更加环保、更加先进的工法，从源头上实现降低碳排放；在建造阶段，主要是提高破岩效能，减少进料出渣和实现废料就近再利用，充分利用隧道内外的自然能量，减少隧道的通风、照明、排水的能耗；在加工装备上，使用电动装备和节能型装备、智能化装备。

参 考 文 献

高辉 . 2008. 特长隧道锦屏辅助洞作业通风技术研究 [D]. 成都：西南交通大学 .

高菊茹，袁玮，张龙，等 . 2019. 运营隧道病害整治设备的发展研究 [J]. 现代隧道技术，56(S1)：7.

黄俊，张顶立，郑晅，等 . 2018. 绿色隧道建造技术研究与应用 [J]. 现代隧道技术，A02：11.

贾永刚 . 2003. 铁路隧道装配式衬砌力学特性研究 [D]. 成都：西南交通大学 .

李建斌，龚秋明，刘斌 . 2020. 隧道掘进机辅助智能化施工技术 [M]. 北京：科学出版社 .

马士伟，梅志荣，杜俊 . 2016. 隧道及地下工程新设备新材料应用进展 [C]//2016 中国隧道与地下工程大会 (CTUC) 暨中国土木工程学会隧道及地下工程分会第十九届年会论文集，10月 23-27，成都：33-39.

马伟斌，柴金飞 . 2019. 运营铁路隧道病害检测、监测、评估及整治技术发展现状 [J]. 隧道建设 (中英文)，(10)：1553-1562.

王美燕 . 2007. 公路隧道噪声预测及降噪措施研究 [D]. 西安：西北工业大学 .

王梦恕 . 2010. 中国隧道及地下工程修建技术 [M]. 北京：人民交通出版社 .

王亚敏 . 2018. 建筑作业场地噪声污染控制策略研究 [D]. 长沙：湖南大学 .

伍彪华 . 2014. 活性微粉混凝土之材料组成研究 [D]. 淮南：安徽理工大学 .

杨立新，洪开荣，刘招伟，等 . 2012. 现代隧道施工通风技术 [M]. 北京：人民交通出版社 .

张露晨 . 2018. 高性能喷射混凝土研制及其在隧道工程中应用研究 [D]. 济南：山东大学 .

赵子成 . 2010. 公路隧道管道压入式作业通风技术研究 [D]. 成都：西南交通大学 .

中华人民共和国国家标准 . 2011. 绿色建筑评价标准：GB/T 50378—2011[S]. 北京：中国建筑工业出版社 .

周文哲 . 2019. 隧道施工废水处理研究 [J]. 铁道建筑，59(9)：77-80.

第 10 章
隧道制造中的信息技术

隧道制造是一个庞大、复杂的综合性系统工程，在勘测、设计、作业、运维等环节中会产生数量巨大、种类繁多、关系复杂的作业和管理数据。以 5G、工业互联网、数字孪生为代表的新一代信息化技术越来越多地应用到隧道制造领域中，为隧道智慧制造应用场景提供解决方案。通过对海量作业数据进行采集、存储、分析、挖掘和可视化，发挥生产数据的最大价值，实现智能设计、智能作业、智能运维等功能。

10.1　5G 与隧道制造

5G 技术是指第五代移动通信技术，又称为 IMT-2020。5G 技术具有连续广域覆盖、热点高容量、低时延高可靠、低功耗大连接的优点。与传统双绞线、WiFi、4G 通信手段比较，5G 技术为解决海量异构数据的高效采集与处理瓶颈提供了核心技术支撑，有力促进了隧道制造数字化、信息化和智能化发展。

10.1.1　隧道网络解决方案

1. 隧道 5G 全域覆盖组网

在隧道制造过程中，通常在隧道内引入光纤 + 双绞线 +WiFi 网络，无线覆盖范围非常有限，多数情况下仅能覆盖主控制室附近很小的范围。通过引入 5G 技术，可以实现整个隧道的全域覆盖。而隧道场景属于密闭的受限空间，与普通开阔区域在信道环境、安装方法上存在较大的差异。通常有以下两种方式实现隧道 5G 覆盖。

1) 通过 5G 宏站覆盖隧道

通过 5G BBU(building base-band unit，室内基带处理单元)+5G AAU(active antenna unit，有源天线单元)，实现 5G 信号在隧道口的快速覆盖，适用于短距离隧道内部，以及隧道外部区域 5G 覆盖，如图 10.1 所示。

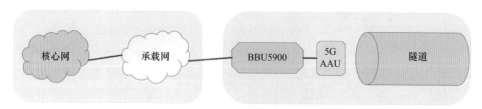

图 10.1　5G 宏站覆盖隧道

2) 采用布放泄漏电缆覆盖隧道

泄漏电缆是一种利同轴电缆外导体上的开缝辐射或接收电磁波，从而与外部空间进行无线通信的传输媒介。通过 5G BBU+5G RRU(remote radio unit，射频拉远单元)+ 泄漏电缆，可以实现 5G 信号在隧道中的按需精准覆盖，如图 10.2 所示。

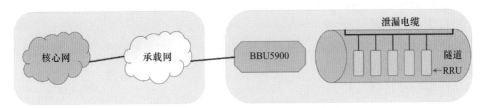

图 10.2　布放泄漏电缆覆盖隧道

通过在隧道内铺设光纤，组建内网，并搭建 5G 环境，数据采集系统通过访问可编程控制器 (PLC) 将数据传输至本地监控系统和大数据中心，见图 10.3。整个隧道的监控分为本地化监控和云端监控。本地化监控的特点是响应速度快、延迟小、功能单一，通过在作业现场直接部署监控服务器，直接连通 PLC，满足作业现场人员的监控需求。云端监控是将数据传输至云数据中心数据库，开发专用的监控平台访问云数据中心数据库，从而实现隧道作业过程的云端管理。

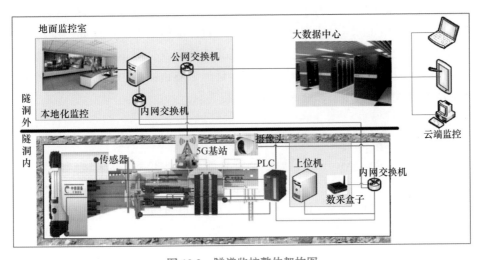

图 10.3　隧道监控整体架构图

2. 网络切片技术应用

5G 网络切片是一种端到端技术，基于软件定义网络 (SDN) 和网络功能虚拟化 (NFV)，将物理网络中的带宽、计算及存储资源等进行逻辑分割，构建多个虚拟化的端到端网络，适应不同的网络应用场景。从大的功能来看，可以将网络切片分为以下四种场景：

1) 大带宽场景

此场景对带宽要求很高，但允许较大时延，同时接入数量不高，主要用于隧道内的多路高清视频传输。

2) 低时延场景

此场景对时延要求很高，但占用带宽很少，同时接入数量也不高，主要用于遥控、车辆自动驾驶。

3) 广连接场景

此场景采用窄带传输，时延要求也低，但必须能满足很大数量终端的接入。5G 允许 1km² 接入百万台终端，即平均 1m² 接入 1 台。目前隧道制造中，终端接入数量不多，暂时用不到广连接场景。

4) 安全隔离场景

此场景主要针对数据的安全隔离，切片可以提供有效的隔离机制，确保网络切片内的资源不会互相影响，并将潜在的网络攻击限制在单个网络切片内。

一个网络切片，拥有独立的拓扑、虚拟网络资源、流量和配置规则。多个网络切片可以满足未来 5G 网络中不同用户的特定传输需求。比如一个物联网 (IoT) 工业网络切片需要一个轻型 5G 核，无切换但支持海量连接，而移动宽带切片则需要大宽带的核、移动性支持和低延迟。隧道制造中通过使用网络切片技术，无线网络的利用率和效率得到大幅提升。

3.D2D 技术

D2D(device-to-device) 技术又称设备直通技术，是 5G 的关键技术之一。D2D 复用小区资源，使两个对等的终端不经过基站而直接通信，具有降低基站负载、提高移动通信系统频谱效率、提升边缘用户通信效率等优点。在 D2D 技术出现之前，也有类似的通信技术，最典型的是蓝牙和 WiFi，但是 D2D 由于使用电信运营商的专用授权频段，抗干扰能力更强，数据传输可靠性更高，不需要像蓝牙一样提前配对，也不需要像 WiFi 一样进行用户口令设置。

在钻爆法机械化作业中，存在大量移动作业装备、测量仪器和检测设备，通过 D2D 技术，利用超低时延、邻近发现等优势，能够高效安全地实现两个终端之间的通信。典型的应用场景：

(1) 将三维扫描数据、工业相机数据等外部测量装置的数据实时传送到附近的多个作业装备上；

(2) 一台作业装备将自身的重要传感器数据、当前状态、位置姿态信息、速度和预警信息同步到附近的多台作业装备，实现多机同步协同作业；

(3) 作业装备与环境数据相互同步，实现复杂臂架的防碰撞全自动作业和复杂地形的自动驾驶。

在隧道作业中，经常遇到光纤被挖断导致隧道内无法与外部基站建立的情况，同时，在极端自然灾害时，5G 基站也常常受损，发生隧道内网络瘫痪。D2D 技术的引入，在一定程度上解决了这个问题。即使外部网络出现瘫痪，隧道内各终端之间仍能够基于 D2D 组建 Ad Hoc(点对点对等网络) 无线通信网络，保证终端之间通信的畅通。

4.5G CPE

所有接入 5G 的设备都应当直接或间接使用 5G 模组，通过插入 5G 用户识别 (SIM) 卡或物联卡进行联网。由于 5G 是比较新的技术，老的设备往往都没有内置 5G 模组。要让设备直接支持 5G，必须对其进行改造，植入 5G 模组。但改造老设备往往成本很高，所以通常有两种方式：一是选择带有 5G 模组从而直接支持 5G 的设备；二是在通信网络中加入 5G 客户前置设备 (customer premise equipment，CPE)。

5G CPE 是衔接局域网内网和 5G 公网的设备，其作用是接收运营商基站发出的 5G 信号，然后转换成 WiFi 信号或有线信号。

在 5G 商用前期，因多数通信设备都不带 5G 模组，所以隧道制造的 5G 组网中，会大量使用 5G CPE。通过 5G CPE 转换 WiFi 信号或有线信号，与直接使用 WiFi 信号或有线信号的区别在于：① 前者距离通信伙伴很近，不会导致 WiFi 的长距离衰减，也不会带来长距离的有线布线难题；② 能通过将 5G CPE 与通信设备捆绑保持相对静止的方式，来有效解决目标处于移动状态的场景。

10.1.2　人员设备监控方案

掌子面附近作业人员与洞外主控室通信较多使用对讲机，通话质量难以保持稳定，且不适应长距离通话。搭载基于移动设备的实时对讲应用程序 (APP) 的智能安全帽，见图 10.4，利用 5G 大带宽、低时延的特点，可实现隧洞内长距离稳定通话。

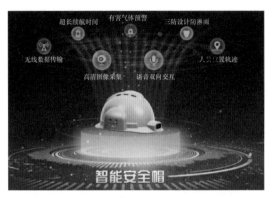

图 10.4   智能安全帽系统

隧洞内工况复杂，光线阴暗，且人员车辆来往频繁，存在着一定安全风险。另一方面隧道的断面直径有限，一般情况下只容许车辆单线经过，因此非常有必要加强对出入隧洞的车辆进行管控。

通过在隧道洞口处增加考勤基站，在隧洞内重要位置增加若干个定位基站，并在风险区域设定电子栅栏，作业人员佩戴装有定位标签的安全帽，来往车辆上安装定位标签卡，当人员或车辆经过基站附近时，即可触发定位算法功能，如果有人员或车辆越过了电子栅栏的安全警戒范围，会触发警报。人员或车辆的定位数据会实时传输至监控服务器，从而在监控中心显示人员和车辆的行动轨迹，并为其出入隧洞的管控提供数据支持，见图 10.5。

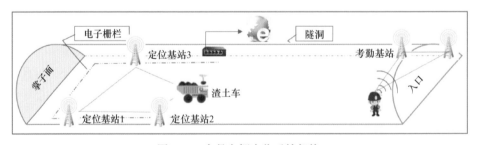

图 10.5   人员车辆定位系统架构

10.1.3 超高清视频监控

视频分辨率的发展经历了标清 SD、高清 HD(720P)、全高清 Full HD (1080P)、2K 到超高清 4K 和 8K 的过程。4K 有多种分辨率，常见的是

4096×2160和3840×2160两种。4K视频的码率通常是30~60Mbit/s。在隧道制造，特别是山岭隧道制造中，由于受隧道内网络带宽的影响，4K视频目前使用较少。通过搭建5G网络，解决隧道内布线问题，在隧道各个关键部位安装专业的高清摄像头，并采取防潮、防尘、防震等防护措施，保证摄像头能正常工作，见图10.6。每个摄像头都接入隧洞内的内5G网络，将视频数据传输至洞口的本地监控服务器和云端监控中心。在隧道内引入4K超高清视频，一方面可以方便作业项目部地面调度室或远程指挥中心实时看到关键部位的高质量作业视频，便于及时发现问题和实施指挥、调度；另一方面，通过人工智能，将多种作业装备与环境的数据整合，利用边缘计算或云计算，实现作业装备的自动驾驶。

图 10.6　作业现场视频监控系统

10.2　工业互联网与隧道制造

　　工业互联网是基于云的开放式工业操作系统，能够打通隧道制造全供应链、全产业链、全价值链数据，加持人工智能，合理调配资源，生产最大价值。隧道制造工序复杂，涉及设备种类多且分散，管理困难，作业中设备维护滞后、作业操作不当问题突出，导致隧道制造工期长、成本高、风险大。借助工业互联网平台实现对隧道制造全生命周期数据的实时采集、清洗、存储、分析与预测，针对隧道制造多种场景快速高效地构建了智能设计、智能作业、智能运维等应用，为隧道制造数字化、网络化、智能化提供最佳实践。

10.2.1　工业互联网平台

　　工业互联网平台具有完整的云计算架构，能够基于公有云、私有云或混合云提供服务，核心包括了数据中台和应用中台。应用中台边缘端完成设备数据采集工作，将数据通过应用中台组件发送到消息队列分流给到业务端使用；业务端通过订阅消息队列生产的消息完成设备实时数据流式计算，以及实时数据库入库工作，包括数据中台大数据仓库归档等操作；数据中台基于归档的设备数据可以完成围绕数据统计分析，以及设备相关性指标应用场景给业务端赋能；通过定制开发完成设备数据接入到时序数据库及数据中台中；整个系统架构引入了分布式文件存储、分布式计算、分布式缓存、分布式消息中间件、分布式任务调度框架等；整个架构基于微服务设计理念，涵盖服务发现、日志监控、系统监控、缓存监控等应用场景；基于业务场景构建掘进装备微服务架构体系，赋能业务系统；基于应用中台流式计算能力、数据编排能力、可视化呈现能力；通过应用开发中台云边协调能力实现智能设计、智能掘进、智能运维关 APP，可视化组态监控以及反控能力。技术架构如图 10.7 所示。

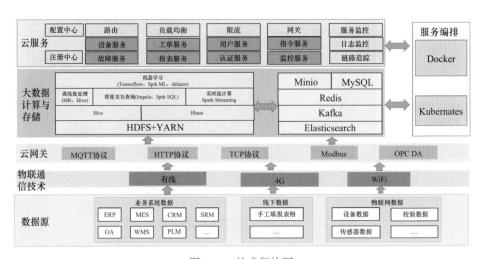

图 10.7　技术架构图

10.2.2　隧道制造智能应用

1.设备状态监控

设备状态远程监控是在页面上分层分系统展示设备各个重要部件的参数，如电压、电流、功率、扭矩等的变化，根据各参数的变化来判断设备的状态是否正常，作业人员的操作是否合理，并根据阈值或相关算法判断风险，如有异常及时报警，并通过系统后台推送给项目负责人员，提醒其及时处理，如图 10.8 和图 10.9 所示。

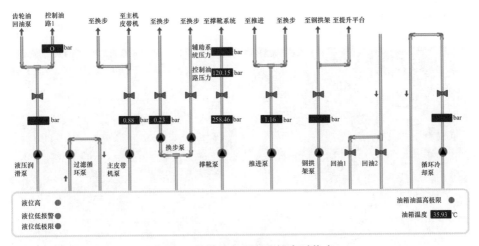

图 10.8　关键设备远程监控实时状态

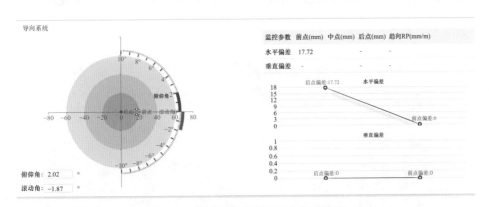

图 10.9　关键设备远程监控与实时分析

　　除了分层分系统监控设备重要部件外，平台还设计了大屏展示页面，让用户从整体上把控当前项目的作业进度和作业状态，并对历史数据进行统计分析，以曲线图的方式展示在大屏页面上，如图 10.10 和图 10.11 所示。

　　2. 风险源监控

　　隧道掌子面前方是一个灰色系统，有可能存在不可预见的大变形、塌方、涌水、突泥等地质灾害。针对这些问题，通过在装备上搭载激发极化系统、三维破岩地震超前探测装置等，在设备维保期间对掌子面前方的地质进行不定时探测，可提前预知前方 60~100m 的含水情况和断层破碎带等地质信息，并实时将测得的地质信息传回云端服务器，由对应算法分析探测结果，把结果推送给作业项目部本地监控单元。

图 10.10　大屏整体展示

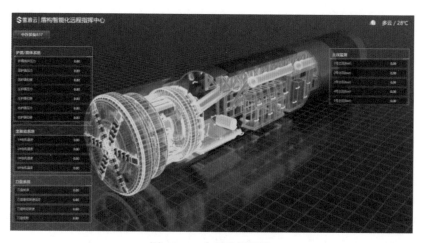

图 10.11　大屏分屏展示

在地质风险监控方面，可结合项目地质勘探报告和超前探测预报，将事先已探测到的溶洞、断层带、地下构筑物等风险源信息以标准化的形式上传到地质数据库，通过监控平台及其后台算法，根据当前的掘进位置实时分析前方掌子面的地质情况，对不良地质提前预警，从而提前做好应急预案，避免事故发生，如图 10.12 所示。

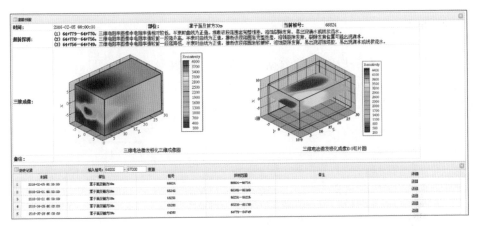

图 10.12　超前探测

3. 进度管理

进度统计是作业管理者重点关注的内容之一，是规划未来一段时间作业计划的重要参考。如图 10.13 所示，借助于大数据技术和自定义的算法，对设备作业的历史数据进行统计分析，统计不同时间段内的设备利用率、掘进进尺等，从而对掘进机的作业功效进行评估，并生成掘进日志。每天的作业进度除了在监控界面上展示外，还可以生成报表供用户打印或下载。

	日期	起始桩号	结束桩号	时间利用率(%)	日掘进(m)	环比增长(%)	累计掘进(m)	总进度(%)	计划掘进	超前角成
1	2018-10-27	I14695.367	I14691.281	64.471	25.914	↑ 79.971	2111.93	7.214		
2	2018-10-26	I14691.281	I14705.68	46.808	14.399	↓ -22.298	2086.016	7.125		
3	2018-10-25	I14705.68	I14724.211	54.100	18.531	↓ -19.866	2071.617	7.076		
4	2018-10-24	I14724.211	I14747.336	52.740	23.125	↓ -24.470	2053.086	7.013		
5	2018-10-23	I14747.336	I14777.953	68.712	30.617	↑ 72.412	2029.961	6.934		
6	2018-10-22	I14777.953	I14795.711	52.527	17.758	↑ 454.418	1999.344	6.829		
7	2018-10-21	I14795.711	I14798.914	21.034	3.203	↓ -27.567	1981.586	6.768		
8	2018-10-20	I14798.914	I14803.336	27.088	4.422	↓ -80.903	1978.383	6.757		
9	2018-10-19	I14803.336	I14826.492	64.302	23.156	↑ 406.696	1973.961	6.742		
10	2018-10-18	I14826.492	I14831.062	20.970	4.570	↓ -74.721	1950.805	6.663		
11	2018-10-17	I14831.07	I14849.148	70.986	18.078	↓ 49.578	1946.227	6.648		
12	2018-10-16	I14849.148	I14861.234	45.978	12.086	↓ -25.734	1928.148	6.586		
13	2018-10-15	I14861.234	I14877.508	59.257	16.274	↑ 382.193	1916.062	6.545		
14	2018-10-14	I14877.508	I14880.883	19.652	3.375	↓ -65.715	1899.789	6.489		
15	2018-10-13	I14890.625	I14900.469	22.039	9.844	↓ -37.069	1886.672	6.444		
16	2018-10-12	I14900.469	I14916.109	40.347	15.640	↓ -12.582	1876.828	6.411		
17	2018-10-11	I14916.109	I14934	47.046	17.891	↑ 86.035	1861.188	6.357		
18	2018-10-08	I14973.992	I14983.609	28.162	9.617	↓ -14.279	1803.305	6.159		
19	2018-10-07	I14983.609	I14994.828	44.025	11.219	↓ -46.218	1791.688	6.127		
20	2018-10-06	I14994.828	I15015.688	54.647	20.860	↓ -5.000	1782.469	6.088		
21	2018-10-05	I15015.688	I19037.648	61.264	21.960	↓ -7.630	1761.609	6.017		
22	2018-10-04	I15037.648	I15061.422	61.997	23.774	↑ 40.860	1739.648	5.942		

当前显示 1 - 25 条记录 共 98 条记...

图 10.13　进度管理界面

4. 报表管理

报表管理是对一段时间的数据（如设备作业数据、物料信息、工时等）进行统计分析，在界面上以曲线图、饼状图等形式展示，根据需要生成 PDF、EXCEL 等格式报表，并提供下载和打印功能，见图 10.14。

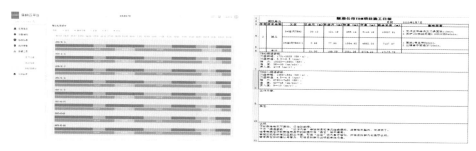

图 10.14　报表管理界面

5. 地质管理

在界面上展示项目相关的地质剖面图，像使用电子地图一样，通过拖动鼠标来查询不同桩号范围的地质信息，包括岩性、地下水、围岩类别、完整性、单轴抗压强度等，见图 10.15。

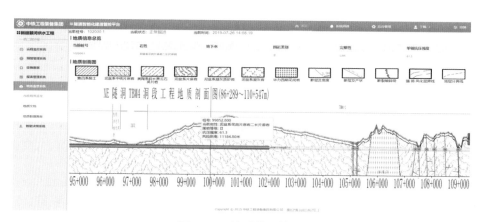

图 10.15　地质管理界面

6. 材料消耗管理

按需统计隧道作业过程中耗材的使用量，如盾尾油脂、润滑脂 EP2、密封脂 HBW、泡沫、盾壳膨润土等，以日期、环号、品牌几个维度统计，便于用户直观把握项目耗材的使用情况，分析局部成本的变化，见图 10.16。

图 10.16　材料消耗管理界面

7. 数据管理

在整个隧道制造过程中，会产生海量的各类数据，包括岩土信息、设备参数、作业说明、故障分析报告等。如图 10.17 所示，这些数据都是在作业过程中记录或总结出来的宝贵经验，对隧道的设计制造和掘进设备的设计制造都有着非常重要的参考价值。为避免这些资料流失，可按照类别和层级存储在云端，根据用户的权限，通过上传和下载功能实现数据的共享。

图 10.17　数据管理界面

10.3　数字孪生与隧道制造

数字孪生技术是指针对物理世界中的物体，通过数字化的手段来构建一个数字世界中一模一样的实体，借此来实现对物理实体的了解、分析和优化，这个过程贯穿于产品的设计、生产、使用、服务等整个生命周期。借助数字孪生技术不仅可以加速整个工程的建设速度，而且能精准地将隧道制造全过程的真实情况直观地反馈到隧道的设计端和相关设备的上下游企业，从而提升隧道制造装备的品质，提高隧道制造过程的安全性，进一步改进隧道制造装备的设计生产。利用数字化的手段，可将隧道制造全过程相关的隧道构造、开挖设备、辅助器件、人员车辆、制造过程等实际物体或制造过程构建成一个个虚拟的场景。目前数字孪生的应用集中在倾斜摄影、隧洞漫游、设备模拟、三维扫描等几个方面。

10.3.1　倾斜摄影

倾斜摄影是近年来快速发展的地理信息系统 (GIS) 技术，使用搭载了传感器和高清摄像头的无人机，分别从前后左右和垂直 5 个角度拍摄图像，从而快速高效地获取地面的环境数据，然后用专业化的软件将这些多视角图像经过修改、调整、匹配等处理，获得三维模型。利用倾斜摄影技术，可由远及近、由高到低地从整体上展示隧洞始发地或项目工程部的周边环境、建筑分布等场景信息，实现云端漫游隧道项目部和周边环境的布设。倾斜摄影效果图如图 10.18 所示。

图 10.18　倾斜摄影效果图

10.3.2　隧道 BIM 漫游

BIM 技术引进之初在应用上主要是以房建工程为主，但随着技术的发展与普及，BIM 在工程领域中的发展越来越广。BIM 除了设计和作业，在运维上的表现力也十分突出，相比传统的隧道运营监控方式，基于 BIM 和物联网技术的运营管理系统可将三维实景显示与视频监控相结合。在 BIM 模型中选择某一区域，即可立刻调用该区域的所有监控视频图像，同时通过 BIM 模型与所有的设备进行数据联动，可实现远程对设备进行查找、定位，并实时查看设备的运行状态，实时监测隧道环境状态，提高隧道安全运行水平，切实提高运维效率。基于 BIM 和物联网的隧道内交通虚拟仿真，可纳入城市智能交通系统，有效提高城市交通仿真的可视化效果，为缓解隧道交通阻塞、提高隧道通行能力、减少交通事故、减轻环境污染提供帮助，从而为实现绿色智慧交通提供技术层面的支持，达到智能运维的目的。

利用三维引擎技术，将隧道整个模型经过轻量化处理，最终渲染到 Web 页面上，实现在页面用第一视角阅览整个隧道的制造情况。隧道模型和真实场景一一对应，漫游过程可加速、可停顿、可旋转，并可更换视角，实现在足不出户的情况下全方位地浏览隧洞，效果图如图 10.19 所示。

图 10.19　隧洞漫游效果图

10.3.3　设备模拟

利用三维引擎技术，将隧道制造设备模型渲染到 Web 页面，定时采集设备数据并传送给云端模型引擎，从而由真实数据驱动模型上的部件做出前进、后退、旋转等动作，真实反映设备各个零部件的工作情况。如果数据超过对应零部件的报警范围，会触发模型的报警场景，从而弹出火灾、涌水、突泥等动画。

具体效果如图 10.20 所示。

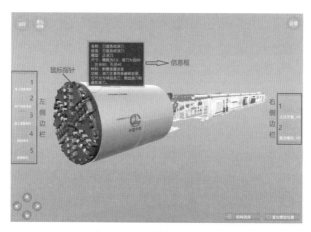

图 10.20　掘进机三维模型

10.3.4　三维点云应用

三维激光扫描技术能够快速获得隧道表面三维坐标点云信息和空间几何数据，准确建立三维矢量模型，并将模型和数据信息保存在云上，供监控平台调用展示。如图 10.21(a) 所示，在隧道开挖初期三维激光扫描技术可以用于分析隧道初期的超欠挖方量，还可以将初期支护扫描三维点云模型与二次衬砌设计断面的三维模型在同一坐标系下进行布尔计算得到需灌注混凝土方量。在二次衬砌施作完成后，将上述二次衬砌设计断面的三维模型替换为二次衬砌扫描三维点云模型，用三维色谱图来展示厚度信息，如图 10.21(b) 所示，即能对二次衬砌的厚度进行检测。这些点云信息可以形成不同时期的隧道数字作业数据，用于项目竣工验收及运维期间的数据参考，同时可以为隧道作业信息化展示提供 BIM 数据支持。当前三维激光扫描技术发展势头迅猛，算法日趋完善，价格却逐代下降，已广泛应用于工业工程测量领域，并受到了隧道制造行业的重视。

10.3.5　AR 辅助解决方案

5G 的蓬勃发展，使得虚拟现实 (VR) 和增强现实 (AR) 在隧道制造中的应用更加广泛，最常见的应用就是远程运维指导。

当隧道制造现场遇到重大疑难问题时，装备制造单位、作业管理单位、勘察设计单位等的外部专家不需要出差到现场，利用 5G+AR 眼镜即可快速对现场问题进行诊断和指导，从而提高隧道现场的作业与问题处理的效率。借助于视频行为分析智能终端，可自动、实时甄别隧道内作业现场的危险行为、不规范作业、突发紧急状况等，并及时发出警示信息，从而保证隧道内作业安全。AR 技术在隧道制造中的应用见图 10.22。

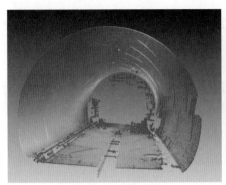
(a) 隧道超欠挖分析显示

(b) 隧道二次衬砌厚度信息化展示

图 10.21　隧道超欠挖和二次衬砌厚度显示图

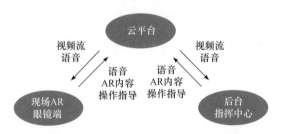

图 10.22　AR 技术在隧道制造中的应用

10.4　隧道智慧管养技术

"智慧管养"充分利用新一代信息技术，在信息采集、传送、分析和展示方面优势明显，通过结合云计算、大数据、物联网和互联网技术，建立一个隧道全寿命周期的智能化管养云平台，实现感知、管理、决策和服务智能化，将信息化、智能化融入隧道工程建、管、养中，体现实时高效、舒适安全、经济低碳的隧道智慧管养模式。

通过建立基于 BIM+GIS 技术的可视化、智能化隧建设管理和维护保养平台，将隧道感知、管理、决策、服务四大目标有机融合。

1) 智能感知

通过智能手持终端和实时感知技术的拓展应用，探索隧道建设、管理各阶段巡检的无人干预模式，并实时收集隧道建设管理与运营维护保养期间结构、设备、环境、运维过程的各类数据。

2) 智慧管理

通过精准定位技术的应用及管养流程再造，强化生命周期过程监督、效果评价、突发事件人机协同等功能。

3) 高效决策

通过隧道设计结构分析，提前建立可预知其性能健康状态的评估模型和结构动态演变模型，实现主动管理与保养策略下的综合成本评价和优化管养方案过程模拟，并探索建设管理预处理方案和维护保养大、中修依据及条件。

4) 贴身服务

通过基于建设管理智能监控设备和运营隧道内环境传感器的数据分析及模型建立，为隧道建设和交通出行提供数字增值贴身服务。

隧道管养关键技术如表 10.1 所示。

表 10.1　隧道管养关键技术

技术要求	技术类别	关键技术内容
精准定位	病害精准定位技术	项目拟在作业设备、衬砌、安全帽及运营隧道内布设无线传感器网络，实现人员精确定位，继而实现病害准确定位
动态透视	轻量化可视化技术	为了实现产品数据的快速浏览和精确的几何信息查阅，就需要对产品数据模型进行轻量化处理，在可视化平台上实现动态加载展示
科学预测	隧道结构评估和预测模型	充分考虑隧道生命周期的变化，将隧道根据周期划分为 5 个不同时期：孕育期、少年期、壮年期、中年期和老年期，有针对性地选择材料性能参数、结构变形与隧道病害评价指标，进行隧道性能预测
健康评估	设备状态评估关键技术	利用大数据挖掘技术，得到各种作业和维保设备各种监测参数与设备不同健康状态之间的对应关系，并分析其分布规律，集合专家知识进行判断权重的调整
异常预警	高维时空大数据异常发现技术	通过对隧道生命周期产生的高维数据进行关联分析，利用 BIM 的三维可视化技术对高维数据进行整合展现，更好地侦测和判别将要发生的异常，并进行预警推测
响应机制	隧道管理机制研究	包含对过程管理（效果评价机制）、对事件的处理（应急响应模式），以及对多条隧道的联动式管理（管理协同模式），使之更科学、更有效

参 考 文 献

陈军俊 . 2019. 5G CPE 发展现状与展望 [J]. 科技传播，11(20)：108-109.

陈湘生，徐志豪，包小华，等 . 2020. 中国隧道建设面临的若干挑战与技术突破 [J]. 中国公路学报，33(12)：1-14.

李建斌 . 2020. 隧道掘进机辅助智能化作业技术 [M]. 北京：科学出版社 .

刘飞香 . 2019. 铁路隧道智能化制造装备技术创新与作业协同管理展望 [J]. 隧道建设（中英

文 ）, 39(4)：545-555.

刘训华, 孙韶媛, 顾立鹏, 等 . 2020. 基于改进 Frustum Point Net 的 3D 目标检测 [J]. 激光与光电子学进展, 57(20)：328-334.

吕鹏飞, 何敏, 陈晓晶, 等 . 2018. 智慧矿山发展与展望 [J]. 工矿自动化, 44(9)：84-87.

齐飞, 王秋红, 朱雪田 . 2020. 基于 5G 切片技术的区域应急解决方案研究 [J]. 电子技术应用, 46(3)：23-27.

钱志鸿, 王雪 . 2016. 面向 5G 通信网的 D2D 技术综述 [J]. 通信学报, (7)：1-14.

石迪 . 2020. 5G 切片技术在移动通信中的应用与发展 [J]. 中国新通信, 22(09)：36.

王同 . 2019. 基于 BIM 技术的铁路工程建设管理创新与实践 [J]. 铁道学报, 41(1)：1-9.

王志坚 . 2020. 高速铁路山岭隧道智能化制造技术研究—以郑万高速铁路湖北段为例 [J]. 铁道学报, (2)：86-89

肖雄武 . 2019. 具备结构感知功能的倾斜摄影测量场景三维重建 [J]. 测绘学报, 48(6)：802.

解亚龙, 王万齐, 李琳 . 2021. BIM 技术在清河站建设中的应用研究与实践 [J]. 铁道标准设计, 65(1)：6.

杨海博 . 2020. 5G 网络中的 D2D 技术分析 [J]. 电子技术与软件工程, (12)：8-12.

尹恒, 封全宏, 廖紫骅, 等 . 2014. 基于三维激光扫描技术的病害隧道监测 [J]. 地下空间与工程学报, 10(4)：7.

于太彰, 李建斌, 荆留杰, 等 . 2018. TBM 作业信息云计算平台的设计与实践 [J]. 现代隧道技术, 55(06)：33-41, 52.

中国信息通信院 . 2020. 5G 应用创新发展白皮书 [R/OL]. [2021-1-18]. http：//www.caict.ac.cn[2021-5-18].

周路军, 蒋立, 陈军, 等 . 2020. 川藏铁路隧道 TBM 适应性及钻爆法机械化配套研究 [J]. 现代隧道技术, 57(s1)：52-56.

朱庆 . 2014. 三维 GIS 及其在智慧城市中的应用 [J]. 地球信息科学学报, 16(2)：7.

朱庆, 李函侃, 曾浩炜, 等 . 2020. 面向数字孪生川藏铁路的实体要素分类与编码研究 [J]. 武汉大学学报 (信息科学版), 45(09)：9.

Zhang R，Yi Z，Chen Y，et al. 2019. A hybrid antenna system for 5G-WLAN customer premise equipment (CPE) application[C]// 2019 International Applied Computational Electromagnetics Society Symposium-China(ACES)，August 9-11，Nanjing.

第 11 章

岩体状态智能识别技术

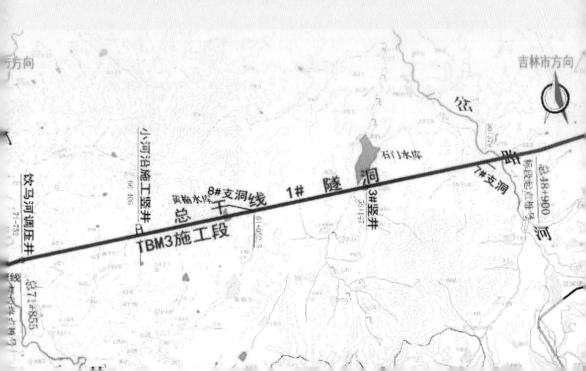

破岩先要识岩，隧道加工先要对加工对象有充分的认知。隧道掘进机在工作过程中，通过前期地质勘探信息和超前钻探等方式可以获得一些地质信息，但在地质条件复杂多变的地层，仍然很难掌握前方地层的围岩等级、强度(UCS)、节理 (J_v) 等信息，使得掘进存在一定的盲目性。

围岩等级、UCS、J_v 等地质信息 (Geo，数组) 显然会对单刀推力 (F_n)、刀盘扭矩等掘进机参数 (Pro，数组) 产生影响，反之就有可能根据掘进参数计算出地质信息。同时，地质变化通常具有连续性，使得能够根据历史数据来预测将要掘进区域的地质信息。要建立从 Pro 到 Geo 的关系和从历史数据预测未来数据的关系，单纯依靠解析算法存在难度，其中一些机理性的关系还未掌握。近年来，深度学习等人工智能技术为建立这两种关系提供了简单易行的方法，已成了研究热点，加速了掘进机的智能化进程。

11.1　围岩智能化识别与超前预测技术

隧道本身是隐蔽工程，一般在深埋地层中作业。该地层中地质环境复杂多变，在众多不确定因素的影响下，围岩的力学特性多样，而且存在断层破碎带、突涌水、围岩大变形、岩爆等众多不良地质。为此，需要提前对地质环境进行探测，然而考虑到经济性和可实施性，很难对深埋地层环境进行充分的采样，导致不能提前获取足够的地质环境信息。对于不同的地质特性和地质环境，需要采用不同的掘进方式才能实现高效、安全掘进。主要包括：

(1) 为安全作业，掘进前及掘进时需要对围岩完整性进行识别，可通过机器视觉分析掌子面结构，掘进后仍需对岩渣校正勘误，以备后续进一步的研究分析。

(2) 针对作业的不同阶段采用不同的地质预测预报方法，基于数据挖掘手段搭建的实时预测模型可以对围岩进行快速识别，并为超前预测提供相应数据。面对已知地质，随着隧道地质的变化，操作参数也应该不断地进行调整，以适应当下地质情况，不当的操作参数选择会导致恶劣的受载情况。

(3) 建立超前预测模型可以对一段时间后可能出现的围岩类别进行超前的预测，节约时间成本，降低掘进风险。面对传统地质预测预报手段的劣势，随着智能化、安全化掘进计划的开展，围岩的智能化识别与超前预测势在必行。

11.1.1　围岩完整性智能识别技术

1. 基于机器视觉围岩掌子面状态识别技术

岩体是隧道及其他地下工程的主要载体，在漫长的地质历史中，历经地质沉积、构造运动、风化变质、开挖扰动等地质及人为作用，形成了大量大小不一、形状复杂、分布错综的围岩结构，而岩体结构形态决定了岩体的宏观工程性质，使其表现为非均质、非连续、各向异性的宏观力学特性。在围岩分级中，围岩结构面发育程度参数，如结构面组数、结构面间距、结构面延伸长度、结构面产状等，是评价岩体基本质量、进行围岩定级的重要定量指标，把握岩体结构面的几何特征是进行岩体质量评价及稳定性分析的前提条件。

岩体结构面几何特征采集主要有现场接触测量、钻孔测量和非接触扫描测量三类方式。传统人工现场接触测量以全站仪法为代表，无法提供结构的三维信息，且测线数量有限，在大型隧道及地下空间中无法使用，在掘进过程中，经常出现原有测线无法继续观测的情况，导致监测数据的间断。钻孔测量由于造价高、耗时长、解算困难，在现代隧道快速作业的背景下难以广泛应用。非接触扫描测量以近景摄影测量为代表，操作简单、高效，测量准确，在工程中得到了广泛的应用。

田胜利等 (2006) 为解决地下空间结构几何面测量困难的问题，提出一种基于数字化近景摄影测量技术的非接触测量方法。该方法不需要在现场布设监控点，使用非量测数码相机，可以自由设站，随意布置大量监测点，能够得到同一时刻变形处的整体信息。与传统的收敛仪法和全站仪测量方法相比，该方法具有现场作业时间短、观测信息量大、作业安全等优点。

奥地利 Startup 公司 (2008) 在监测三维结构的基础上，研发了一套基于近景测量的岩体几何参数的三维不接触测量系统 ShapeMetriX3D，其主要优点为创建一个实时的地质信息交流和反馈环境，提高地质记录任务的效率，降低不完整信息和信息丢失的可能性，帮助地质工作者区分鉴定地质特征，进一步推动了近景摄影测量技术在工程应用方面的研究。王述红等 (2011) 在 ShapeMetriX3D 系统的基础上，提出了基于虚拟网格的结构面切割岩体方法，构建了 GeoSMA-3D 系统，快速识别关键块体，并运用三维离散元程序 3DEC 及其内嵌 FISH 语言建立模型，对掌子面区域节理信息解译，对隧道开挖进行仿真模拟，得出隧道坍塌关键块体，进而避免地质灾害发生。

张延欢等 (2016) 针对隧道掌子面结构特征的空间差异性，在将近景摄影测量应用于关键块体分析的基础上，对隧道掌子面裂隙及结构面进行了采集分析；提出了隧道径向岩石质量指标 (rock quality designation，RQD) 评价体系，建立了径向 RQD 阈值选取的极差判据，提出隧道径向 RQD 玫瑰花图，实现了径向 RQD 可视化分析，为隧道支护设计提供参考。

董鑫等 (2017) 基于摄影测量技术，获取了隧道掌子面地质图像，对隧道掌子面图像进行了阈值调整，使结构面信息更突出，提取了隧道掌子面图像三维坐标，绘制了掌子面迹线，并进行了产状的解译与识别；基于特征参数，通过蒙特卡罗法则建立了隧道掌子面前方三维结构面地质模型，从而建立了随机模型与确定模型，大大增加了模型的真实性，进而预测了隧道未开挖部分的结构面信息，为隧道作业提供了有力的技术支撑。

2. 基于渣片粒度分布的围岩完整性识别技术

护盾式掘进机作业时，掌子面和洞壁围岩几乎被刀盘、护盾和衬砌管片全部遮挡，用摄影测量法难以布置相机位置，围岩取样和获取分类指标存在较大的困难。通过围岩渣片可收集到围岩发生变化时的重要信息，渣片的形状、块度及均匀程度等均能帮助判断围岩的情况。

刘跃丽等（2003）结合已有的地质资料，根据开挖渣片状态和掘进参数，分析了围岩的类型并得到相应结论：当掘进Ⅰ、Ⅱ类围岩时渣料大部分为片状，少见块状，岩石新鲜或轻微风化，节理少见或无节理，一般无充填物，地下水微弱；当掘进Ⅲ类围岩时，以片状岩渣为主，块状较少，块状可见节理面，节理发育，往往有充填物，地下水活动一般；当掘进Ⅳ类围岩时情况比较复杂，渣料以块状为主，片状较少，粒度不均匀，岩体完整性差，节理多为张开节理，并有充填物，中等风化，地下水活动强烈；Ⅴ类围岩多为断层破碎带，比较容易识别，岩石大部分被风化，强度相对低，岩渣多为块状且很不均匀。

11.1.2 围岩等级实时智能化识别技术

1. 研究现状与瓶颈

在传统地质预测预报手段后期，地质分析人员会对掘进后的岩渣进行勘误校正，虽然人工分析较为准确，但对专业技术需求高、时效性差且无法为掘进机掘进做出地质指导。采用数据挖掘的手段，以围岩智能识别为研究目标，建立围岩等级实时预测模型，在达到一定分类精度的情况下（精度在 0.95 以上），就围岩等级识别而言，可以辅助专业人士进行地质勘误。相对于传统地质勘误，围岩等级实时预测只需要输入掘进参数数据，就可以在极短的时间对围岩稳定性进行准确的识别，可以有效地降低专业性要求及人工工时，虽然无法做到提前的地质预警，但是可以辅助掘进机司机实时地对地质进行判断并统计，为超前预测提供数据模型。

辽宁科技大学的柴玉梅等 (2014) 利用现场盾构作业采集掘进参数多的特点，建立了地层识别的决策规则，可以通过盾构机掘进参数对地层岩土类型进行识别，并对广州某工程作业数据进行仿真实验。中国铁建十六局集团有限公司邵成猛 (2016) 以盾构机五个常见掘进参数作为输入，地层特性编码为输出，提出了学习向量量化神经网络地层识别方法，地层总体识别率达到 82.7%。解放军理工大学杨卓 (2016) 选取不良地质、地层岩性、地下水位、地形地貌、岩层倾角和围岩裂隙这六个参考因素作为评价指标，运用 BP 神经网络算法建立了风险评估模型，对岩溶隧道突涌水灾害程度进行了风险评估。

总结国内外现状，对于结合数据挖掘的地质预测预报方法的研究主要分为两种：一是采用灾害地质的评价指标或者地质参数作为输入，灾害程度作为输出，对灾害地质对作业的影响程度进行判断；二是采用地质参数、掘进载荷或者超前地质预报工具的探测参数作为输入，建立其与围岩稳定性之间的数学模型，实现对围岩稳定性等级的实时识别。

2. 代表性成果

中国地质大学的刘贵应等 (2002) 将地质参数作为输入，其中包括岩石质量指标 RQD、湿抗压强度 R_w、完整性系数 K_v、结构面强度系数 K_f 和地下水渗流量 W，围岩分级作为输出，采用 BP 神经网络模型建立了围岩稳定性识别模型。BP 法的分类结果与陈氏法模糊模式识别理论模型的分类结果基本接近，并与岩体质量分级 (RMR) 法的分类结果完全吻合，从而证明 BP 模型性能高，识别效果可靠，认为能够对围岩稳定性进行识别，能很好地满足工程的应用需要。

基于数据挖掘的地质超前预测及操作参数优化采用数据挖掘的手段，以围岩智能识别为研究目标，建立围岩等级实时预测模型；以历史掘进参数为输入，对应的历史围岩等级为输出，选择机器学习中具有代表性的惰性学习 k 近邻 (KNN) 算法、浅层学习决策树算法以及深度神经网络 (DNN) 算法作为学习器，采用精确率 (precision)、召回率 (recall) 及 f_1 值 (即精确率及召回率的调和评分) 对学习器的好坏进行泛化性能评估，评价指标计算公式如式 (11.1) 所示。利用 KNN、决策树和 DNN 算法建立的三种围岩等级实时预测模型的性能评价结果如表 11.1 所示。

$$\begin{cases} \text{precision} = \dfrac{1}{n}\sum_{i=1}^{n}\dfrac{|y^{(i)}\bigcap \hat{y}^{(i)}|}{|\hat{y}^{(i)}|} \\ \text{recall} = \dfrac{1}{n}\sum_{i=1}^{n}\dfrac{|y^{(i)}\bigcap \hat{y}^{(i)}|}{|y^{(i)}|} \\ f_1 = \dfrac{1}{n}\sum_{i=1}^{n}\dfrac{2|y^{(i)}\bigcap \hat{y}^{(i)}|}{y^{(i)}+|\hat{y}^{(i)}|} \end{cases} \tag{11.1}$$

式中，$y^{(i)}$ 为第 i 个样本的真实值；$\hat{y}^{(i)}$ 为第 i 个样本的预测值。

表 11.1　三种围岩等级实时预测模型的性能评价

参数	算法模型		
	KNN	决策树	DNN
训练时长 /s	0.8286	3.8486	213.9896
精确率	0.9561	0.9818	0.9912
召回率	0.9559	0.9818	0.9912
f_1 值	0.9560	0.9818	0.9912

　　三种围岩等级实时预测模型就精度要求而言均符合要求，能够达到预期效果。但是三种模型各有优缺点，KNN 模型精确率较低，但样本集预测耗时最短（仅 0.8286s），决策树模型精确率较高但耗时 3.8486s，DNN 模型耗时较长但精确率最高（达到 0.9912）。总地来说，在掘进过程中可以通过掘进参数对围岩等级进行实时预测。

　　根据地质预测预报的预测目标，参考围岩等级分类标准，将地质划分为了五项，涉及三类围岩等级，采用 DNN 算法作为分类器，将选取的 10 个参数作为输入，围岩等级作为分类输出。采用下采样提高模型性能，得到如表 11.2 所示的围岩等级实时预测模型的评估结果，围岩等级实时预测方法得到了验证。

表 11.2　下采样围岩等级实时预测模型评估结果

围岩等级	精确率	召回率	f_1 值	样本数量
Ⅱ	0.9871	0.9791	0.9831	43573
Ⅲ	0.9787	0.9841	0.9814	44096
Ⅳ	0.9911	0.9937	0.9924	44007
整体	0.9856	0.9856	0.9856	131676

11.1.3　围岩等级超前预测

　　为解决前中期不同掘进机作业阶段，传统地质预测预报手段面临的问题，在建立的围岩等级实时预测模型的基础上，建立了围岩等级超前预测模型。建立超前预测模型的目的是采用当前掘进机传感器获取的数据对一段时间后可能出现的围岩类别进行超前的预测。掘进机传感器获取的数据是当前掘进数据，超前预测模型可以获得超前的围岩类别，实现超前预测掌子面前方围岩等级的功能。模型建立完成后预测过程耗时短、操作专业性要求低且不需停机预测，因此可以解放专业人士的需求，并且缩短因为停机而延长的工期。对围岩等级进行超前预测，能够对前方地质情况进行预报，及时排查存在的问题，合理规避风险。在保证安全掘进的同时极大降低掘进成本。

　　2008 年，伊朗沙尔鲁德理工大学学者 Alimoradi 等 (2008) 以 TSP203 测得的 6 个参数指标为输入，围岩 RMR 值作为输出，建立了 BP 神经网络，其误差为 10%~20%，成功地通过 TSP203 采集参数预测出现场掘进围岩 RMR 值。2012 年，中南大学学者李志林等 (2013) 采用模糊小波神经网络 (FWNN) 建立了风险评估模型，成功对隧道岩溶灾害程度进行了预测。

　　围岩等级超前预测模型的建立依托 RNN 算法的变体长短期记忆 (LSTM) 算法。LSTM 算法的输出为 $T+n$ 时刻的数据，其中 n 表示超前预测的时间间隔。LSTM 算法是用当前时刻样本及其后滞的 m 个样本数据，见图 11.1 所示。

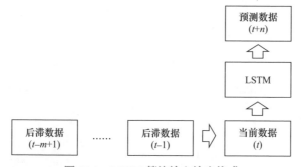

图 11.1　LSTM 算法输入输出格式

　　LSTM 算法模型的输出数据受到输入步长的影响，选择合适的步长至关重要。以均方根误差为模型性能的评价指标，以预测时长作为主要时效性评价指标，训练时长作为辅助时效性评价指标。通过对不同步长下各特征参数评估结果分析可知，当步长为 5 时模型性能达到最优。基于 5 个步长的参数超前预测模型 3s 后的测试及预测结果如图 11.2 所示。

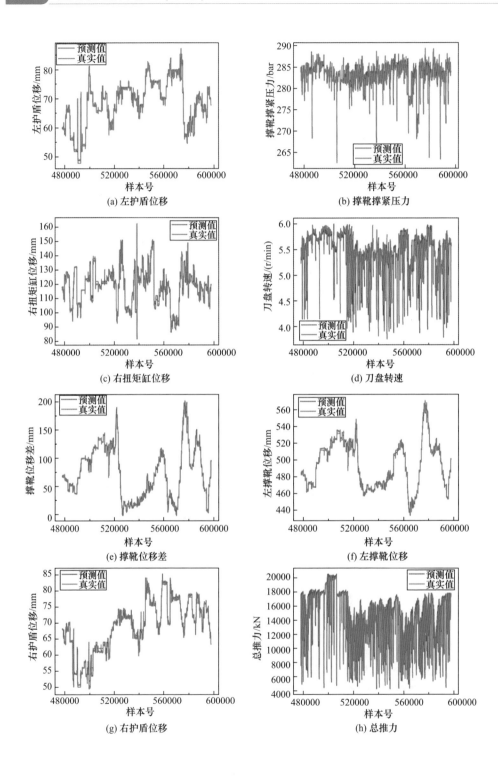

(a) 左护盾位移

(b) 撑靴撑紧压力

(c) 右扭矩缸位移

(d) 刀盘转速

(e) 撑靴位移差

(f) 左撑靴位移

(g) 右护盾位移

(h) 总推力

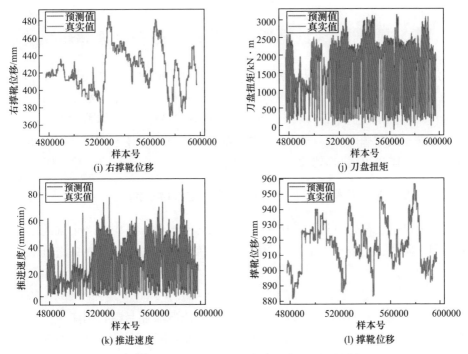

图 11.2　各特征参数最佳步长下超前 3s 预测值和真实值对比

可以发现，模型在超前预测 3s 后的掘进参数数据时，预测曲线和真实曲线基本重合，表明参数超前预测模型能够很好地预测 3s 以后的特征参数值，进一步分析模型能否胜任超前预测围岩等级以及超前预测时间大幅度增加的情况。总体而言，围岩等级超前预测模型的超前预测性能取决于参数超前预测模型的自回归性能。通过引用某引水工程的数据对该方法进行验证，围岩等级超前预测模型的分类评估结果见表 11.3。可见，围岩等级超前预测模型整体 f_1 值为0.8458，略低于精度要求 0.85，但是差距在可接受范围内，认为达到预计目标，验证了围岩等级超前预测方法的可行性。

表 11.3　围岩等级超前预测模型评价结果

围岩等级	精确率	召回率	f_1 值
Ⅱ	0.8849	0.9141	0.8993
Ⅲ	0.7078	0.7123	0.7100
Ⅳ	0.9007	0.7066	0.7919
整体	0.8475	0.8469	0.8458

11.2　基于 D-S 证据理论的多算法融合岩体感知模型

滚刀切割试验结果表明，滚刀推力和贯入度之间存在线性关系。如果将掘进机刀盘切削比作是大型原位扭剪试验，那么在掘岩体力学参数的变化一定会引起设备参数的变化 (Jing et al.，2019)，即掘进过程中，岩体力学参数、设备参数存在一定的关联性。同时，数据挖掘、人工智能等技术的发展，为建立数据驱动的岩体参数感知模型提供了可行性。

11.2.1　基于岩 - 机相互作用模型的岩体力学条件识别

掘进机的正常掘进过程是由多个掘进循环组成的，其中任一个掘进循环可分为四个阶段：空推段、上升段、稳定段和停止段。各个阶段内掘进机运行参数特点如下：

(1) 空推段。掘进机掘进循环开始时，滚刀距掌子面有很小的间隙，从刀盘推进到滚刀接触岩石的这段时间，掘进机主要克服盾体与围岩间摩擦力做功，此时刀盘扭矩较小，总推力大小与围岩类别密切相关，保持在 3000~5000kN。

(2) 上升段。刀盘开始接触掌子面，随着滚刀切入掌子面岩体，主司机缓缓调高刀盘转速、推进速度，刀盘扭矩、总推力随之迅速增大，此时掘进机运行参数的变化反映了滚刀破岩过程中设备的动态响应，包含了丰富的岩 - 机作用信息。

(3) 稳定段。岩体状态、设备状态较为稳定，设备运行参数波动较小，该阶段反映了正常掘进条件下设备性能优劣，是掘进机掘进循环的主要过程。

(4) 停止段。掘进机推进油缸达到最大行程，停止向前推进，推力迅速下降至零，该循环结束，掘进机换步进行下一循环的掘进。

通过在吉林引松供水工程开展现场掘进试验，对不同地层条件下掘进机掘进参数上升段数据分析发现：

(1) 单刀推力随贯入度增加而增加，如图 11.3 所示，两者存在明显的线性关系，且不同里程处岩体越完整、强度越大，单刀推力越大；

(2) 刀盘转速对单刀推力与贯入度关系的影响不大，如图 11.4 所示。

可根据以上规律建立岩 - 机关系模型，如式 (11.2) 所示。a 表示滚刀压入岩石后增大单位贯入度所需单刀推力的大小。当 P 无限趋近于 0mm/r 时，F_n 趋近于 b，b 表示滚刀挤压岩体但并未压入岩体中或尚未在岩体表面产生刻痕时滚刀作用在岩石表面的力的大小，只有当 $F_n > b$ 才能破碎掌子面岩体，故认为 b 为滚刀破岩门槛值。

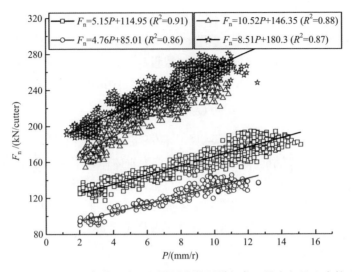

图 11.3　转速相同条件下不同掘进里程的掘进机单刀推力与贯入度关系

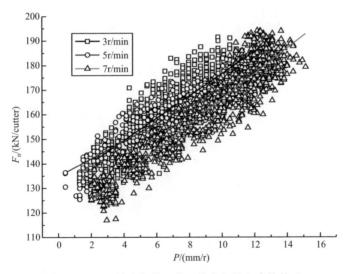

图 11.4　不同转速条件下单刀推力与贯入度的关系

$$F_{\mathrm{n}} = aP + b \tag{11.2}$$

式中，F_{n} 为掘进机单个滚刀推力，kN；P 为贯入度，mm/r；a 为 P 对 F_{n} 的影响系数；b 为滚刀侵入岩体并产生有效压痕的最小门槛值。

现场统计发现，当围岩越破碎、强度越低时，a、b 值越小。在掌子面岩体范围内，包含非常多的裂隙或者节理，当岩体越破碎时，增加单位贯入度所需要的推力增量越小，故 a 是与岩体节理数量 J_v 相关的函数。当 $P = 1$mm/r 时，$F_n = a+b$，表示滚刀压入岩石表面 1mm 时所需滚刀推力，是与岩体强度和节理条件相关的函数，岩石强度越高，节理数量越少，滚刀破岩所需的推力越大。因此，a、b 值和岩体参数的相关关系可用式 (11.3) 和式 (11.4) 表示。

$$a = f(J_v), \quad 0 < J_v < 35 \tag{11.3}$$

$$a + b = g(\mathrm{UCS}, J_v), \quad 0 < J_v < 35, \quad 0 < \mathrm{UCS} < 100 \tag{11.4}$$

式中，UCS 为岩石单轴抗压强度，MPa；J_v 为岩体体积节理数，条 /m³。

采用分步回归的方法建立岩体参数与掘进机掘进参数关系模型。第一步先建立设备运行参数 (F_n) 和贯入度 (P) 之间关系模型，称之为设备参数模型；第二步建立岩体参数和第一步设备参数模型中待定系数之间的关系模型，以石灰岩地层为例，该关系模型的表达式见式 (11.5) 和式 (11.6)。

$$a = 0.02J_v^2 - 1.2J_v + 19.8 \tag{11.5}$$

$$a + b = 1.3\mathrm{UCS} - 2.3J_v + 86.0 \tag{11.6}$$

$$F_n = (0.02J_v^2 - 1.2J_v + 19.8)P + (1.3\mathrm{UCS} - 2.3J_v + 86.0) \tag{11.7}$$

利用掘进机掘进性能预测模型，通过掘进参数求解岩体参数，提出岩体参数预测方法，可预测掘进机所掘岩体的强度和体积节理数，经验证该岩体参数预测准确度能够满足工程需求，为掘进机司机根据当前地质条件调整掘进方案提供参考依据。将掘进机性能预测模型公式变换得到岩体力学参数预测模型，即

$$\begin{cases} F_n = aP + b \\ \mathrm{UCS} = b + 22.3J_v - 86 \\ J_v = 30 \pm 25\sqrt{0.08a - 0.144} \end{cases} \tag{11.8}$$

11.2.2 基于人工智能方法的岩体力学条件识别

通过分步回归的方法建立岩体力学条件识别模型，引入了关于设备参数变化与岩体力学参数之间的先验知识。具有隐藏层的前馈网络提供了一种万能近似框架。具体来说，万能近似定理 (universal approximation theorem)(Hornik et al., 1989；Cybenko，1989) 表明，一个前馈神经网络如果具有线性输出层和至少一层具有任何一种"挤压"性质的激活函数 (如 logistic sigmoid 激活函数) 的隐藏层，只要给予网络足够数量的隐藏单元，它可以以任意的精度来近似任何

从一个有限维空间到另一个有限维空间的 Borel 可测函数。而支持向量机回归 (support vector regression，SVR) 模型在解决小样本、非线性及模式识别中表现出极强的优势 (Gholamnejad et al.，2010；Mottahedi et al.，2018)。

可分别建立基于 BP 神经网络和 SVR 的岩体力学条件识别模型。在应用 BP 神经网络和 SVR 模型时，超参数 (如 BP 算法的学习率、正则化参数与 SVR 算法的核参数、惩罚因子等) 的选取对模型训练过程影响较大，人工选择超参数的方法容易产生模型陷入局部最优解问题。借助于遗传算法 (genetic algorithm，GA) 的全局搜索能力对模型超参数进行全局寻优。算法模型的整体框架如图 11.5 所示。

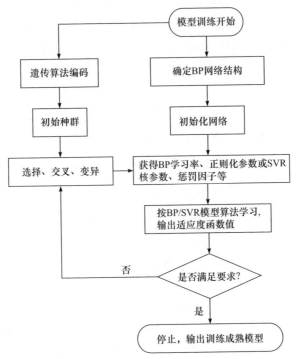

图 11.5　基于 GA 的 BP/SVR 岩体感知模型

根据工程作业过程中收集的掘进参数及岩体数据信息，建立岩 - 机数据库；利用 BP 神经网络、SVR 等人工智能算法，建立岩体感知模型；通过输入掘进参数预测掌子面岩体信息。

11.2.3　多元算法融合的岩体力学条件识别

分步回归算法模型直观，可解释性强，还能通过正则化来避免过拟合，但难以表达高度复杂的数据。而人工智能模型具有强大的非线性表征能力，不依赖人的经验知识，可实现岩体参数的精准预测，但容易受样本库规模大小和数据质量的影响，导致过拟合、泛化能力差的问题。为解决上述问题，在已建立岩体力学条件识别模型的基础上，提出了基于改进 D-S 证据理论实现的多模型决策级融合方法。通过将训练集划分为不同证据集，对不同证据集上的岩体力学条件预测模型的基本概率值 (basic probability assignment，BPA) 进行计算及融合，得到模型分配权重。

1. D-S 证据理论

D-S 证据理论能为不确定性信息的表达与合成提供强有力的工具，在专家系统和信息融合等领域得到了广泛应用 (Dempster，1967；Shafer，1976)。其具体原理如下：假设 Θ 为识别框架 (或称为假设空间)，是一个有限非空集合，对于空间内的任意事件 A，都应包含于 2Θ。定义一个 $2\Theta \to [0，1]$ 的映射函数 M(mass 函数)，且满足

$$M(\phi)=0, \quad \sum_{A \subseteq \Theta} M(A)=1 \tag{11.9}$$

式中，$M(A)$ 被称为事件 A 的 BPA。定义信度函数 (belief function)Bel(A) 和似然度函数 (plausibility function)Pl(A) 如式 (11.10) 与式 (11.11) 所示。

$$\text{Bel}(A) = \sum_{B \subseteq A} M(B) \tag{11.10}$$

$$\text{Pl}(A) = \sum_{B \cap A \neq \Phi} M(B) \tag{11.11}$$

则 [Bel(A)，Pl(A)] 构成事件 A 的信任区间，表示对 A 的信任程度。

假设，$\Theta = \{A_1, A_2, \cdots, A_{n_1}\}$ 证据集合 $e = \{e_1, e_2, \cdots, e_{n_2}\}$，BPA 为 $M_1, M_2, \cdots, M_{n_2}$，那么 Dempster 合成规则为

$$M(A) = \begin{cases} \dfrac{1}{1-\varpi} \displaystyle\sum_{A_i \cap A_j \cap \cdots \cap A_k = A} M_1(A_i)M_2(A_j)\cdots M_{n_2}(A_k), & A \neq \Phi \\ 0, & A = \Phi \end{cases} \tag{11.12}$$

式中，$\varpi = \sum_{A_i \cap A_j \cap \cdots \cap A_k = \Phi} M_1(A_i)M_2(A_j)\cdots M_{n_2}(A_k)$ 反映了证据的冲突情况；系数 $1/(1-\varpi)$ 为正则化因子。

2. BPA 计算

BPA 的合理配置是决定 D-S 证据理论能否有效应用的一个重要因素。在岩

体感知模型融合过程中，首先在训练数据集随机抽取 n_2 个子集作为证据集，在证据集 e_i 上根据不同模型的预测误差来定义 BPA，对预测误差小的模型赋予较大的权重，对预测误差大的模型赋予较小的权重。下面从方差分析的角度给出 BPA 的具体定义方法。

在第 i 个证据集 e_i 上，假设三种岩体感知模型分配的权重分别为 w_{i1}、w_{i2}、w_{i3}，则最终的融合结果 $\hat{y} = w_{i1}\hat{y}_{i1} + w_{i2}\hat{y}_{i2} + w_{i3}\hat{y}_{i3}$，且融合结果的误差均值和方差分别为

$$E_i = w_{i1}E_{i1} + w_{i2}E_{i2} + w_{i3}E_{i3} \tag{11.13}$$

$$
\begin{aligned}
D(E_i) = {}& w_{i1}^2 D(E_{i1}) + w_{i2}^2 D(E_{i2}) + w_{i3}^2 D(E_{i3}) + 2w_{i1}w_{i2}\text{cov}(E_{i1},\ E_{i2}) \\
& + 2w_{i1}w_{i3}\text{cov}(E_{i1},\ E_{i3}) + 2w_{i2}w_{i3}\text{cov}(E_{i2},\ E_{i3})
\end{aligned}
\tag{11.14}
$$

对于不同感知模型的预测误差，假设它们之间是相互独立的，即

$$\text{cov}(E_{ij},\ E_{ik})=0, \quad j, k = 1, 2, 3 \text{ 且 } j \neq k \tag{11.15}$$

为使预测结果的误差方差最小，对 $D(E)$ 求偏导，令

$$\frac{\partial D(E_i)}{\partial w_{i1}} = \frac{\partial D(E_i)}{\partial w_{i2}} = \frac{\partial D(E_i)}{\partial w_{i3}} = 0 \tag{11.16}$$

当满足 $w_{i1} + w_{i2} + w_{i3}=1$ 时，可得到

$$
\left\{
\begin{aligned}
w_{i1} &= \left[\frac{1}{D(E_{i1})}\left(\frac{1}{D(E_{i1})} + \frac{1}{D(E_{i2})} + \frac{1}{D(E_{i3})} \right) \right]^{-1} \\
w_{i2} &= \left[\frac{1}{D(E_{i2})}\left(\frac{1}{D(E_{i1})} + \frac{1}{D(E_{i2})} + \frac{1}{D(E_{i3})} \right) \right]^{-1} \\
w_{i3} &= \left[\frac{1}{D(E_{i3})}\left(\frac{1}{D(E_{i1})} + \frac{1}{D(E_{i2})} + \frac{1}{D(E_{i3})} \right) \right]^{-1}
\end{aligned}
\right.
\tag{11.17}
$$

式中，w_{i1}、w_{i2}、w_{i3} 可作为证据集 e_i 上不同岩体感知模型的 BPA。

3. 改进 D-S 证据理论

合成规则是证据理论的关键，传统 D-S 证据理论在合成高冲突证据源时，会产生 Zaldeh 悖论 (Murphy, 2000; Deng et al., 2004)。为解决上述问题，引入可信度因子 ζ 衡量证据源的可靠性，并根据 ζ 对证据源进行修正，降低不同

证据源之间的冲突。首先定义证据集 e_i 的观测与其他证据集的观测之间的距离：

$$u_i = \sqrt{\sum_{j=1}^{n_2}\sum_{k=1}^{n_1}(M_i(A_k) - M_j(A_k))^2} \tag{11.18}$$

式 (11.18) 中一致性测度和方根 u_i 的大小反映了证据集 e_i 的观测与其他证据集观测的一致程度。u_i 越小，一致性越高，则可信度越高；反之，则可信度越低 (胡海亮等，2016)。图 11.6 对比了抛物线函数、指数函数、三角函数等不同类型和参数的映射函数在一致性测度 u_i 与证据可信度 ζ_i 间进行映射的效果。当 u_i 较小时，证据可信度较高，ζ_i 随 u_i 衰减缓慢；当 u_i 较大时，证据可信度较低，ζ_i 随 u_i 迅速衰减至 0。经过对比分析，映射函数为

$$\zeta_i = 1 - u_i a^{u_i-1} \tag{11.19}$$

式中，ζ_i 为可信度因子；a 为映射函数调整系数。

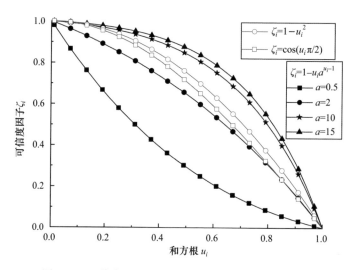

图 11.6   可信度因子 ζ_i 与 u_i 之间的不同映射函数曲线

经可信度因子修正后的 BPA 定义为 $\dot{M}_i(A_k)$，计算公式为

$$\begin{cases} \dot{M}_i(A_k) = \zeta_i M_i(A_k), & A_k \neq \Theta \\ \dot{M}_i A(\Theta) = 1 - \sum_{k=1}^{n_1} M_i(A_k), & A_k = \Theta \end{cases} \tag{11.20}$$

最后，根据 Dempster 合成规则对不同证据集上修正后的 BPA 进行合成，获取最终权重，作为多模型融合的权重系数。

4. 岩体感知模型评估与验证

针对岩体力学条件识别模型，将同一个掘进循环中，基于上升段的分步回

归模型、BP 神经网络模型和 SVR 模型预测结果，构建决策级融合模型，表达式为

$$Y = w_1 \times Y_{reg} + w_2 \times Y_{BP} + w_3 \times Y_{SVR} \qquad (11.21)$$

式中，Y 为最终的预测结果；Y_{reg}、Y_{BP}、Y_{SVR} 分别为三个不同模型的预测结果；w_1、w_2、w_3 为对应的 BPA。

吉林引松供水工程总干线作业四标段（掘进机 3 标）位于吉林市岔路河至饮马河之间，起讫桩号为 48+900m~71+855m，总长度 22955m，穿越地层主要包括石灰岩、凝灰岩、砂岩和花岗岩等，隧道最大埋深 260m，未出现高地应力状况。工程地理位置平面图如图 11.7 所示，岩体力学参数采样里程为 53+552~53+192，穿越地层为中等风化程度的花岗岩地层。

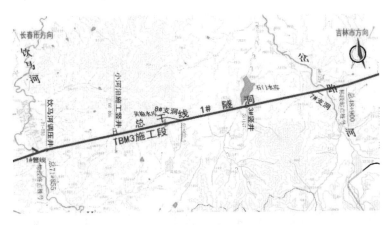

图 11.7　引松供水工程四标段地理位置平面图

通过吉林引松供水工程四标段进行模型测试，以设备运行数据为输入，岩体参数为输出，不同模型预测的岩体节理和单轴抗压强度的结果如图 11.8 和图 11.9 所示。

为了定量比较不同岩体感知模型的预测效果，引入皮尔逊相关系数 (Pearson correlation coefficient，PCC)、均方根误差 (root mean square error，RMSE) 及准确度 (Accuracy) 等三个评价指标来量化模型的估计误差。在各个评价指标中，y_m 代表岩体参数实测值，$\hat{y}$ 代表岩体参数预测值。通常来讲，PCC、Accuracy 值越大，模型效果越好，而对于 RMSE 指标，其值越小，模型预测效果越好。

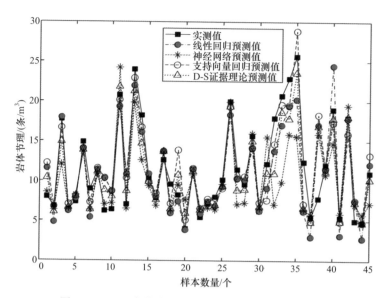

图 11.8　不同岩体感知模型 J_v 预测值与实测值对比

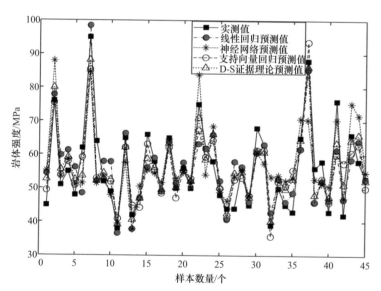

图 11.9　不同岩体感知模型 UCS 预测值与实测值对比

$$\text{RMSE} = \sqrt{\frac{1}{n}\sum_{i=1}^{n}(\hat{y}_i - y_{\text{m}i})^2} \qquad (11.22)$$

$$\text{Accuracy} = \frac{1}{n} \sum_{i=1}^{n} \left(1 - \frac{|y_{\mathrm{m}i} - \hat{y}_i|}{y_{\mathrm{m}i}} \right) \times 100\% \tag{11.23}$$

$$\text{PCC} = \frac{\sum_i (y_{\mathrm{m}i} - \overline{y})(\hat{y}_i - \overline{\hat{y}})}{\sqrt{\sum_i (y_{\mathrm{m}i} - \overline{y})^2 \sum_i (\hat{y}_i - \overline{\hat{y}})^2}} \tag{11.24}$$

不同岩体感知模型对岩体参数的预测效果如表 11.4、图 11.10 所示。从 PCC、Accuracy、RMSE 评估指标的结果来看，基于改进 D-S 证据理论的多元信息融合岩体感知模型总体上预测准确度更高、稳定性更好。

表 11.4　不同岩体感知模型的预测效果对比

岩体感知模型	岩体参数	PCC	RMSE	Accuracy/%
LS		0.93	1.85	85.09
GA+BP	J_v/(条 /m³)	0.9	2.33	83.91
GA+SVR		0.93	1.91	83.91
D-S		0.94	1.72	86.48
LS		0.84	13.67	86.16
GA+BP	UCS/MPa	0.84	13.57	86.01
GA+SVR		0.91	5	87.76
D-S		0.94	4.48	89.74

注：LS 表示最小二乘线性回归模型。

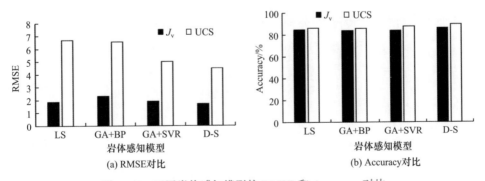

(a) RMSE对比　　(b) Accuracy对比

图 11.10　不同岩体感知模型的 RMSE 和 Accuracy 对比

11.3 基于渣片信息的岩体感知技术

在掘进机掘进过程中，滚刀切割岩体形成渣片。渣片的形态特征和尺寸分布由掘进参数和岩体特征共同决定。通过渣片特征对掘进参数和岩体条件进行分析是评价掘进机掘进性能和掌子面前方地质条件的一个重要途径。通过在皮带机上方安装渣片图像获取装置，基于机器视觉技术，可在无接触条件下，准确、快速地获得渣片特征分布，非常适用于渣片在线分析，相关研究已逐渐成为学术热点。

11.3.1 掌子面岩体条件与渣片颗粒级配映射规律

尺寸分布是掘进机渣片形态最直接的特征。小粒径 (0~20mm) 的渣片主要形成于滚刀破岩压碎区或者二次破碎过程。中等粒径 (20~65mm) 的渣片一般是在较完整岩体条件下由滚刀破岩产生的侧向裂纹相互作用形成，其形状以片状为主。而在节理发育的岩体条件下，大粒径 (65~150mm) 的渣片，一般是由滚刀与节理面的相互作用形成，此粒径范围的渣片以块状居多，这类渣片的比例代表了岩体中结构面的分布状态。超过 150mm(2 倍刀间距) 的特大渣片，是影响掘进机作业安全的异常渣片，其比例增多反映了掌子面的不稳定性。为了对渣片的尺寸分布特征进行定量描述，以曲率系数、不均匀系数和粗糙度指数作为主要评价指标。

1. 曲率系数和不均匀系数

曲率系数和不均匀系数分别用于描述颗粒级配曲线的平滑度和级配均匀程度，计算如式 (11.25) 与式 (11.26) 所示。

$$C_c = \frac{d_{30}^2}{d_{10} \times d_{60}} \tag{11.25}$$

$$C_u = \frac{d_{60}}{d_{10}} \tag{11.26}$$

式中，d_{10}、d_{30} 和 d_{60} 分别为累积质量分布为 10%、30% 和 60% 所对应的特征粒径；C_c 为级配的曲率系数；C_u 为级配的不均匀系数。

2. 粗糙度指数

粗糙度指数是评价颗粒级配中大尺寸渣片比重的指标，级配中大粒径颗粒越多,粗糙度指数就越大。粗糙度指数是每个筛分等级剩余累积质量与总质量的百分比之和,如式 (11.27) 与式 (11.28) 所示。

$$x_i = \frac{w_i}{w_{\text{总}}} \times 100\% \tag{11.27}$$

$$\text{CI} = \sum_{i=1}^{n} x_i \tag{11.28}$$

式中,w_i 为大于第 i 组粒径的岩片总质量;$w_{\text{总}}$ 为岩片总质量;x_i 为第 i 组粒径的累积筛余率;CI 为粗糙度指数。

不同岩体参数条件下的渣片参数和掘进参数如表 11.5 所示,可以看出节理是影响渣片特征的关键岩体参数。随着岩体节理 J_v 的增大,不均匀系数逐渐增大,曲率系数逐渐降低,粗糙度指数逐渐增大。不同岩体参数条件下的渣片累积分布曲线如图 11.11 所示。

表 11.5 不同岩体参数条件下的渣片参数和掘进参数

断面编号	岩体参数	渣片参数								掘进参数			
	J_v/(条/m³)	曲率系数	不均匀系数	粗糙度指数(>10mm)	粗糙度指数(>40mm)	最大粒径/mm	大于净刀间距渣片占比/%	特大块渣片占比/%	大岩片平均轴长比	推力/kN	扭矩/kN·m	贯入度/(mm/r)	刀盘转速/(r/min)
1	0~2	1.05	1.91	206	168	70.1	5.1	0	0.57	19280	2144	2.6	7.54
2	4~6	1.00	2.17	175	200	80.6	5.2	0	0.72	15124	2814	5.05	7.81
3	8~10	0.93	2.31	307	290	101.7	10.1	0.58	0.77	14322	2645	13.10	7.46
4	12~14	0.90	2.61	282	358	121.7	20.5	0.93	0.73	12127	2109	13.44	7.40
5	16~18	0.97	2.74	356	462	194.3	35.1	13.60	0.75	8400	2195	7.9	7.30
6	20~25	0.91	2.87	361	468	158.2	28.3	13.01	0.75	5542	1143	10.9	7.29

注:净刀间距表示减去滚刀刀刃宽之后的刀间距,为正常岩体破岩下的岩片中轴参考值。

在滚刀破岩过程中,裂纹沿着能量释放最快的路径传播,由节理产生的自由面代表了能量最低点,对裂纹的扩展方向和扩展模式有重要影响。完整岩体条件下,相邻滚刀挤压形成的侧向裂纹相互贯通是渣片形成的主要机制,刀间距成为限制渣片尺寸的关键。节理发育的岩体条件下,掘进机破岩机制逐渐转变为滚刀挤压产生的裂纹与节理面共同作用。随着节理面发育到一定程度,掘进机掘进只需要滚刀对掌子面的岩体进行扰动,即可以产生大量渣片,甚至在极其破碎的岩体条件下,掌子面发生失稳现象。

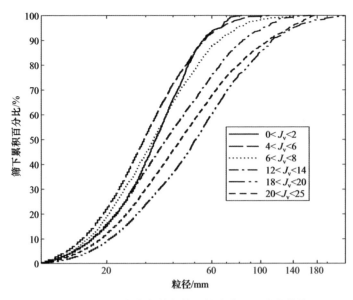

图 11.11　不同岩体参数条件下的渣片累积分布曲线

11.3.2　渣片图像智能分割方法研究

　　渣片图像分割是渣片图像数据处理的核心环节。目前，根据渣片形状和尺寸对掘进机渣片图像进行正确分割面临许多挑战。首先，渣片图像经常无法呈现完整的渣片轮廓，部分岩渣的岩粉含量较高，渣片被大量岩粉覆盖，导致渣片完整轮廓不易辨别，渣片互相重叠也影响了图片中渣片轮廓的完整性；其次，渣片图像中的目标尺寸、纹理特征、灰度和对比度的差异较大，需要足够强健的算法提取图像局部特征和全局特征。

　　传统图像分割算法主要基于图像的分布、变化、颜色特征构建目标与背景之间的边界线，单纯通过传统图像分割算法难以实现渣片图像的准确分割。为了解决渣片图像的分割问题，本节提出了一种卷积神经网络结构。该网络以U-Net 作为编码 - 解码结构，实现对渣片的区域和轮廓同时预测。两个预测模型共享同一个下采样结构，而上采样部分将作为独立的预测模型。通过后处理算法将预测的渣片区域和轮廓进行融合，得到最终的分割结果。

　　U-Net 网络结构如图 11.12 所示。网络结构的输入为裁剪好的小图像，其尺寸为 512×512 像素。网络结构包括下采样和上采样两个路径。下采样路径也称为编码器，通过四个不同下采样块组成，抽象出原始输入图像的高级特征。两个上采样分支的最后一层特征映射都通过 sigmoid 函数转为像素的分类概率，其概率决定像素属于前景或者背景。渣片的区域和轮廓之间存在高度的相关性，因此认为它们可以共享下采样特征。在实际训练过程中，两个解码器的反向传播误差可以共同用于编码器 (下采样) 中的参数调整。

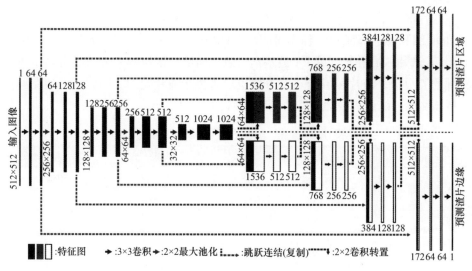

图 11.12　U-Net 网络结构

为了度量模型对渣片区域和轮廓的像素级预测性能，采用的评价指标为 dice、像素准确率 PA 和模型综合得分 f_1，如式 (11.29) 所示。其中，Dice 分值用于评价前景重叠区域的占比；PA 是最基本的图像分割评价指标，表示预测结果中正确分类的像素占比；f_1 是召回率和精确率的调和平均值，它受极端值影响较小，更适合评价不平衡数据的分类问题。

$$\begin{cases} \text{dice} = \dfrac{2|X \cap Y|}{|X|+|Y|} \\ \text{PA} = \dfrac{\text{TP+TN}}{\text{TP+TN+FP+FN}} \\ f_1 = \dfrac{2 \times \text{precision} \times \text{recall}}{\text{precision} + \text{recall}} \\ \text{precision} = \dfrac{\text{TP}}{\text{TP+FP}} \\ \text{recall} = \dfrac{\text{TP}}{\text{TP+FN}} \end{cases} \qquad (11.29)$$

式中，X 和 Y 分别表示实际的前景像素集合与预测的前景像素的集合；precision 和 recall 分别为精准度和召回率；TP 为将正类预测为正类的数量；TN 为将负类预测为负类的数量；FP 为将负类预测为正类的数量；FN 为将正类预测为负类的数量。

渣片区域和轮廓预测模型性能表现如表 11.6 所示。在测试集上，渣片区域和轮廓预测模型的 PA 值分别为 97.3% 和 97.7%，f_1 分值分别为 96.3% 和 92.1%。渣片区域和轮廓的 PA 值基本一致，而渣片区域的 f_1 分值显著高于渣片轮廓的 f_1 分值，渣片区域的 dice 分值也显著优于渣片轮廓。因此，模型在渣片区域预测上的综合表现优于渣片轮廓预测。

表 11.6   渣片区域和轮廓预测模型性能表现

数据集	分类器	PA/%	f_1 得分 /%	dice 得分 /%
训练集	区域	98.8	97.9	98.2
	轮廓	98.5	93.4	92.3
测试集	区域	97.3	96.3	97.2
	轮廓	97.7	92.1	91.5

通过卷积神经网络预测渣片的区域和轮廓后，将两种预测结果通过分水岭进行后处理融合得到最终分割结果。两种典型渣片图像分割结果如图 11.13 所示。总体来说，模型性能良好，特别是对于前景和背景对比度较高的图像，分割结果非常准确，如图 11.14(a) 所示。然而，当背景复杂或碎片严重重叠时，模型容易出现欠分割，如图 11.14(b) 所示。为了确保渣片粒径分布统计的精度，模型只识别粒径大于 10mm 的渣片。

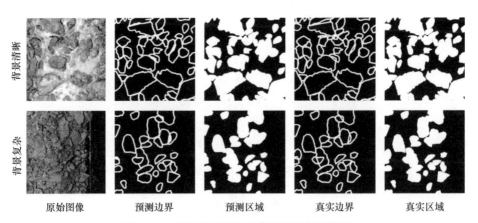

图 11.13   两种典型渣片图像的模型预测结果

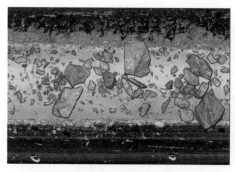 

(a) 背景对比度较高的图像识别　　　　　(b) 背景复杂的图像识别

图 11.14　两种典型渣片图像分割结果

11.3.3　基于渣片信息的掌子面状态智能评价方法

为有效表征不同围岩等级下掘进机掘进参数与渣片参数之间的复杂关系，采用主成分分析 (principal component analysis，PCA) 与随机森林 (random forest，RF) 的人工智能方法构建 PCA-RF 组合模型，用于掘进机围岩等级预测。建模过程包括特征提取和模型构建两个部分，如图 11.15 所示。

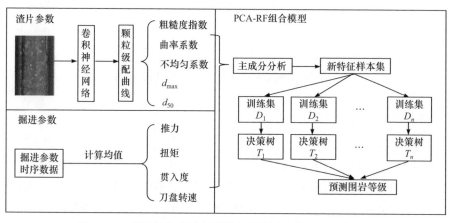

图 11.15　基于渣片参数和掘进参数的围岩等级预测流程图

1. 主成分分析与随机森林组合模型

在稳定掘进段，给定一个时长为 T 的掘进区间，若该区间产生了 n 张渣片图像，则总的渣片分割数据集合为 $C=\{c_1, c_2, \cdots, c_n\}$，其中，$c_i$ 表示第 i 张渣片图像分割得到的渣片数据，计算渣片的特征分布曲线、粗糙度指数、不均匀系数、曲率系数、最大粒径和 d_{50} 等渣片参数。

为消除数据特征之间的共线性，引入 PCA 方法对掘进参数和渣片参数降维。通过降维后得到的样本集 $X_q \times n$，可作为随机森林模型的输入来预测围岩等级。随机森林模型是以决策树为基分类器的一种集成学习模型，其主要思想是利用多个弱分类器的结果投票表决得到一个强分类器。在围岩等级预测任务中，所采用的基分类器为分类回归树算法 (classification and regression tree，CART)，它是一种基于二叉树的模型，以基尼指数为指标完成最优特征的选择以及最优切分点的计算。最优切分点按式 (11.30) 计算。

$$
\begin{cases}
\left(D_j, m\right) = \dfrac{\left|D_{j\_\mathrm{L}}\right|}{\left|D_j\right|} R_{\mathrm{Gini}} \cdot D_{j\_\mathrm{L}} + \dfrac{\left|D_{j\_\mathrm{R}}\right|}{\left|D_j\right|} R_{\mathrm{Gini}} \cdot D_{j\_\mathrm{R}} \\
R_{\mathrm{Gini}(D_j)} = 1 - \displaystyle\sum_{y=1}^{Y}\left(p_y\right)^2
\end{cases} \tag{11.30}
$$

式中，R_{Gini} 为数据集 D_j 的基尼指数；Y 为围岩等级；p_y 为训练子集 D_j 中属于第 y 类围岩的概率；D_{j_L} 为数据集 D_j 的左集合；D_{j_R} 为数据集 D_j 的右集合。

对 n 个相互独立的训练集 D_j，分别按照上述过程计算，生成 n 个不同的分类决策树，将这些分类决策树组合就构成了围岩等级预测的随机森林模型 $H(h_1, h_2, \cdots, h_n)$。围岩等级的预测结果即为多个决策树的投票表决结果，可以表示为

$$
h_p = R_{\mathrm{majorityvote}}[H(h_1, h_2, \cdots, h_n)], \quad p = 1, 2, 3, \cdots, n \tag{11.31}
$$

式中，$R_{\mathrm{majorityvote}}$ 为分类决策树的票决数；p 为分类决策树的个数。

2. 模型评估与验证

数据库包含 Ⅱ、Ⅲ、Ⅳ 三类围岩类别。所采用的模型评价指标包括准确率、精确率、召回率和 f_1 得分。PCA-RF 组合模型对不同围岩等级的预测效果如表 11.7 所示。模型在测试集上的整体分类准确率为 89.9%。虽然数据集中Ⅳ类围岩的样本数较少，但是该类别的预测效果最好，测试集上的准确率达到了 96.4%。

掘进机在Ⅳ类围岩条件下掘进时，其掘进参数和渣片参数会有显著的变化，渣片中大块的数量会迅速增加，因此Ⅳ类围岩相比 Ⅱ、Ⅲ类具有更好的辨识度。对于Ⅱ类和Ⅲ类围岩，由于其渣片和掘进参数的差异性相对较小，导致模型在区分这两类围岩时，分类边界不够准确，使得预测准确率较低。

表 11.7　PCA-RF 组合模型对不同围岩等级的预测效果

围岩等级	训练集				测试集			
	精确率 /%	召回率 /%	f_1 得分	样本数	精确率 /%	召回率 /%	f_1 得分	样本数
II	87.5	93.8	0.906	2864	85.7	92.2	0.888	1276
III	90.3	83.7	0.868	2407	87.5	80.3	0.837	1008
IV	97.0	87.8	0.921	333	96.4	87.3	0.915	118

11.4　基于刀具监测数据反演的岩体感知技术

本节介绍刀盘状态监测系统，提出了将滚刀瞬时转速与瞬时理论转速的比值 (刀具转速比) 作为掌子面地层软硬程度的评价指标，用以监测掌子面地层分布，以便能更及时、直观地监测到盾构掘进过程中的地层变化及掌子面完整度情况，进一步分析出地层软硬不均分布情况，从而为掘进作业决策提供参考。

11.4.1　刀盘状态监测系统

刀盘状态监测系统由传感器子系统、控制与数据传输子系统、算法及显示子系统三部分组成，如图 11.16 所示。

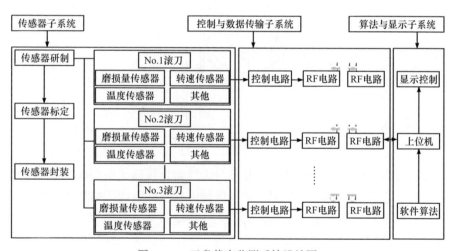

图 11.16　刀盘状态监测系统设计图

传感器子系统由滚刀磨损量、滚刀转速、温度等传感器等组成，各传感器可单独工作，也可按现场要求灵活组合，同时需要进行传感器的研制、标定、封装以及有限空间内不同传感器的布置与安装。根据刀盘结构及刀箱结构，研制了集成磨损量传感器、转速传感器及温度传感器于一体的多种结构，包括嵌入式传感器、倾斜式传感器及跨接式传感器，以适应不同的安装需求。其中倾斜式传感器安装于刀箱箱体内侧，其结构设计和实物如图 11.17 所示。传感器采用无磁钢作为前面板，以消除面板对磁场的影响。无磁钢比普通钢具有更好的耐磨性能，其防护性更好。图 11.18 所示为某盾构作业项目的倾斜式传感器安装示意图。

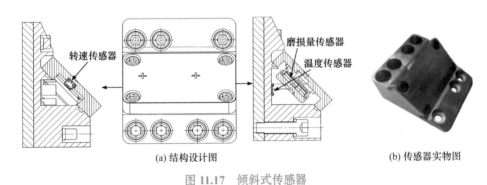

(a) 结构设计图　　　　　　　　　(b) 传感器实物图

图 11.17　倾斜式传感器

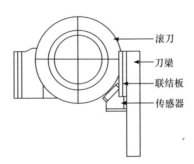

图 11.18　倾斜式传感器安装示意图

控制与数据传输子系统可分为控制与无线数据传输子系统和控制与有线传输子系统。它们的控制单元相同，数据传输方式根据刀盘的结构以及实际工作环境，可以选择有线传输或无线传输。无线传输方式具有安装灵活、监测节点多等特点。有线传输方式具有实时性更高、数据传输速率更快等优点，但限于刀盘结构，可监测节点数相对较少。

控制与无线数据传输子系统由控制部分、射频部分、主副冗余传送部分组成，包括不同类型传感器的控制软硬件、监测系统的工作状态控制软硬件、掘进机或盾构舱内的高效无线数据传输软硬件。控制部分负责传感器状态控制、系统数据逻辑、简单算法等功能，分为传感器控制与上位机控制。射频部分实现无线数据在泥水和渣土中的有效传播。主副冗余传送部分采用独特多路径设计，实现数据冗余传送，提高数据的可靠性，将无线数据转换为有线数据，并通过中心端转换为网络数据后传送给上位机。

控制与有线传输子系统由控制部分、串行通信总线、集线器、滑环、串口服务器等组成。控制部分与无线传输方式中的控制部分承担相同的功能，但控制逻辑有所不同，以实现更加高效的实时性传输。通信总线经过滑环引出压力舱隔板之后，经过中心端即串口服务器转换为 TCP/IP 协议传输到上位机。

算法及显示子系统负责对接收到的数据进行分析、判断、计算，包括实时监测数据与作业数据的分析算法、界面软硬件显示等。

11.4.2　刀具平均转速比

由于不同滚刀在刀盘上所处的轨迹半径不同，所以在同样的刀盘转速下滚刀的理论转速不同。为了将所有滚刀统一在同一个度量基准上，避免出现不同轨迹半径上的滚刀转速报警阈值不同，需要计算滚刀瞬时理论转速的转速比 ε。

刀盘开始转动时，通过刀盘转速检测装置获取刀盘瞬时转速，监控系统根据刀盘瞬时转速、滚刀所在的轨迹半径和滚刀的半径，并根据滚刀与掌子面接触点线速度的计算公式计算滚刀的瞬时理论转速，计算公式为

$$\omega_3 = \omega_1 \times (r_1 / r_2) \tag{11.32}$$

式中，ω_3 为滚刀的瞬时理论转速；ω_1 为刀盘瞬时转速；r_1 为滚刀所在的轨迹半径；r_2 为滚刀的半径。

计算滚刀瞬时转速与滚刀的瞬时理论转速的转速比，计算公式为

$$\varepsilon = \omega_2 / \omega_3 \tag{11.33}$$

式中，ω_2 为滚刀的瞬时转速。

将每把滚刀在至少一个旋转周期内的数据 (ε, α) 作为极坐标，并将每把滚刀的极坐标在各自的极坐标系中标注出来，绘制每把滚刀的转速分布图。其中，α 为滚刀当前所处的实际角度。将转速比分布图按照固定的角度值圆周等分，计算每个角度值范围内的平均转速比。如图 11.19 所示，其中图 (a) 为一个旋转周期内正常地质条件下，单把滚刀的转速比分布图，滚刀转速比大多分布在100% 附近；图 (b) 为上软下硬的地质条件下，单把滚刀的转速比分布图，可以看出，在坐标系的上半空间，滚刀转速比低于 100%，且分布较为分散。

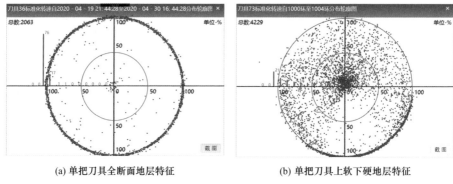

(a) 单把刀具全断面地层特征　　　　　　(b) 单把刀具上软下硬地层特征

图 11.19　单把刀具一个旋转周期内转速比分布图

11.4.3　基于刀具平均转速比的掌子面实时感知

DBSCAN(density-based spatial clustering of application with noise) 算法是一种基于密度的聚类方法，将刀具平均转速比作为密度聚类指标，进行滚刀状态判断，进而反演掌子面软硬程度分布。该方法与简单设定阈值的方法相比，更能有效结合数据分布，去除噪声数据，给出更为合理有效的识别结果。

1.DBSCAN 算法

DBSCAN 算法的中心思想是：对于某一聚类中的每个对象，在给定半径（用 Eps 表示）的邻域 (neighborhood) 内数据对象个数必须大于某个给定值，也就是说，邻域密度必须超过某一阈值（用 MinPts 表示）。DBSCAN 中的概念主要如下：

定义 1　**核对象**　一个对象 p 的 Eps- 近邻至少包含一定数目（$\geqslant$ MinPts）的对象，则对象 p 称为核对象。

定义 2　**直接密度可达**　在对象集 D 中，若对象 q 为另一个对象 p 的 Eps- 近邻且 p 为核对象，则对象 q 从对象 p 直接密度可达。

定义 3　**密度可达**　在对象集 D 中，若存在一个点链 p_1、p_2、$\cdots$、p_n，对于 $p_i \in D(1 \leqslant i \leqslant n)$，且 p_i+1 是从 p_i 的直接密度可达，则点 p_n 从 p_1 密度可达。

定义 4　**密度连接**　若存在对象 o，使得对象 p 和 q 都从 o 密度可达，则对象 p 和 q 密度相连。

通过以上描述，基于密度的聚类就是一组密度连接的对象，以实现最大化的密度可达。不包含在任何聚类中的对象就是噪声数据。DBSCAN 算法采用 R*-tree 方法检索相邻点，对全部数据只需搜索一次即可得到最终结果，因而速度很快。同时它能处理任意形状的聚类，根据阈值 MinPts 可以去除噪声，是一种较好的空间数据聚类算法。

２. 基于 DBSCAN 的滚刀状态判断与掌子面反演

将单把滚刀的转速比分布图按照固定的角度值圆周等分，计算每个角度值范围内的平均转速比，得到了该滚刀在圆周方向不同位置的转速特征值，汇总所有滚刀全部轨迹内的转速特征值，并以不同颜色进行区分（将滚刀平均转速比 0~100 与计算机显示红色到绿色的 RGB 值进行映射），就可以得到整个开挖面地质状态图。如图 11.20 所示，红色区域表示滚刀完全不转，绿色区域表示滚刀正常旋转（滚刀平均转速比 > 80%），其余区域根据滚刀平均转速比计算相应 RGB 值后进行显示。

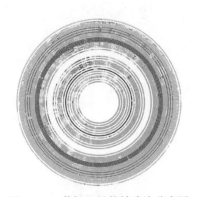

图 11.20　单把刀具的转速比分布图

基于刀具平均转速比，通过以下步骤对滚刀状态和掌子面地层进行判断：

(1) 当刀具平均转速比在整个一圈的轨迹均为绿色时，掌子面地层完整性较好，标记为绿色；

(2) 当单一轨迹转速比点连续显示为红色，判断刀具卡死未旋转或刀具旋转传感器故障，及时对相应刀具进行更换或检查刀具旋转传感器，掌子面地层情况分析时将此轨迹进行排除，不予统计；

(3) 单一轨迹部分区域显示转速比正常，在某一区域内转速比低或无转速，则判断掌子面该区域地层较软或较破损，导致地层与刀具摩擦力不够，刀具启动扭矩不足，无法正常旋转，将此区域地层标记为红色，将转速比正常区域标记为绿色；

(4) 相邻连续轨迹在同一片区域内出现低转速比或无转速现象，同样判断为掌子面地层软弱不均，导致刀具运行至该区域时摩擦力不足，刀具无法正常旋转，标记掌子面状态为红色。

对刀盘转速比图像进行处理、分析、识别即可得到掌子面基岩分布情况。首先采用图像聚类算法，对刀具转速比原始数据进行优化，筛选掉原始样本中的低质量数据，在保证样本数量的前提下，提高样本整体质量。其次通过比例裁剪、尺寸归一化、灰度化等多种图像预处理方法，对聚类后的刀具转速比样本进行预处理，优化样本质量，提高识别效果。最后以 LeNet-5 网络为基础，通过优化网络结构参数，构造出一个多层 CNN 结构，见图 11.21，对刀具转速比进行分类，最终输出掌子面基岩分布如图 11.22 所示。

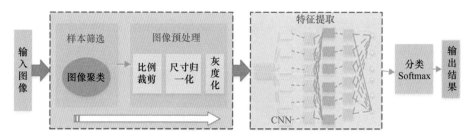

图 11.21　基于 CNN 架构的基岩方位识别

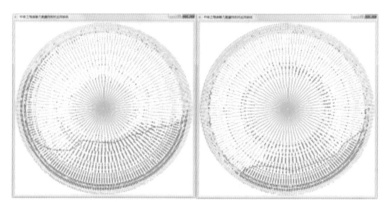

图 11.22　掌子面基岩分布云图

11.5　隧道声音识别系统的建立

隧道制造过程中会产生许多声音，这些声音几乎全部是噪声，然而我们可以充分利用这些声音去挖掘需要的信号。声音有几个方面的指标，包括音质、音调、音频，当然还有声波、音律等。通过分析这些指标，我们可以获得对隧道内部未开挖部分结构状况的判断或判定。

通过破岩过程中的声音可以获得岩石的种类，如同通过不同鸟的鸣叫，可以知道是什么鸟一样。

通过破岩声音可以获得岩石的抗压强度，如越硬物体所产生的声音越脆。

通过破岩声音可以获得岩石的结构特征，如岩石有无裂纹，是否破碎？这样可以自动进行地质素描，掌握地质的瞬时变化特征。

滚刀在破岩过程中会产生磨损，因为刀具的形状发生变化，必然带来破岩声音的变化。通过声音变化可以获得刀具磨损情况，判断滚刀是否正常转动，是滚动破岩还是滑动破岩，甚至可以描绘为"岩石在磨刀"。

将声音传感器安置在隧道掌子面附近，可以将围岩变形产生的声音转化为岩爆发生前的预警，如同地震预警系统一样。

可以将围岩中不同介质变化的声音转化为对不良地质甚至地质灾害的预警。

建立一套完整的隧道制造过程声音识别系统，对隧道与设备状态进行及时的监控和预警有助于我们及时掌握变化程度，有利于安全，有利于正确地操纵设备。

参 考 文 献

柴玉梅，邵诚 . 2014. 基于盾构掘进参数及粗糙集理论的地层判别 [J]. 矿业工程，12(3)：63-66.

董鑫，熊自明，郝以庆，等 . 2017. 基于摄影测量的海底隧道围岩结构面识别研究 [J]. 港工技术，54(4)：100-104.

胡海亮，钟求喜 . 2016. 基于证据可信度的 D-S 理论改进方法 [J]. 计算机应用与软件，33(6)：13-15，19.

李志林，王星华，谢李钊 . 2013. 基于模糊小波神经网络的岩溶隧道风险评估及综合超前地质预报技术 [J]. 现代地质，27(3)：719-726.

刘贵应，陈建平，魏新颜，等 . 2002. 人工神经网络在隧道围岩稳定性识别中的应用 [J]. 地质科技情报，1：95-98.

刘跃丽，郭峰，田满义 . 2003. 双护盾 TBM 开挖隧道围岩类型判别 [J]. 同煤科技，1：27-28.

邵成猛 . 2016. 基于盾构掘进参数的 LVQ 神经网络地层识别 [J]. 石家庄铁道大学学报（自然科学版），29(1)：93-102.

田胜利，葛修润，涂志军 . 2006. 隧道及地下空间结构变形的数字化近景摄影测量试验研究 [J]. 岩石力学与工程学报，25(7)：1309-1315.

王述红，张航，张艳桥，等 . 2011. 随机结构面切割岩质边坡空间块体模型及关键块体分析 [J]. 东北大学学报（自然科学版），32(3)：431-434.

杨卓 . 2016. 基于 BP 神经网络方法的岩溶隧道突涌水风险预测 [J]. 隧道建设，36(11)：1337-1342.

张延欢，李利平，刘洪亮，等 . 2016. 隧道围岩结构面数字识别及完整性评价方法 [J]. 隧道建设，

36(12): 1471-1477.

Alimoradi A, Moradzadeh A, Naderi R, et al. 2008. Prediction of geological hazardous zones in front of a tunnel face using TSP-203 and artificial neural networks[J]. Tunnelling and Underground Space Technology, 23(6): 711-717.

Cybenko G . 1989. Approximation by superpositions of a sigmoidal function[J]. Mathematics of Control, Signals and Systems, 2(4): 303-314.

Dempster A P. 1967. Upper and lower probabilities induced by a multivalued mapping[J]. Annals of Mathematical Statistics, 38(2): 325-339.

Deng Y, Shi W K, Zhu Z F. 2004. Efficient combination approach of conflict evidence[J]. Journal Infrared Millimeter Waves, 23(1): 27-32.

Gholamnejad J, Tayarani N. 2010. Application of artificial neural networks to the prediction of tunnel boring machine penetration rate[J]. Mining Science and Technology, 20(5): 727-733.

Hornik K, Stinchcombe M B, White H. 1989. Multilayer feedforward networks are universal approximators[J]. Neural Networks, 2(5): 359-366

Jing L J, Li J B, Yang C, et al. 2019. A case study of TBM performance prediction using field tunnelling tests in limestone strata[J]. Tunnelling and Underground Space Technology, 83: 364-372.

Mottahedi A, Sereshki F, Ataei M. 2018. Overbreak prediction in underground excavations using hybrid ANFIS-PSO model[J]. Tunnelling and Underground Space Technology, 80: 1-9.

Murphy C K. 2000. Combining belief functions when evidence conflicts[J]. Decision Support Systems, 29: 1-9.

Shafer G. A Mathematical Theory of Evidence[M]. Princeton: Princeton University Press, 1976.

Startup Company from Austrian. 2008. ShapeMetriX3D Service Manual[R]. Shenyang: Earth Products China Limited.

第 12 章
掘进机智能控制技术

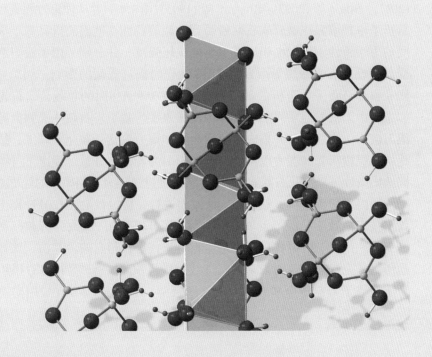

TBM 掘进机的控制是一个涉及地质、设备等多因素耦合的过程，也是机、电、液多系统协同工作的复杂工程，其追求的目标是实现设备安全、高效、经济的全局协调与优化。当前 TBM 掘进智能控制的难点在于：① TBM 掘进状态感知难，掌子面和围岩的地层条件复杂多变，且 TBM 结构复杂、工作环境恶劣，操作人员无法评估 TBM 掘进状态优劣；② TBM 掘进参数优化难，根据仅有的地质信息和设备状态信息，只能通过反复调试，对掘进参数进行优化，逐步形成操作经验，但这种经验往往很难适用于不同地质条件。一旦遭遇地层急剧变化或复杂地质条件时，由于缺乏实时的岩 - 机信息感知方法和操作调整方案，往往导致卡机，引发设备异常损耗，甚至机毁人亡，造成重大的经济损失和工期延误。

既然我们研究智能掘进机，不妨首先定义智能掘进机。智能掘进机即具有自判断、自感知、自学习、自适应各种地质、自决策掘进参数和无人驾驶等功能的掘进机。

12.1　TBM 掘进智能控制技术研究现状

12.1.1　TBM 掘进载荷智能化预测技术

为了准确预测 TBM 工作时的掘进载荷，Roxborough 等 (1975)、吴起星 (2011)、Bilgin 等 (2012)、Rostami 等 (1993) 国内外学者从理论方面进行了研究，分析了单把滚刀在破碎岩石时所受到的载荷特性。他们的研究基于滚刀与岩石间的力学特性、接触面积以及岩石的抗压强度，并分别考虑了滚刀磨损、刀盘受载特性、盾壳摩擦等因素对 TBM 工作时掘进载荷的影响。周思阳等 (2016) 则在整体装备受力分析的基础上研究了 TBM 工作时的总载荷，首先从分析破岩过程中刀盘与地质间的相互作用特征入手，基于岩石破坏准则推导出常截面滚刀破岩力表达式，并集成给出刀盘整体推力表达；在此基础上，结合装备在地层中掘进所受摩擦力以及后续设备牵引力等推力分量，提出了可综合反映不同地质条件与操作状态影响的 TBM 装备掘进总推力预测模型的建立方法。

国内外学者还从工程数据统计方面进行分析。钱七虎 (2017) 提出了基于大数据技术的数字化隧道发展道路，制定了 TBM 掘进参数分析和控制的总体研究思路。张兵 (2019) 提出了自适应权重迭代分析信息熵值算法，该算法可以根据历史的掘进载荷值对未来的掘进载荷进行预测。Sun 等 (2018) 采用随机森林算法建立了刀盘扭矩和总推力的预测模型。Acaroglu(2010) 采用模糊逻辑建立了滚刀法向力和滚动力的预测模型，并与实际法向力与滚动力相比，法向力归一化均方根误差为 6.9%。

12.1.2　TBM 掘进速度智能化预测技术

自 20 世纪 70 年代以来，许多学者在 TBM 掘进速度预测方面做了大量的研究，开发出了大量的 TBM 掘进速度的预测模型，主要分为理论模型和经验模型两个大类。在理论模型研究方面，其中比较著名的理论模型有由 Boyd(1986) 提出的量纲模型和由科罗拉多矿业大学 (Colorado School of Mines，CSM) 的 Rostami(1997) 提出的 CSM 模型。CSM 模型是以实验室线性切割机试验获取的数据而构建的，理论模型虽然在一定程度上可以解释 TBM 掘进速度与掘进参数、岩体条件之间的关系，但是由于实验室获得的数据与现场实际地质条件均有较大的差别 (如不连续性，含水状态等)，故精度不如经验模型高 (Hassanpour et al.，2010)。随着研究的不断深入、现场数据的积累、计算机的算力大幅提升、机器学习算法的发展，经验模型开始受到研究人员的重视。与理论模型相比，经验模型的数据都是现场实测数据，故其预测精度相对更高 (梁军博，2020)。

在经验模型研究中，如 Yagiz(2002)、Mahdevari 等 (2014)、闫长斌等 (2019)、Fattahi 等 (2017) 以大量的实地测量的岩体参数 (如岩石总硬度、节理面角度、软弱层间距、岩石单轴抗压强度、泊松比等指标) 为基础构建出 TBM 掘进速度多元线性回归预测模型。闫长斌等 (2019) 以兰州水源地建设工程输水隧洞双护盾 TBM 作业数据为基础，通过选取岩石单轴抗压强度、泊松比等岩石参数，进行 TBM 掘进速度与岩石参数相关性分析，在此基础上运用多元回归模型构建 TBM 掘进速度预测模型。该模型预测精度较高，其预测误差在 15% 左右，具有一定的实用意义。此外，部分学者构建模型时不仅考虑到了岩体参数，还增加 TBM 其他掘进参数作为模型输入条件来开发模型，其模型的精度更高，如挪威科技大学 (Norges Teknisk-Naturvitenskapelige Universitet，NTNU) 的 Bruland(2000) 提出的 NTNU 模型以及 Delisio 等 (2014)、许健等 (2016) 构建的 TBM 掘进速度预测模型。

随着人工智能算法的发展，一些研究人员尝试着采用人工神经网络、支持向量机、自适应模糊神经网络等智能算法进行 TBM 掘进速度预测的研究 (熊帆，2016；Mahdevari et al.，2014)，如吕根根等 (2019)、熊帆 (2017)、Yagiz 等 (2011)、Salimi 等 (2018)、王厚同 (2019) 采用人工智能算法构建的 TBM 掘进速度预测模型。吕根根等 (2019) 基于纽约皇后 No.3 隧道作业测量的岩石数据，以岩石数据单轴抗压强度、平均节理间距等五种参数为输入，运用 BP 神经网络和决策树 (classification and regression tree，CART) 算法分别构建了 TBM 掘进速度预测模型。

然而，以上研究都没有考虑岩石耐磨性和矿物硬度、岩体完整性和其他地质条件等对 TBM 掘进速度也有一定影响的事实，而且在实际掘进时，微观力学因素随着刀盘磨损会出现变化，由于勘探误差，围岩特性也没有非常完美的指标参数，变化波动范围较大，设备参数随着设备使用时间的延长会出现较大的变化。人工智能算法建立的模型虽然精度高，但其输入参数与输出参数的关系隐藏在"黑匣子"里，不便于工程借鉴。而且由于地质条件的不确定性、作业过程的随机性和机械设备的可靠性差异等，TBM 掘进速度预测十分复杂，建议结合更多工程实例，进一步完善 TBM 掘进速度预测模型。

12.1.3 TBM 掘进参数智能控制技术

获得了一定的围岩信息之后，可应用该信息和控制参数建立 TBM 掘进效率和成本评价指标模型，从而通过最优化评价指标找到最优的控制参数，评价指标对 TBM 掘进效率和成本的评价效果直接影响所得控制参数的优劣，同时建模方法的准确性也会影响最后的优化效果。针对该思路和存在的挑战，众多学者对其展开了研究，部分学者应用数学推导对掘进性能评价指标进行建模。Xue 等 (2018) 对 TBM 掘进中的能量关系进行了分析与建模，并通过分析和实验可知，最优的岩石破碎比能将产生最优的掘进比能，通过实验可获得最优岩石破碎比能，从而得到最优掘进比能，根据掘进比能和掘进参数之间的关系，能获得不同地质条件下的最优推力和扭矩。Delisio 等 (2013) 根据从勒奇堡基础隧道中收集到 TBM 掘进参数数据和围岩信息，并应用多元回归分析方法建立了 TBM 性能与岩体参数之间的关系，TBM 性能采用推力与真实贯入度的比值 (FPI)，岩体参数采用岩体体积块数量和完整岩石单轴抗压强度。相对于数学推导，数值分析方法能够更精确地模拟掘进过程，Moon 等 (2012) 应用有限元方法进行多点压痕模拟，从刀间距和渗透率的比值与完整岩石特性交互的角度研究破岩现象的优化问题。多点压痕模拟试图表示一种线性切割原理测验，该测验能够估计最优化破岩条件，测量出所需的作用力，并根据最优的破岩条件找到最优的操作参数。

Armaghani 等 (2019) 通过实地和实验室研究获得了用于优化的数据库，该数据库包含的岩石特性信息有单轴抗压强度、抗拉强度、围岩等级、岩石质量指标、石英含量和风化带；包含的 TBM 操作参数有推力和转速。基于该数据库，他们分别将帝国竞争算法、粒子群算法与人工神经网络相组合,用于建立掘进速度的预测模型,并通过对比发现,粒子群与人工神经网络的组合算法预测效果更好。段理文 (2019) 通过对 TBM 掘进参数、掘进载荷与实际地质参数之间关系的分析,搭建了掘进机实时传感器数据和地质数据的映射关系,并应用集成学习方法构建了围岩属性短距离预测模型,通过统计分析人工作业的操作经验,并结合地质预测模型,最终获得了 TBM 操作参数智能决策专家系统。为了能够捕获更多历史掘进参数与掘进性能的关系,李港等 (2020) 基于大量掘进循环的 TBM 掘进参数数据,应用长短期记忆 (LSTM) 方法构建了以上升段前 30s 的掘进参数为输入,以稳定段平均推力和平均刀盘扭矩为输出的预测模型。该模型能够捕获掘进参数在时间维度上的相互作用关系,并充分利用大量掘进参数数据,挖掘出输入参数之间的潜在关系,从而达到较高的预测精度。

为了更充分地表达 TBM 掘进效率和成本,部分学者采用多个指标共同对其进行评价,相应地就需要多目标优化算法求解最优控制参数。Sun 等 (2016) 从系统工程的角度思考,将 TBM 看作由许多子模块组成的系统,对每一模块推导出相应的物理或经验模型,并根据模块之间的关系组装成 TBM 系统的多学科模型,针对复杂地质环境的情况,以 TBM 系统的作业周期、作业成本和能量损耗为优化目标,应用多学科优化设计方法对 TBM 的结构参数和控制参数进行了优化,并将其应用于具体工程,结果表明该方法能够在较低成本和能源损耗的情况下有效降低作业时间。

12.2　TBM 掘进参数控制策略研究

12.2.1　TBM 掘进控制的特点

TBM 掘进过程类似汽车驾驶过程,是一个包含环境感知、状态识别、行为决策、操作控制的复杂过程。其中,环境感知主要是对掌子面近前方的岩体情况进行判断;状态识别包含对岩体状态和设备运行状态的识别;行为决策指 TBM 司机结合当前环境、设备信息,对掘进参数是否调整及调整值进行决策;操作控制即执行机构的液压油缸和电机变频器在接收操作参数的调整值后,调整液压油缸油液流量的输出和电机变频器输出频率,进而调整掘进速度和刀盘转速,响应司机的控制决策。

随着 TBM 隧道向高埋深、长距离、大直径的方向发展,面对作业地质的多样性和复杂性，对 TBM 掘进过程的控制目标要求越来越高。此时，传统 TBM 执行级 PID 控制方法已不能满足当前作业对掘进过程安全、高效、经济的多样性需求，TBM 掘进控制方法面临着以下重大挑战：

(1) 非线性。系统非线性强，采用简单的分段线性化的操作方法难以满足对系统实时、精确控制的需求。

(2) 时变性。在掘进过程中，岩体条件的不稳定或者刀盘系统损耗程度的不稳定都将导致 TBM 掘进控制系统运行环境和系统参数的改变，系统的动态时变性强。

(3) 耦合性。TBM 掘进是岩 - 机深度耦合的过程，岩 - 机相互作用关系错综复杂，传统控制策略缺乏有效的控制手段。

(4) 时滞性。TBM 掘进系统是一个大惯性系统，具有大时滞特性，纯滞后的存在将使传统 PID 闭环控制系统的性能变差，严重时将导致系统不稳定。

(5) 可靠性问题突出。采用传统控制策略，外界条件的改变容易导致控制系统产生较大振荡。例如，岩体条件的急剧变化会导致系统失稳，产生塌方、卡机等问题。

(6) 难以用数学建模方法实现有效控制。TBM 掘进过程建模时涉及岩体、设备等输入因素过多，对未知控制因素与系统不确定性缺乏量化建模方法，难以进行数学描述，导致基于精确数学模型的传统控制方法难以应用。

(7) 掘进效果评价标准难以确定。TBM 掘进参数选取的好坏难以量化评价，缺乏可直接在线测量的评价指标，目前还没有统一的评价标准。

由于缺乏有效的岩体与设备状态实时感知技术、TBM 掘进过程控制决策技术，当前 TBM 掘进完全依赖司机个人经验操作。当地质条件变化剧烈或设备运行异常时，往往因驾驶经验不足和判断不准确、不及时，导致塌方、卡机、刀盘开裂等工程事故发生。因此，亟须开展 TBM 掘进参数控制策略的研究。

12.2.2 TBM 掘进参数智能控制策略研究现状

目前掘进参数控制策略的研究可以分为专家经验学习控制、破碎比能最优控制、多目标优化控制三类。

1. 专家经验学习控制

专家经验学习控制通过学习操作人员或者专家的决策经验，将经验转化为可量化的模糊控制规则，实现对掘进参数的调控，模糊控制器的结构如图 12.1 所示。Nakayama 等 (1996) 开发了一款自动掘进系统，通过实时监测刀盘扭矩、推力和出渣量，根据模糊逻辑规则调整掘进速度；Kuraoka(1991) 提出了大型泥水盾构的掘进方向模糊纠偏控制策略；周文波 (2003) 基于专家经验和作业历史数据，模拟隧道专家的逻辑思维活动，开发了专家推理系统和"盾构法隧道作业智能辅助决策系统"软件。

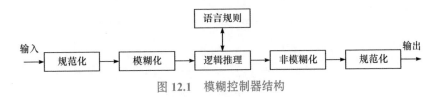

图 12.1　模糊控制器结构

专家经验学习的控制策略可以快速地将经验转化为模糊控制逻辑，用于指导现场人员作业。但这种策略的本质是对专家操作经验的模仿，难以辨别操作参数是否最优。此外，由于盾构和 TBM 设备结构复杂，系统耦合性、非线性程度非常高，所构造的模糊控制规则难以覆盖所有的工况，因此实际控制效果会变差。

2. 破碎比能最优控制

Teale(1965) 提出岩石钻进过程中比能的概念，即开挖单位体积岩石所消耗的能量。根据钻压和扭矩破碎单位体积岩石所做的功，计算破碎单位体积岩石所需的机械能。破碎比能定义为

$$\mathrm{MSE} = \frac{4W_{\mathrm{ob}}}{\pi r_{\mathrm{d}}^{2}} + \frac{480 N_{\mathrm{rpm}} T_{\mathrm{ob}}}{r_{\mathrm{d}}^{2} V_{\mathrm{rop}}} \tag{12.1}$$

式中，W_{ob} 为钻压，kN；T_{ob} 为钻头扭矩，kN·m；N_{rpm} 为旋转速度，r/min；V_{rop} 为钻进速度，m/h；r_{d} 为井底直径，mm。

Ozdemir 等 (1978)、Snowdon 等 (1982a，1982b) 进行了比能与刀间距关系规律的研究，发现刀间距变小会使岩石碎片尺寸变小，比能增大；刀间距增加，滚刀的受力增大，岩石碎片尺寸变大；在恰当的刀间距和贯入度比值处，能取得最低的比能，如图 12.2 所示。

荆留杰等 (2018) 以压头侵入载荷与侵入深度的关系曲线为基础，建立滚刀法向推力和贯入度计算模型，并基于最小破碎比能原理，依据岩石破碎角几何关系计算不同贯入度下的最优刀间距，总结提出了 TBM 正滚刀刀间距设计方法。

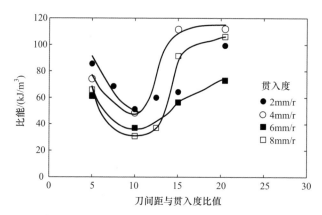

图 12.2　刀间距与贯入度比值对比能的影响规律

Zhang 等 (2012) 提出以破碎比能最优为目标的掘进控制策略，将破碎比能应用于盾构作业参数的预测，通过推力、扭矩与掘进速度的经验公式，建立破碎比能与掘进速度的关系模型，并根据破碎比能的最佳范围计算特定地质条件下的最优掘进速度。

以破碎比能最优为目标的控制策略将混沌的操作系统控制方法变得简单化、易于实现，而破碎比能的最优选取需要基于精准的 TBM 性能预测模型，但推力、扭矩与掘进速度的经验公式无法满足优化函数对于模型精度的需要。此外，在作业过程中，掘进控制目标包含安全、高效、经济、环保等各个方面，因此以破碎比能单目标作为最优控制策略在实际应用中难度较大。

3. 多目标优化控制

多目标优化控制是将掘进过程的多种控制目标转化为掘进参数多目标优化问题，通过施加多约束条件，寻找在可行域范围内的帕累托最优解 (pareto optimal solution)。Yeh(1997) 采用 BP 神经网络建立了掘进过程开挖面土压平衡控制系统，通过寻优函数预测最佳的掘进速度和螺旋输送机转速，在一定程度上实现了对推力和螺旋输送机转速的智能控制，使掘进过程中开挖面保持压力平衡状态。邢彤等 (2010) 提出了一种智能化的专家控制系统，引入了模式识别算法和驱动功率效率的评价方法，在自动识别地质条件变化的基础上，自适应改变刀盘的驱动功率。Zhang 等 (2019) 通过对泥水盾构掘进过程多系统相互作用机理进行建模分析，综合考虑提高作业速度与降低能耗之间互为矛盾的复杂关系，提出了基于深度强化学习的泥水 TBM 掘进参数多目标动态优化方法。

　　TBM 掘进过程是一个复杂的岩-机相互作用过程,难以精确量化安全、经济、高效等多个控制目标之间的通用权重。当地质条件变化较大时,各个目标的权重差异较大,如在Ⅲ类围岩条件下更注重掘进的高效,但在Ⅴ类围岩条件下更注重掘进过程的安全性,难以建立统一的寻优函数,因此基于多目标优化的控制策略也存在实施难度。

12.2.3　TBM 掘进参数复合智能控制策略

　　在实际作业过程中,TBM 掘进完全依赖于人为经验控制,其基本原则是对照设备额定工作条件找到最大贯入度或对应的最大推力,保证设备在不超过额定负荷情况下高效工作。但是这种人为经验控制存在两个方面的缺陷:一方面,切割试验和现场数据都表明,在中硬岩和软岩地层,贯入度超越某一临界值后,刀盘扭矩会急剧增加,TBM 掘进将会从推力受限转化成扭矩受限,设备的掘进控制模式发生转变,人为经验控制无法适时灵敏地调整掘进参数;另一方面,TBM 操作者只考虑发挥设备的最大能力来掘进,一旦某一关键系统或部件出现不可修复的故障,如刀盘、轴承、主梁等发生异常振动并开裂,将会导致工期延误和巨大的经济损失。因此,人为经验控制很难适应复杂的 TBM 掘进过程,必须探讨新的控制策略以满足 TBM 作业需要。

　　1. 多模态控制

　　作为一种智能控制方法,多模态控制 (multi-mode control) 策略可根据控制系统的实际运行状态,实时选用不同的控制策略和控制算法模型,可以兼顾控制系统对稳定性、准确性和快速性等多种性能指标的要求。本节依托 TBM 作业信息管理云平台收集不同地质条件下 TBM 运行参数,通过对吉林引松供水工程作业过程中全量数据进行统计分析,得到了不同岩体等级条件下 TBM 运行参数分布规律,如图 12.3~ 图 12.5 所示。

　　从图 12.3~ 图 12.5 中可以看出,在不同的岩体等级条件下,刀盘扭矩、滚刀法向力、贯入度等设备参数、控制参数均呈现出较好的正态分布规律,说明在同一岩体等级条件下,操作者的操作驾驶经验具有一致性。而在不同岩体等级条件下,各项运行参数分布区间有所差异,说明不同岩体等级条件下存在不同的掘进控制模式。如Ⅱ类围岩等级条件下,贯入度较小,而滚刀法向力、刀盘扭矩大部分都达到了设备能力极限,在此类地质条件下,控制决策主要参考设备本身的能力;在Ⅴ类围岩等级条件下,贯入度分布更为离散,而滚刀法向力、刀盘扭矩较小,此类地质条件下,滚刀法向力、刀盘扭矩不再是影响控制策略

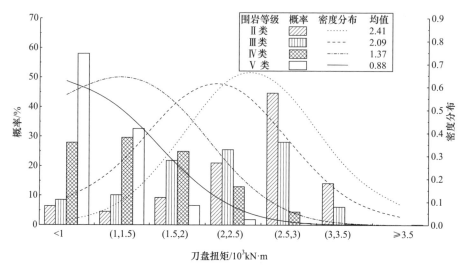

图 12.3　不同岩体等级条件下刀盘扭矩分布规律

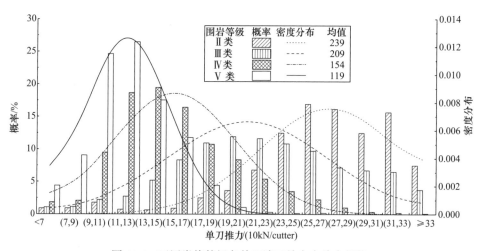

图 12.4　不同岩体等级条件下滚刀法向力分布规律

决策的主要因素，其控制参数的设置会更大程度考虑掘进过程的安全性。这种区分岩体等级进行控制的方法与智能控制理论中的多模态控制方法十分契合（刘吉臻等，2015)。因此，针对 TBM 掘进过程中因岩体类别变化导致控制策略存在差异的问题，提出了 TBM 掘进多模态控制策略。

多模态控制的基本方法为，首先将复杂工况划分为若干个子区间，然后在每个子区间建立局部数学模型，其内部逻辑如下：

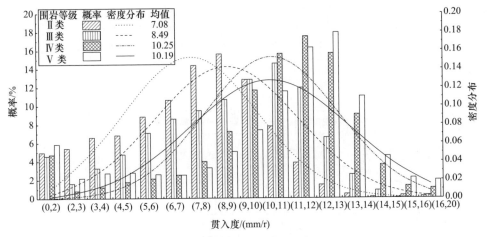

图 12.5　不同岩体等级条件下贯入度分布规律

$$
\begin{cases}
\text{特征状态集 } \boldsymbol{O} = [O_1, O_2, O_3, \cdots, O_n] \\
\text{控制模式集 } \boldsymbol{U} = [U_1, U_2, U_3, \cdots, U_n] \\
\text{规则 } G\text{：If } \boldsymbol{O} = O_i, \text{then } \boldsymbol{U} = U_i, i=1, 2, 3, \cdots, n
\end{cases}
\tag{12.2}
$$

如图 12.6 所示，多模态控制策略针对每一个子区间内的局部对象模型，设计出合适的控制器，随着不同模型之间的转换而自动切换控制器，可实现根据不同工况实时选用最合适的控制模型，发挥多种控制策略优势，使得系统的控制性能满足使用工况多样性的需求。针对 TBM 掘进过程中控制问题，首先要对掘进过程中的岩体条件进行聚类分级，根据不同的岩体状态，输出相应控制策略下的控制参数。

2. 神经网络控制

神经网络控制是 20 世纪 80 年代末期发展起来的自动控制领域的前沿学科之一，现已发展成为"智能控制"的一个新的分支，属先进控制技术，为解决复杂的非线性、不确定、不确知系统的控制问题开辟了一条新的途径。神经网络控制可利用神经网络的自学习性和自适应性，通过对 TBM 历史掘进数据的学习，建立 TBM 掘进参数控制模型，并在实际运行中根据新数据的逐渐增加，不断地进行自学习、自修正，以适应地质条件的变化，提前预测掘进参数的趋势，从而及时调整掘进方案。相较于破碎比能最优控制与多目标优化控制策略需要建立精确的数学模型，该策略可借助机器学习算法建立非线性强、耦合程度高的控制模型。

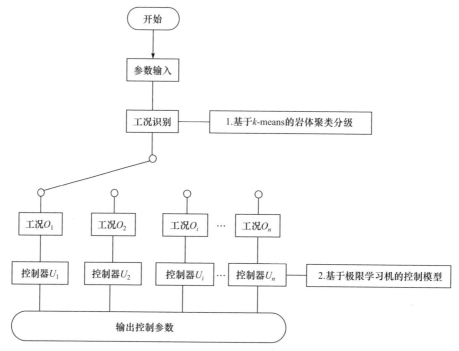

图 12.6　TBM 掘进多模态控制策略技术框架

3. 仿人控制

仿人控制 (human-simulated intelligent control) 的思想是周其鉴等在 1983 年正式提出的，其本质是模拟人脑在控制行为中的思维过程，并将它用于控制系统，实现控制目标，目前已形成了基本理论体系和系统的设计方法 (李祖枢等，2003)。仿人控制接近于人的控制思维方式，是一种将人类的某些智能与传统控制有机结合而成的新型控制策略。仿人控制策略的基本特点是以人对控制对象的观察、记忆和决策等行为的模仿为基础，根据被调量、偏差和偏差变化趋势来确定控制策略。例如，TBM 掘进的轨迹纠偏过程就是一种仿人控制行为，TBM 操作者根据实际掘进轨迹与期望掘进轨迹的角度偏差和角度偏差变化率的大小，不断修正其掘进轨迹，从而保证 TBM 沿设计路线掘进。

4. 复合智能控制

在 TBM 掘进过程控制中通常无法获得精确的数学模型，如果采用某种单一的控制算法，要么控制算法设计非常复杂，难于普及实现，要么往往是根据被控对象的某一运行状态指标最佳进行控制，很难达到预期的效果，即使满足指标要求，也很难实现全局最优。因此，本节提出一种集多种控制方式于一体的复合智能控制策略，可以充分利用不同控制策略的特点进行性能互补，力求达到控制算法简单、工程上易于实现、控制系统控制品质优良。

复合智能控制策略选择基础控制策略的原则是：采用的各控制方法应具备控制性能差异且具有较强的性能互补性。考虑到不同地质条件下 TBM 作业关注的掘进目标存在差异，TBM 掘进过程中的多模态控制需要 TBM 掘进运行状态随地质条件变化而不断调整控制模型。在 TBM 掘进参数控制模型的建立环节，神经网络控制借助自身强大的自学习、自适应能力，可实现掘进参数的快速预测，但该方法属于开环控制结构，无法对当前掘进参数的适应度进行综合评价与优化调整。在掘进参数的自适应评价环节，引入模糊综合评价应用于 TBM 掘进参数适应度计算。在掘进控制的反馈校正环节，引入仿人控制的方法，利用系统性能偏差及其变化率来模拟司机掘进参数调整规则，实现对掘进参数的反馈校正。

12.3　TBM 掘进参数智能控制技术研究

12.3.1　多模态神经网络控制模型

TBM 作业过程中，掘进控制依赖人为经验。本节根据第 11 章中岩体感知算法所预估的岩体参数 $[\mathrm{UCS}, J_\mathrm{v}]$，通过 k 均值聚类算法、极限学习机 (extreme learning machine，ELM) 前馈神经网络分别建立了岩体聚类分级与掘进参数控制模型，从而实现了多模态下 TBM 掘进参数智能控制。

1. 基于 k 均值聚类算法的岩体聚类分级

k 均值聚类算法 (k-means clustering algorithm) 是一种经典的迭代求解的聚类分析算法，通过 k 均值聚类算法实现离线岩体聚类分级的过程可分为三个步骤 (杨俊闯等，2019)：

1) 初始化分类

初始化 k 个聚类中心，以欧几里得距离来表征样本间相似性的度量，计算所有样本 s 到各个初始聚类中心 C_j ($j=1, 2, \cdots, k$) 的距离 $J(C_j)$，按照距离最小的判别准则将样本 s_i 划分为某类 C_j。

2) 更新聚类中心

计算每个类别 $\{C_1, C_2, \cdots, C_k\}$ 中隶属样本的均值 $\{u_1, u_2, \cdots, u_k\}$ 作为该类别的新聚类中心 $C' = \{C_1', C_2', \cdots, C_k'\}$，而后重新获取所有样本到其所在类别聚类

中心的距离平方和 $J(C')$。

$$J(C'_j) = \sum_{x_i \in C'_j} \left\| x_i - u_j \right\|^2 \tag{12.3}$$

$$J(C') = \sum_{j=1}^{k} J(C'_j) = \sum_{j=1}^{k} \sum_{x_i \in C'_j} \left\| x_i - u_j \right\|^2 \tag{12.4}$$

式中，u_j 为类 C_j 中隶属样本的均值，$j = 1, 2, \cdots, k$。

3) 收敛规则

判断聚类中心 C' 和 $J(C')$ 值是否在允许的波动范围内变化。如果是，聚类结束，否则重复执行步骤 2) 更新聚类中心，直至聚类结束。

利用 k 均值聚类算法对训练集所估计的岩体参数 [UCS, J_v] 进行分类辨识，并将岩体划分为 5 个聚类类别 $\{C_1, C_2, C_3, C_4, C_5\}$，即 5 类围岩等级 { Ⅰ，Ⅱ，Ⅲ，Ⅳ，Ⅴ }，如图 12.7 所示。

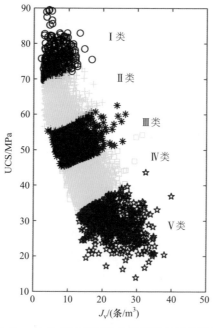

图 12.7　k 均值聚类算法在训练集的聚类结果

2. 基于 ELM 前馈神经网络的 TBM 掘进参数控制模型

为有效表征岩 - 机相互作用的复杂非线性关系，建立岩体参数与掘进参数的映射模型，利用 ELM 前馈神经网络构建 TBM 掘进参数预测模型（陆思源等，2018）。其特点是隐含层节点的权重为随机或人为给定，且不需要更新，学习过程仅计算输出权重，网络结构通常由网络输入层、隐含层和单一的输出层组成，如图 12.8 所示。

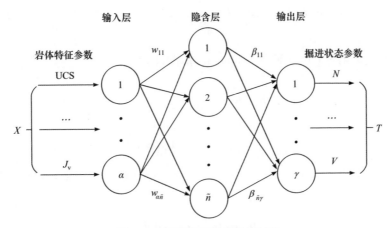

图 12.8　极限学习机的网络架构

给定 n 个样本 $(X_i, t_i) \in R^\alpha \times R^\gamma$，其中 X 表示网络输入层的岩体特征参数矩阵，α 表示矩阵 X_i 的特征维度，且 $X_i=[x_1, x_2, \cdots, x_\alpha]^{\mathrm{T}}$，$t_i$ 表示网络输出层的 TBM 掘进状态向量，γ 表示向量 t_i 的输出维度，且 $t_i=[t_{i1}, t_{i2}, \cdots, t_{i\gamma}]^{\mathrm{T}}$。对于带有 $\tilde{n}$ 个隐含层节点的 ELM 前馈神经网络，它用于实现 TBM 掘进参数预测的方法可表示为

$$\sum_{i=1}^{\tilde{n}} \boldsymbol{\beta}_i g(\boldsymbol{w}_i \cdot x_j + b_i) = \boldsymbol{t}_j, \quad j=1,2,\cdots,n \tag{12.5}$$

式中，$g(x)$ 表示激活函数，常用的激活函数有 RBF 函数、hardlim 函数、正弦函数、余弦函数等；$\boldsymbol{w}_i=[w_{i1}, w_{i2}, \cdots, w_{ia}]^{\mathrm{T}}$ 表示网络输入层到隐含层的连接权重；$\boldsymbol{b}_i=[b_{i1}, b_{i2}, \cdots, b_{ia}]^{\mathrm{T}}$ 表示第 i 个隐含层节点的偏置；$\boldsymbol{\beta}_i=[\beta_{i1}, \beta_{i2}, \cdots, \beta_{i\gamma}]^{\mathrm{T}}$ 表示第 i 个隐含层节点到输出层的连接权重；$\boldsymbol{w}_i \cdot x_j$ 表示 $\boldsymbol{w}_i$ 和 x_j 的内积。

式 (12.5) 可进一步简化为

$$\boldsymbol{H\beta} = \boldsymbol{T} \tag{12.6}$$

$$\boldsymbol{H} = \begin{bmatrix} g(\boldsymbol{w}_1 \cdot x_1 + \boldsymbol{b}_1) & \cdots & g(\boldsymbol{w}_{\tilde{n}} \cdot x_1 + \boldsymbol{b}_{\tilde{n}}) \\ \vdots & & \vdots \\ g(\boldsymbol{w}_1 \cdot x_n + \boldsymbol{b}_1) & \cdots & g(\boldsymbol{w}_{\tilde{n}} \cdot x_n + \boldsymbol{b}_{\tilde{n}}) \end{bmatrix}_{n \times \tilde{n}} \tag{12.7}$$

式中，$\boldsymbol{\beta}=[\boldsymbol{\beta}_1^{\mathrm{T}}, \boldsymbol{\beta}_2^{\mathrm{T}}, \cdots, \boldsymbol{\beta}_n^{\mathrm{T}}]_{\tilde{n} \times y}^{\mathrm{T}}$；$\boldsymbol{T}=[\boldsymbol{T}_1^{\mathrm{T}}, \boldsymbol{T}_2^{\mathrm{T}}, \cdots, \boldsymbol{T}_n^{\mathrm{T}}]_{n \times y}^{\mathrm{T}}$；$\boldsymbol{H}$ 称为 ELM 的隐含层输出矩阵，第 i 列是对应输入的第 i 个隐含层节点输出。

为了训练一个性能良好的 TBM 掘进参数预测模型，ELM 前馈神经网络需要寻找最优的 $\hat{\boldsymbol{w}}_i$、$\hat{\boldsymbol{b}}_i$、$\hat{\boldsymbol{\beta}}$ ($i=1, 2, \cdots, \tilde{n}$)，使得式 (12.7) 成立。

$$\left\| \boldsymbol{H}(\hat{\boldsymbol{w}}_1, \hat{\boldsymbol{w}}_2, \cdots, \hat{\boldsymbol{w}}_{\tilde{n}}, \hat{\boldsymbol{b}}_1, \hat{\boldsymbol{b}}_2, \cdots, \hat{\boldsymbol{b}}_{\tilde{n}}) \hat{\boldsymbol{\beta}} - \boldsymbol{T} \right\| = \min_{\boldsymbol{w}_i, \boldsymbol{b}_i, \boldsymbol{\beta}} \left\| \boldsymbol{H}(\boldsymbol{w}_1, \boldsymbol{w}_2, \cdots, \boldsymbol{w}_{\tilde{n}}, \boldsymbol{b}_1, \boldsymbol{b}_2, \cdots, \boldsymbol{b}_{\tilde{n}}) \boldsymbol{\beta} - \boldsymbol{T} \right\|$$

(12.8)

求取成本函数（目标函数）$E(\boldsymbol{w}_i, \boldsymbol{b}_i, \boldsymbol{\beta})$ 最小值

$$E(\boldsymbol{w}_i, \boldsymbol{b}_i, \boldsymbol{\beta}) = \sum_{j=1}^{n} \left[\sum_{i=1}^{\tilde{n}} \boldsymbol{\beta}_i g(\boldsymbol{w}_i \cdot x_j + \boldsymbol{b}_i) - \boldsymbol{t}_j \right]^2$$

(12.9)

不同于传统机器学习方法，ELM 在求解单隐层前馈神经网络 (SLFNs) 的目标函数时不仅可实现训练误差最小，又可使输出权值的范数达到最小，具体规则为

$$\min \left(\| \boldsymbol{H\beta} - \boldsymbol{T} \|^2, \| \boldsymbol{\beta} \| \right)$$

(12.10)

在 ELM 的参数寻优中，输出权值 $\boldsymbol{\beta}$ 最小范数的求解并没有利用传统梯度下降的算法进行模型优化，而是应用最小二乘方法实现上述目的。

$$\boldsymbol{\beta} = \boldsymbol{H}^{\dagger} \boldsymbol{T}$$

(12.11)

式中，$\boldsymbol{H}^{\dagger}$ 是矩阵 $\boldsymbol{H}$ 的 Moore-Penrose 广义逆。

考虑到矩阵 $\boldsymbol{H}^{\mathrm{T}} \boldsymbol{H}$ 奇异的特点，ELM 通常采用奇异值分解 (singular value decomposition，SVD) 方法来求解隐含层输出矩阵 $\boldsymbol{H}$ 的广义逆，其具体方法为

$$\hat{\boldsymbol{\beta}} = (\boldsymbol{H}^{\mathrm{T}} \boldsymbol{H})^{-1} \boldsymbol{H}^{\mathrm{T}} \boldsymbol{T}$$

(12.12)

3. 掘进参数预测模型评估与验证

在吉林引松供水工程掘进参数数据集中随机抽取 100 组数据作为测试集，其余数据作为训练集。在训练集上首先完成 k 均值聚类模型的建立，获取 5 种围岩等级的聚类中心，在测试集上利用第 11 章节中基于改进 D-S 证据理论的多元算法融合岩体感知模型，根据 TBM 掘进数据预估所对应的岩体参数，分别计算每组岩体参数 [UCS，J_v] 到每个聚类中心的距离，并按照最小距离判别准则将测试集样本聚类至对应围岩等级。图 12.9 所示为通过 k 均值聚类算法对测试集的聚类结果。

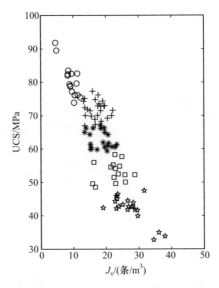

图 12.9　k 均值聚类算法在测试集的聚类结果

在 TBM 控制参数预测中，分别对上升段 TBM 岩体参数与稳定段设备刀盘转速或掘进速度之间的非线性关系进行了建模，构建多模态神经网络模型。

$$\bar{N} = \mathrm{ELM}(\mathrm{UCS}, J_\mathrm{v}) \tag{12.13}$$

$$\bar{V} = \mathrm{ELM}(\mathrm{UCS}, J_\mathrm{v}) \tag{12.14}$$

式中，$\bar{N}$、$\bar{V}$ 分别表示稳点段 TBM 刀盘转速均值和掘进速度均值；UCS、J_v 分别表示上升段 30s 数据估计的岩石单轴抗压强度、单位体积节理数。

利用多模态神经网络控制模型分别对稳定段刀盘转速和掘进速度进行预测，结果如图 12.10 所示。从 TBM 掘进参数的预测趋势来看，当掌子面处于同一类围岩等级时，模型预测值可很好地拟合实测数据且预测值较为稳定；当 TBM 从某一类围岩等级进入至另一类围岩等级时，当前岩体等级条件下预测模型已经不能满足预测要求，需通过岩体聚类分级重新确定所处岩体等级条件，并根据聚类后岩体等级匹配、更新掘进参数预测模型。

12.3.2　TBM 掘进参数适应性模糊综合评价

由于 TBM 掘进控制系统的性能特征难以用精确的数学模型描述，本节提出基于模糊综合评价的 TBM 掘进参数适应度计算方法，将模糊理论用于表征当前掘进控制系统的性能。模糊综合评价运用模糊数学的原理和方法，将 TBM

掘进过程中的设备运行参数、渣片形态、刀盘振动等特征指标由精确值转化为模糊变量，经模糊推理计算得到掘进参数适应度。

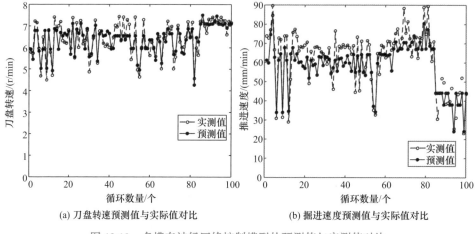

（a）刀盘转速预测值与实际值对比　　　　（b）掘进速度预测值与实际值对比

图 12.10　多模态神经网络控制模型的预测值与实测值对比

1. 模糊综合评价指标选取

TBM 掘进过程受到掌子面岩体条件、刀盘破岩性能等多方面耦合因素影响，因此难以通过单个指标对当前掘进参数的适应度进行评价，需对众多影响因素进行筛选，选取既能充分反映当前控制参数适应程度，又具有代表性且区分度高的指标因素。本书选取掘进性能参数、渣片形态、刀盘振动作为关键因素评价指标。

1）掘进性能参数

TBM 掘进过程中，总推力和刀盘扭矩直接反映当前掌子面岩体条件下刀盘破岩的难易程度；刀盘扭矩波动系数 C_v 反映刀盘扭矩波动程度。总推力或刀盘扭矩过大时，设备处于过载临界状态，容易引发滚刀异常磨损、刀盘开裂或主轴承损坏等异常问题，掘进过程存在安全风险；当总推力或刀盘扭矩过小，设备性能得不到充分发挥，影响掘进效率；当刀盘扭矩波动系数过大时，掘进过程不稳定，极易造成掌子面失稳、塌方。此外，在不同岩体等级条件下，掘进性能参数的最佳工作区间存在明显差异，需针对不同的岩体等级建立不同的掘进状态评价模式。8m 级 TBM 在Ⅲ类围岩等级条件下掘进性能参数的分布区间与结果评价如表 12.1 所示。

表 12.1　8m 级 TBM 在Ⅲ类围岩等级条件下 TBM 掘进性能参数分布区间与结果评价

总推力 /kN	刀盘扭矩 /kN·m	刀盘扭矩波动系数	结果评价
≤ 5000 或 >19000	≤ 500 或 >3000	>0.35	不合适
5000~8000 或 17000~19000	500~1000 或 2900~3000	0.25~0.35	弱合适
8000~10000 或 15000~17000	1000~2000 或 2700~2900	0.15~0.25	比较合适
10000~15000	2000~2700	≤ 0.15	合适

2) 渣片形态

渣片是刀盘破岩的直接产物，渣片形态分布体现了当前控制参数与岩体条件的匹配适应度。选取渣片形态的破岩质量比与粒径分布作为评判指标。破岩质量比 W_r 的计算式为

$$W_r = 1 - \frac{1000 m_c V_c}{60 \rho \pi r_t^2 V l} \tag{12.15}$$

式中，ρ 为岩体密度，kg/m^3；r_t 为掌子面半径，m；l 为皮带秤安装长度，m；V 为掘进速度，mm/min；V_c 为主机皮带机运行速度，m/s；m_c 为皮带秤测量的渣片质量，kg。

当破岩质量比 $W_r \approx 0$ 时，理论破岩产生的渣片质量与皮带机输出的渣片质量相当，掌子面处于平稳状态；当 $W_r \ll 0$ 时，理论破岩产生的渣片质量小于皮带机输出的渣片质量，掌子面处于失衡状态，破岩导致掌子面有异常塌落现象，此时应降低掘进速度或降低皮带机运行速度，保持皮带机负载均衡；当 $W_r > 0$ 时，理论破岩产生的渣片质量大于皮带机输出的渣片质量，此时可能出现渣片二次破岩导致滚刀磨损加剧或刀盘卡机现象，应降低掘进速度或提高皮带机运行速度，如无改善应停机检查刀盘。8m 级 TBM 在Ⅲ类围岩等级条件下破岩质量比 W_r 分布区间与结果评价如表 12.2 所示。

表 12.2　8m 级 TBM 在Ⅲ类围岩等级条件下破岩质量比 W_r 分布区间与结果评价

W_r	结果评价
$|W_r| > 2$	不合适
$1 < |W_r| \leq 2$	弱合适
$0.5 < |W_r| \leq 1$	比较合适
$|W_r| \leq 0.5$	合适

粒径尺寸分布是渣片形态的关键特征，根据现场调研与长期监测分析结果，选取曲率系数 C_c 和不均匀系数 C_u 用于描绘颗粒级配曲线的平滑度和级配均匀程度，粗糙度指数 CI 用于评价颗粒级配中大尺寸渣片的质量分数。8m 级 TBM

在Ⅲ类围岩等级条件下粒径尺寸分布区间与结果评价如表 12.3 所示。

表 12.3　8m 级 TBM 在Ⅲ类围岩等级条件下渣片粒径尺寸分布区间与结果评价

曲率系数 C_c	不均匀系数 C_u	粗糙度指数 CI	结果评价
$C_c < 0.2$	$C_u > 0.7$	CI > 0.4	不合适
$0.2 < C_c \leq 0.4$	$0.5 < C_u \leq 0.7$	$0.3 < CI \leq 0.4$	弱合适
$0.4 < C_c \leq 0.6$	$0.3 < C_u \leq 0.5$	$0.2 < CI \leq 0.3$	比较合适
$C_c > 0.6$	$C_u \leq 0.3$	CI ≤ 0.2	合适

3) 刀盘振动

TBM 破岩过程刀盘承受巨大的交变载荷，掘进参数选择不当会对刀盘造成巨大冲击，导致刀盘振动加剧，影响破岩效率和刀盘、刀具使用寿命。利用 TBM 主机振动监测系统，可实时获取刀盘轴向振动信息，选取均方幅值、峭度值作为评价指标，建立不同岩体等级条件下掘进参数适应度评价准则。8m 级 TBM 在Ⅲ类围岩等级条件下刀盘振动分布区间与结果评价如表 12.4 所示。

表 12.4　8m 级 TBM 在Ⅲ类围岩等级条件下刀盘振动分布区间与结果评价

均方幅值 /g	峭度值	结果评价
<0.5 或 >12	>5	不合适
0.5~1 或 10~12	2.5~5	弱合适
1~3 或 6~10	1.5~2.5	比较合适
3~6	≤ 1.5	合适

2. 隶属函数设计

不同评价指标具有不同的单位、属性、重要程度等，它们之间没有公度性，因此不能直接进行相互比较，采用模糊隶属函数可实现评价指标公度性。隶属度是表现某个元素对模糊集合隶属关系不确定性大小的指标，建立能客观评价 TBM 掘进参数适应度影响规律的隶属函数是应用模糊综合评价法的关键。根据评价指标的分布特征选取不同类型隶属函数，共选取线形、钟形、三角形和梯形 4 种类型，9 个评价指标共 45 个隶属函数。8m 级 TBM 在Ⅲ类围岩等级条件下总推力梯形隶属函数为

$$G_1(F_t) = \begin{cases} 0, & F_t \leq 5000kN \text{或} F_t > 19000kN \\ \dfrac{F_t - 5000}{10000 - 5000}, & 5000kN < F_t \leq 10000kN \\ 1, & 10000kN < F_t \leq 15000kN \\ \dfrac{19000 - F_t}{19000 - 15000}, & 15000kN < F_t \leq 19000kN \end{cases} \tag{12.16}$$

8m 级 TBM 在不同岩体等级条件下总推力隶属函数曲线如图 12.11 所示。

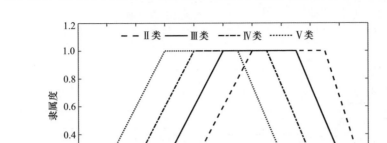

图 12.11　8m 级 TBM 在不同岩体等级条件下总推力隶属函数曲线

3. 评价指标权重计算

评价指标的权重采用层次分析法 (analytic hierarchy process，AHP) 确定。AHP 是一种定量分析与定性分析相结合的多目标决策分析方法，它把数学处理与人的经验和主观判断相结合，能够有效地分析目标准则体系中不同层次间的非序列关系和综合测度评价的判断和决策 (周维超等，2011)。AHP 把与决策有关的元素分解成 3 个层次：目标层、准则层和指标层，其中上一层次指标对下一层次指标起支配作用。在构造递阶层次后，通过两两比较同一层次中不同元素间对于上一支配层中元素的影响大小，构建互反的判断矩阵，继而通过此矩阵计算得到在单一准则下各个元素的相对排序权重。

1) 建立评价指标层次结构

根据要达到的评价目标，按照评价指标间的相互影响以及隶属关系，将指标层次的递阶由高到低分为目标层、准则层和指标层。通过对众多影响掘进参数适应度评价的参数进行对比分析，构建了以设备主参数、渣片形态、刀盘振动三者组成的准则层，建立了 TBM 掘进参数适应度模糊综合评价指标体系，如图 12.12 所示。

2) 建立判断矩阵

层次分析法采用一致矩阵法构造判断矩阵，该方法采用相对尺度对所有因素进行两两相互比较，使不同因素之间能够相互比较。对于评价指标 G_i 和 $G_j(i, j$=1, 2, $\cdots$, n)，判断矩阵 $U[u_{ij}]$ 的判断标度法如表 12.5 所示。

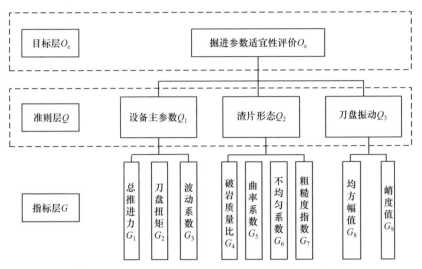

图 12.12　TBM 掘进参数适应度模糊综合评价指标体系

表 12.5　判断矩阵 $U[u_{ij}]$ 判断标度法

e_{ij} 标度	赋值依据
1	G_i 和 G_j 相比同样重要
3	G_i 比 G_j 稍微重要
5	G_i 比 G_j 明显重要
7	G_i 比 G_j 强烈重要
9	G_i 比 G_j 极端重要
2, 4, 6, 8	介于以上两种判断的中值

依据表 12.5，建立准则层判断矩阵 U 为

$$U = \begin{bmatrix} 1 & 2 & 3 \\ 1/2 & 1 & 2 \\ 1/3 & 1/2 & 1 \end{bmatrix} \tag{12.17}$$

3) 层次单排序、总排序及其一致性检验

由式 (12.17) 求得准则层判断矩阵 U 的最大特征值 $\lambda_{\max}=3.0092$，最大特征值对应的特征向量经归一化简化为 $w = [0.5396\quad 0.2969\quad 0.1634]$，$w$ 即为准则层指标的权重值排序，依据 w 完成层次单排序 (single hierarchical arrangement，SHA)。

一致性指标：

$$C_I = \frac{\lambda_{\max} - d}{d - 1} = \frac{3.0092 - 3}{3 - 1} = 0.0046 \tag{12.18}$$

式中，d 为判断矩阵 $\boldsymbol{U}$ 的阶数。

为衡量 C_I 的大小，引入随机一致性指标 R_I，如表 12.6 所示。

表 12.6　随机一致性指标 R_I

阶数 d	1	2	3	4	5	6	7	8	9	10	11
R_I	0	0	0.58	0.90	1.12	1.24	1.32	1.41	1.45	1.49	1.51

由表 12.6 可以看出，当判断矩阵阶数 $d=3$ 时，随机一致性指标 $R_I=0.58$。

定义一致性比率 $\mathrm{CR}=\dfrac{C_I}{R_I}=\dfrac{0.046}{0.58}=0.079<0.1$，通过一致性检验。

在完成 SHA 后，还要得到指标层中各指标对于目标层的排序权重，即层次总排序 (total hierarchical arrangement，THA)。根据单层次指标权重的计算结果，计算总层次指标权重为

$$\overline{w_f}=[0.2114, 0.1374, 0.0643, 0.1188, 0.0216, 0.1295, 0.1144, 0.1536, 0.0490] \quad (12.19)$$

对各个指标的隶属度计算值与权重值之积求和即可求得掘进参数适应度评价得分 O_e，计算式为

$$O_e=\sum_{i=1}^{n} w_i \times f_i, \quad i=1,2,\cdots,9, \, O_e \in [0,1] \quad\quad (12.20)$$

12.3.3　TBM 掘进参数模糊仿人控制器

仿人控制模仿人的思维方式，根据控制系统性能偏差 e 及 e 的发展趋势来决定控制决策。当性能偏差 e 趋于增大时，仿人控制器发出强烈的控制作用，输出控制参数调整值，抑制偏差的增加；而当偏差 e 有回零的趋势，开始下降时，仿人控制器减小反馈调节作用，观察系统偏差的变化 (毛志忠等，2012)。仿人控制器的原型算法为

$$C_e=\begin{cases} K_p e+P_h K_p \displaystyle\sum_{i=1}^{n-1} e_{m,i}, & e\cdot\dot{e}>0\bigcup e=0\bigcap \dot{e}\neq 0 \\[4mm] P_h K_p \displaystyle\sum_{i=1}^{n} e_{m,i}, & e\cdot\dot{e}>0\bigcup \dot{e}\neq 0 \end{cases} \quad (12.21)$$

式中，C_e 为控制输出；K_p 为比例系数；P_h 为抑制系数；e 为误差；$\dot{e}$ 为误差变化率；$e_{m,i}$ 为误差的第 i 次峰值。

根据式 (12.21) 可给出图 12.13(a) 所示的误差相平面上的特征及相应的控制模态。当系统误差处于误差相平面的第一与第三象限，即 $e\cdot\dot{e}>0 \cup e=0 \cap \dot{e}\neq 0$ 时，仿人控制器工作于比例控制模态；当误差处于误差相平面的第二与第四象限，即

$e \cdot \dot{e} > 0 \cup \dot{e} \neq 0$ 时，仿人控制器工作于保持控制模态。

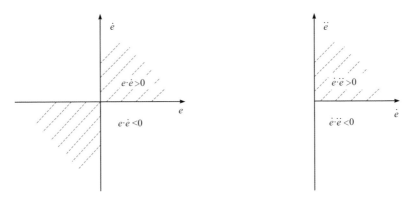

(a) 经典仿人控制器相平面特征   (b) TBM模糊仿人控制器相平面特征

图 12.13　仿人控制器相平面特征

　　TBM 掘进参数仿人控制器的设计原理可以参考经典的仿人控制器。由于 TBM 掘进控制系统不存在理想的控制输出，控制系统偏差的计算不再是类似传统控制的理想输出与当前实际输出的差值，而是基于掘进参数适应度模糊综合评价的得分，在此基础上建立了模糊仿人控制器。具体计算原理为：当掘进参数适应度得分较高时，说明控制系统性能较好；当掘进参数适应度得分较低时，说明控制系统性能存在偏差，需要调整掘进参数。定义控制系统性能偏差 e 的映射函数为

$$e(O_e) = \begin{cases} 0, & 0.6 < O_e \leqslant 1 \\ \dfrac{0.6 - O_e}{0.6}, & O_e \leqslant 0.6 \end{cases} \tag{12.22}$$

　　与经典仿人控制的算法类似，TBM 模糊仿人控制器的算法为

$$\hat{C}_e = \begin{cases} \hat{K}_p\left(e + \hat{P}_h \dot{e}\right), & \dot{e} > 0 \bigcap \ddot{e} \geqslant 0 \\ \hat{K}_p(e), & \dot{e} \geqslant 0 \bigcap \ddot{e} < 0 \\ 0, & \dot{e} < 0 \bigcup e = 0 \end{cases} \tag{12.23}$$

式中，$\hat{C}_e$ 为控制输出调整值；$\hat{K}_p$ 为最大调整步长，其中掘进速度控制中设置 $\hat{K}_p$ 为 10mm/min，刀盘转速控制中设置 $\hat{K}_p$ 为 1r/min；$\hat{P}_h$ 为比例系数；$\dot{e}$、$\ddot{e}$ 分别为控制系统性能偏差的一阶导数和二阶导数。

　　当控制系统的性能偏差 e 满足 $\dot{e} > 0 \bigcap \ddot{e} \geqslant 0$ 时，模糊仿人控制器发出强烈的

控制作用，此时采用比例增强控制模式输出控制参数调整值，快速抑制偏差的增加；当控制系统的性能偏差 e 满足 $\dot{e} \geqslant 0 \bigcap \ddot{e} < 0$ 时，模糊仿人控制器发出一般的控制作用，采用比例控制模式输出控制参数调整值；当控制系统的性能偏差 e 满足 $\dot{e} < 0 \bigcup e = 0$ 时，模糊仿人控制器处于保持模式，观察系统性能偏差的变化。TBM 模糊仿人控制器的相平面特征如图 12.13(b) 所示。针对 TBM 模糊仿人控制器的输出 C_e 调整方向问题，其判断机制相对简单，将司机操作经验转化为控制规则，依据控制规则输出控制参数调整方向，如图 12.14 所示。

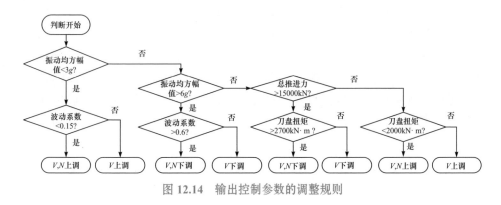

图 12.14　输出控制参数的调整规则

12.4　TBM 掘进参数复合智能控制系统

12.4.1　TBM 掘进参数复合智能控制系统架构

将多模态神经网络控制与模糊仿人控制的有机结合，形成了 TBM 掘进参数复合智能控制系统。复合智能控制系统不仅具有多模态神经网络控制的自学习、自组织以及非线性映射等优点，同时也具备模糊仿人控制所具有强鲁棒性和良好的适应性等优点，两种控制策略的特点如表 12.7 所示。

表 12.7　模糊仿人控制与多模态神经网络控制的比较

对比指标	模糊仿人控制	多模态神经网络控制
知识获取	人类专家规则	运行数据库
不确定性	定量与定性	定量
推理方法	启发式搜索（低速）	并行计算（高速）
适应能力	高	一般
非线性映射能力	一般	高

复合智能控制系统可根据 ELM 前馈神经网络的自学习、非线性逼近能力，设计能够预测掘进参数的多模态神经网络控制模型，并在此基础上，结合模糊仿人控制改善多模态神经网络控制的时变、时滞等问题。将两种控制策略有机结合，相互补充，取长补短，能更好地发挥两种控制策略的优势，实现 TBM 掘进过程实时、高速、高精度的控制要求。综上所述，TBM 复合智能控制系统可划分为两种控制模式，即以多模态神经网络为主的直接控制模式和以模糊仿人控制为主的反馈控制模式，系统功能架构如图 12.15 所示，实现过程如下：

(1) 直接控制模式。实时监测设备运行数据，在掘进循环开始后通过多元算法融合岩体感知模型快速获取岩体参数预估值，结合聚类分析模型实现岩体等级划分，基于多模态神经网络模型输出掘进参数预测值。

(2) 反馈控制模式。基于岩-机信息感知系统，包含渣片分析、主机振动监测系统，提取关键因素评价指标形成指标层，通过模糊综合评价方法求取掘进参数适应度评价得分，结合仿人控制输出控制参数调整值，实现掘进过程的闭环反馈控制。同时可调整 ELM 前馈神经网络控制模型的输出值，实现模型的自学习、自更新。

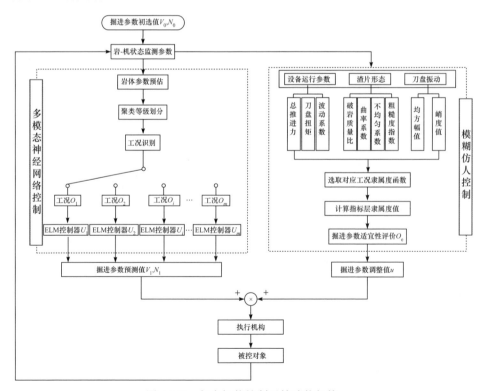

图 12.15　复合智能控制系统功能架构

12.4.2　TBM 掘进参数复合智能控制系统性能分析

1. 稳定性分析

稳定性是一个控制系统最基本、最重要的品质属性。对于经典控制理论和现代控制理论的系统，其稳定性分析均有成熟的理论和方法，可以作为复合智能控制系统稳定性分析的参考 (李士勇，1996)。

1) 系统稳定性定义

(1) 李雅普诺夫 (Lyapunov) 意义下的稳定性。

若系统的状态方程为 $\chi = f(\chi, \mu)$，其中 χ 为 n 维状态向量，$f(\chi, \mu)$ 为 n 维状态向量且存在连续的一阶偏导数，同时 $f(0, \mu) = 0$，则称之为 $\chi = 0$ 系统的平衡状态。

如 $\forall \varepsilon > 0$，$\exists \delta > 0$，使得当 $\|\chi(\mu_0)\| < \delta$ 时，有 $\|\chi(\mu)\| < \varepsilon$ ($\forall \mu > \mu_0$)，则称平衡状态 $\chi = 0$ 是稳定的。

如 $\forall \varepsilon > 0$，$\exists \delta > 0$，使得当 $\|\chi(\mu_0)\| < \delta$ 时，有 $\lim_{t \to \infty} \|\chi(\mu)\| \to 0$，则称平衡状态 $\chi = 0$ 是渐近稳定的。

如 $\forall \varepsilon > 0$，$\exists \delta > 0$，当 $\|\chi(\mu_0)\| < \delta$ 时，恒有 $\mu > 0$ 时，使 $\|\chi(\mu)\| > \varepsilon$，则称平衡状态 $\chi = 0$ 是不稳定的。

Lyapunov 稳定性定义是考虑无输入作用时系统的稳定性。若考虑有输入作用时系统的稳定性，如受迫振动系统的稳定性，采用不同的稳定性定义方法。

(2) 系统的输入输出稳定性。

若 Z 表示所有输入量 $z(t)$ 所构成的集合，$T(t)$ 表示系统的输出，那么，系统的输入输出稳定性定义为

$\forall \eta > 0$，$\exists C = C(\eta) > 0$ (C 为常数)，使得对一切 $z(t) \in Z$，当 $\|z(t)\| < \eta$ ($\forall t \geq t_0$) 时，有 $\|T(t)\| < C$ ($\forall t \geq t_0$)，则称该系统对于 Z 是输入输出稳定的。

2) 复合智能控制系统的稳定性分析

对于线性系统和可以建立数学模型的非线性系统，往往采用 Lyapunov 直接法来分析其稳定性。这种方法的关键在于寻找一个客观存在的标量函数 $G(x, t)$ (称为 Lyapunov 函数)。

复合智能控制系统无法建立明确的数学模型，而且系统具有非线性、参数多变的特点，因此其稳定性分析比线性系统和可建模的非线性系统更难。如李祖枢等 (1993) 认为系统的输出是控制作用与被控对象内部特征的综合反映，系统不稳定趋势的出现总是以一定的特征反映到系统的响应之中，并据此提出了

智能控制系统的稳定性监控概念。Gertler 等 (1986) 等提出了一种不稳定性指示器，认为被控对象的不稳定性可以通过对象输出量的连续增加幅值是否具有振荡性来描述，可对系统进行在线、启发式稳定性分析。基于以上两种方法，建立了以控制系统输出偏差 e 及其变化趋势为特征的复合智能控制系统稳定性判定方法。

复合智能控制系统的稳定性判定方法的基本思想为：当系统偏差满足 $e>0 \cap \dot{e}>0$，系统处于增幅振荡，此时控制系统处于不稳定状态；当系统偏差满足 $e>0 \cap \dot{e}=0$，系统处于等幅振荡，此时控制系统也处于不稳定状态；当系统偏差满足 $e>0 \cap \dot{e}<0$，系统处于衰减振荡，此时控制系统处于调整过渡过程，控制系统逐渐趋于稳定状态；当系统偏差 $e=0$，系统处于稳定状态。为保证控制系统的稳定性，当存在连续三个或三个以上判断周期，系统均处于增幅振荡或等幅振荡状态，发出预警，复合智能控制模式降级为人工控制模式。稳定性判据如表 12.8 所示。

表 12.8　复合智能控制系统稳定性判据

特征指标	系统模式	运行状态
$e>0 \cap \dot{e}>0$	增幅振荡	不稳定
$e>0 \cap \dot{e}=0$	等幅振荡	不稳定
$e>0 \cap \dot{e}<0$	衰减振荡	稳定
$e=0$	平稳	稳定

2. 收敛性分析

收敛性是智能控制系统在实际应用中的一个非常重要的问题，如果控制过程不收敛，复合智能控制系统难以达到预期的控制目标。针对 TBM 掘进参数复合智能控制系统，其理想输出是使系统控制偏差为 0。用数学语言来描述复合智能控制系统的收敛性：对于可重复经历的控制过程，被控系统的理想输出为 $Y_d(\tau)$，$\tau \in [0, T_c]$ 为有限时间域中的取值，寻找一个被控量 $u_\kappa(\tau)$，其响应为 $Y_\kappa(\tau)$，$Y_\kappa(\tau)$ 比 $Y_0(\tau)$ 更接近 $Y_d(\tau)$，其中 κ 为重复控制过程寻找 $u_\kappa(\tau)$ 的次数，若用 $e_\kappa(\tau)=Y_\kappa(\tau)-Y_d(\tau)$ 表示第 κ 次改变控制量 $u_\kappa(\tau)$ 后所得到的期望输出和实际输出之间的误差，则当 $e_\kappa(\tau)$ 满足式 (12.24) 的条件时，称此控制系统是收敛的。

$$\lim_{\kappa \to \infty} \|e_\kappa(\tau)\| \to 0, \text{即} Y_\kappa(\tau) \xrightarrow{\kappa \to \infty} Y_d(\tau) \tag{12.24}$$

复合智能控制系统对掘进参数的调整过程可以看作沿时间轴的连续过程与沿调控轴 (κ 轴) 的离散过程的综合，如图 12.16 所示。每一次重复沿时间轴的控制过程都构成一次离散事件。因此，收敛性可保证在最终一次的离散事件中，即在最终一次沿时间轴的连续控制过程中系统性能偏差 $e(\tau) = 0$, $t \in [0, T_c]$。

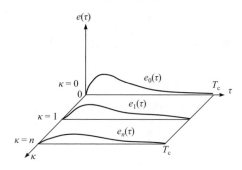

图 12.16　控制系统性能偏差变化过程

对于一个收敛的智能控制系统，当调控次数 $\kappa \to \infty$ 时，其控制系统性能误差 $e_\kappa(\tau) \to 0$，其完整性定义为

$$\forall \xi > 0, \exists \kappa > 0, 使 e_\kappa(\tau) < \xi, t \in [0, T_c] \tag{12.25}$$

在实际应用中，针对 TBM 掘进参数复合智能控制系统，掘进所处的地质环境随机变化、系统本身的干扰以及系统存在测量误差等，引起控制过程中出现 1 个或若干个时刻 τ_t，使得 $e_\kappa(\tau) > \xi$，造成控制系统处于反复调整状态，有时甚至使控制系统不稳定，因此，提出了基于最小偏差均方差的收敛性评价准则，以克服在个别时刻系统干扰等造成的收敛性误判。

对于离散调控过程，存在可接受的控制性能最小偏差 δ_{min}。对于当前第 κ 次调控，其最小偏差均方差定义为

$$\delta_\kappa = \frac{1}{n}\sqrt{\sum_{i=\kappa_1}^{\kappa} e_\kappa{}^2(i)}, \quad \exists \kappa_1 \in [0, \kappa) \tag{12.26}$$

若 $\delta_\kappa < \delta_{min}$，则当前第 κ 次调控收敛。

最小偏差均方差的收敛性评价准则考虑了控制系统在实际工程中存在的微幅振荡问题，其物理意义明确，其本质是从整个控制历程上整体考虑其控制偏差在时间轴上的平均分布，从而可以滤除少量干扰信号的影响，提高复合智能控制系统的稳定性。

12.5 TBM 辅助智能化作业系统开发

本节依托 TBM 掘进参数智能控制技术，开发 TBM 辅助智能化作业系统 (TBM-SMART)，设计辅助驾驶、设备感知、岩体感知、智能导向和智能支护五个功能模块，并完成 TBM-SMART 软硬件系统的开发。TBM-SMART 是集成岩-机信息感知与评价、掘进参数优化、智能支护决策以及智能导向等多功能于一体的智能终端。

TBM-SMART 的五个功能模块如图 12.17 所示。其中，岩体感知和智能支护两个功能模块是地质状态的映射；智能导向和设备感知是设备状态的映射；辅助驾驶模块汇总岩体与设备的共同信息，辅助 TBM 操作者做出科学决策。

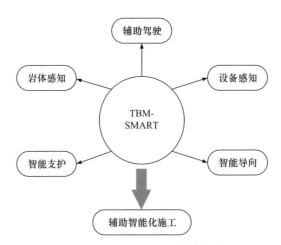

图 12.17 TBM-SMART 功能模块规划

辅助驾驶模块是 TBM-SMART 的主界面，主要用于核心参数数据计算与展现，包含虚拟掘进功能、掌子面岩体状态实时感知、设备状态评价、设备控制参数智能推荐、雷达图/趋势分析图、作业建议措施等单元，模块界面如图 12.18 所示。设备感知模块包含刀盘振动感知、滚刀状态感知、渣片信息感知等单元，模块界面如图 12.19 所示。

智能导向模块利用轨迹跟踪与姿态控制技术对 TBM 设备当前运动轨迹和控制参数进行实时跟踪，最终实现导向系统与 TBM 设备的协同运作。该模块包含水平轨迹跟踪、竖直轨迹跟踪、姿态调节、控制策略等功能，模块界面如图 12.20 所示。

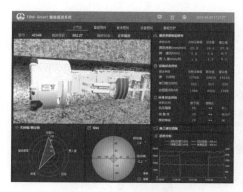

图 12.18　辅助驾驶界面

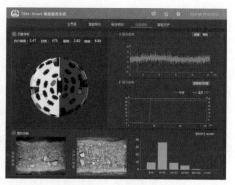

图 12.19　设备感知界面

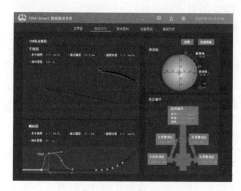

图 12.20　智能导向界面

　　岩体感知模块主要是通过实时感知岩体状态信息，辅助 TBM 操作者选择与岩体状态相适应的掘进参数，以提高掘进效率，保证作业安全。该模块包含岩体感知、地质预览、围岩等级等功能，模块界面如图 12.21 所示。

　　智能支护模块包含隧道参数、实时岩体参数、洞壁支护、撑靴处支护等单元，模块界面如图 12.22 所示。

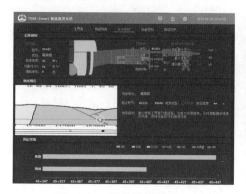

图 12.21　岩体感知界面

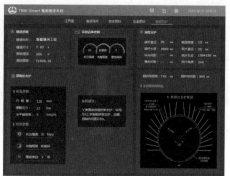

图 12.22　智能支护界面

参 考 文 献

段理文 . 2019. TBM 操作参数智能决策方法研究 [D]. 浙江：浙江大学 .

荆留杰，张娜，杨晨，等 . 2018. 基于最小破碎比能 TBM 滚刀间距设计方法研究 [J]. 铁道学报，40(12)：123-129.

李港，李晓军，杨文翔，等 . 2020. 基于深度学习的 TBM 掘进参数预测研究 [J]. 现代隧道技术，57(5)：154-159，176.

李士勇 . 1996. 模糊控制·神经控制和智能控制 [M]. 哈尔滨：哈尔滨工业大学出版社 .

李祖枢，秦安松 . 1993. 智能控制系统的稳定性监控 [C]// 第一届全球华人智能控制与智能自动化大会论文集，8 月 26-30 日，北京 .

李祖枢，涂亚庆 . 2003. 仿人智能控制 [M]. 北京：国防工业出版社 .

梁军博 . 2020. 基于遗产算法的 TBM 操作参数优化决策模型构建 [D]. 大连：大连理工大学 .

刘吉臻，李露，房方 . 2015. 多模态控制的研究与应用综述 [J]. 控制工程，22(5)：869-874.

陆思源，陆志海，王水花，等 . 2018. 极限学习机综述 [J]. 测控技术，37(10)：3-9.

吕根根，张晓平，刘泉声，等 . 2019. TBM 掘进速度预测模型研究 [J]. 河南科学，37(8)：1289-1296.

毛志忠，常玉清 . 2012. 先进控制技术 [M]. 北京：科学出版社 .

钱七虎 . 2017. 隧道工程建设地质预报及信息化技术的主要进展及发展方向 [J]. 隧道建设，37(3)：251-263.

王厚同 . 2019. 基于机器学习的 TBM 性能预测方法 [D]. 山东：山东大学 .

吴起星 . 2011. 复合地层中盾构机滚刀破岩力学分析 [D]. 广州：暨南大学 .

邢彤，赵阳 . 2010. 盾构掘进土层识别及刀盘转速控制策略研究 [J]. 浙江工业大学学报，38(6)：649-654.

熊帆 . 2016. 基于 PSO-SVR 算法的 TBM 掘进效率预测及围岩分级研究 [D]. 西安：长安大学 .

熊帆，胡志平，任翔，等 . 2017. 基于 MATLAB 的 BP 神经网络在预测 TBM 掘进速度中的应用 [J]. 现代隧道技术，54(5)：101-107.

许健，延艳彬，胡晓琳，等 . 2016. 双护盾 TBM 掘进速度的影响因素研究 [J]. 水力发电学报，35(4)：108-116.

闫长斌，杜旭阳，戴晓亚，等 . 2019. 基于围岩力学参数的 TBM 净掘进速率多元回归预测模型 [J]. 隧道建设，39(1)：48-53.

杨俊闯，赵超 . 2019. k-means 聚类算法研究综述 [J]. 计算机工程与应用，55(23)：7-14，63.

张兵 . 2019. 基于改进信息熵值分析的 TBM 掘进参数研究 [J]. 河南科学，37(05)：785-791.

周思阳，亢一澜，苏翠侠，等 . 2016. 基于力学分析的 TBM 掘进总推力预测模型研究 [J]. 机械工程学报，52(20)：76-82.

周维超，童建刚，张海平 . 2011. 层次分析法在确立 TBM 围岩分级各地质因素权值中的应用 [J]. 四川地质学报，31(1)：64-66.

周文波 . 2003. 盾构法隧道作业智能化辅助决策系统的研制与应用 [J]. 岩石力学与工程学报，(S1)：2412-2417.

Acaroglu O. 2010. Prediction of thrust and torque requirements of TBMs with fuzzy logic models[J]. Tunnelling and Underground Space Technology，26(2)：267-275.

Armaghani D J，Koopialipoor M，Marto A，et al. 2019. Application of several optimization techniques for estimating TBM advance rate in granitic rocks[J]. Journal of Rock Mechanics and Geotechnical Engineering，11(4)：779-789.

Bilgin N，Copur H，Balci C. 2012. Effect of replacing disc cutters with chisel tools on performance of a TBM in difficult ground conditions[J]. Tunnelling and Underground Space Technology，27(1)：41-51.

Boyd R J. 1986. Hard rock continuous mining machine：Mobile Miner MM-120[C]//Rock Excavation Engineering Seminar. Queensland：University of Queensland：618-626.

Bruland A. 2000. Hard rock tunnel boring vol. 3-advance rate and cutter wear[D]. Norway：Norwegian University of Science and Technology.

Delisio A，Zhao J. 2014. A new model for TBM performance prediction in blocky rock conditions[J]. Tunnelling and Underground Space Technology，(43)：440-452.

Delisio A，Zhao J，Einstein H H. 2013. Analysis and prediction of TBM performance in blocky rock conditions at the Lötschberg Base Tunnel[J]. Tunnelling and Underground Space Technology，33：131-142.

Fattahi H，Moradi A. 2017. Risk assessment and estimation of TBM penetration rate using RES-based model[J]. Geotechnical & Geological Engineering，35(1)：365-376.

Gertler J，Chang H S. 1986. An instability indicator for expert control[J]. IEEE Control System Magazine，6(4)：14-17.

Hassanpour J，Rostami J，Khamehchiyan M，et al. 2010. TBM performance analysis in pyroclastic rocks：A case history of Karaj water conveyance tunnel[J]. Rock Mechanics & Rock Engineering，43(4)：427-446.

Kuraoka Y. 1991. Fuzzy automatic control of the direction in the process of tunneling for large slurry shield[J]. Underground Tunnel，(5)：27-34.

Mahdevari S，Shahriar K，Yagiz S，et al. 2014. A support vector regression model for predicting tunnel boring machine penetration rates[J]. International Journal of Rock Mechanics & Mining Sciences，72：214-229.

Moon T，Oh J. 2012. A study of optimal rock-cutting conditions for hard rock TBM using the discrete element method[J]. Rock Mechanics and Rock Engineering，45(5)：837-849.

Nakayama T，Inoue S，Seno Y. 1996. Total automatic excavation system for TBMs[C]//13th International Symposium on Automation and Robotics in Construction，June 11-13，Tokyo：841-850.

Ozdemir L，Miller R，Wang F D. 1978. Mechanical tunnel boring predietion and machine design[J]. International Journal of Rock Mechanics and Geomechanics Abstracts，15(5)：105-107.

Rostami J，Ozdemir L. 1993. A new model for performance prediction of hard rock TBMs[C]//Proceedings of the Rapid Excavation and Tunneling Conference，June 13-17，Society For Mining，Metallogy & Exploration，Boston：793-793.

Rostami J. 1997. Development of a force estimation model for rock fragmentation with disc cutters through theoretical modeling and physical measurement of crushed zone pressure[D]. Golden：Colorado School of Mines.

Roxborough F F，Phillips H R. 1975. Rock excavation by disc cutter[C]//International Journal of Rock Mechanics and Mining Sciences & Geomechanics Abstracts. Oxford：Pergamon Press, 12：361-366.

Salimi A，Rostami J，Moormann C，et al. 2018. Examining feasibility of developing a rock mass classification for hard rock TBM application using non-linear regression，regression tree and generic programming[J]. Geotechnical and Geological Engineering，36：1145-4459.

Snowdon R A，Reley M D，Temporal J. 1982a. A study of disc cutting in selected British rocks[J]. International Journal of Rock Mechanics and Mining Sciences & Geomechanics Abstracts，19：110-121.

Snowdon R A，Ryley M D. 1982b. The effect of hydraulic stiffness on TBM performance[J]. International Journal of Rock Mechanics and Mining Seiences & Geomechanies Abstracts, 19(5)：203-211.

Sun W，Shi M，Zhang C，et al. 2018. Dynamic load prediction of tunnel boring machine (TBM) based on heterogeneous in-situ data[J]. Automation in Construction，92：23-34.

Sun W，Wang X，Wang L，et al. 2016. Multidisciplinary design optimization of tunnel boring machine considering both structure and control parameters under complex geological conditions[J]. Structural and Multidisciplinary Optimization，54：1073-1092.

Teale R. 1965. The concept of specific energy in rock drilling[J]. International Journal of Rock Mechanics and Mining Sciences & Geomechanics Abstracts，2(1)：57-73.

Xue Y，Zhao F，Zhao H，et al. 2018. A new method for selecting hard rock TBM tunnelling parameters using optimum energy：A case study[J]. Tunnelling and Underground Space Technology，78：64-76.

Yagiz S，Karahan H. 2011. Prediction of hard rock TBM penetration rate using particle swarm optimization[J]. International Journal of Rock Mechanics & Mining Sciences，48(3)：427-433.

Yagiz S. 2002. Development of rock fracture and brittleness indices to quantify the effects of rock mass features and toughness in the CSM model basic penetration for hard rock tunneling machines[D]. Golden：Colorado School of Mines.

Yeh I C. 1997. Application of neural networks to automatic soil pressure balance control for shield tunneling[J]. Automation in Construction，5(5)：421-426.

Zhang Q，Qu C，Kang Y，et al. 2012. Identification and optimization of energy consumption by shield tunnel machines using a combined mechanical and regression analysis[J]. Tunnelling and Underground Space Technology，28：350-354.

Zhang Y K，Gong G F，Yang H Y，et al. 2019. Data-driven direct automatic tuning scheme for fixed-structure digital controllers of hybrid systems[J]. IET Control Theory and Applications, 13(2)：248-257.